国家自然科学基金项目（71872122）

既有建筑节能改造
市场动力机制

郭汉丁◎著

机械工业出版社
CHINA MACHINE PRESS

本书是国家自然科学基金项目（71872122）的阶段性研究成果，共分为 10 章。全书基于既有建筑节能改造市场运行 ESCO 内在驱动力和政府外在作用力两方面划分，初步形成了既有建筑节能改造市场发展内外在动力机制实施机理与提升策略的理论体系。一方面，从市场治理视角，以主体内在动力激发为目标导向，以 ESCO 需求与行为演变规律分析入手，解析了既有建筑节能改造市场发展中 ESCO 行为驱动过程，剖析我国 ESCO 驱动力作用实践问题，提出了既有建筑节能改造市场运行 ESCO 驱动力作用优化策略与实施对策。另一方面，围绕如何提升政府在既有建筑节能改造市场的作用效力这条主线，在剖析既有建筑节能改造市场发展中政府作用力实现过程、现状与困境的基础上，架构了既有建筑节能改造市场发展中政府作用力提升的实施框架，并提出了未来既有建筑节能改造市场发展中政府作用力提升的实施路径选择与实施对策。

本书可供政府机构、节能服务企业人员、建筑行业工程技术人员、高校、研究院所科研人员学习借鉴和实践参考，也可作为高等院校、科研院所相关专业教师、研究人员和学生研究参考用书。

图书在版编目（CIP）数据

既有建筑节能改造市场动力机制 / 郭汉丁著. —北京：机械工业出版社，2019.8
ISBN 978-7-111-63165-1

Ⅰ. ①既… Ⅱ. ①郭… Ⅲ. ①建筑 – 节能 – 技术改造 – 市场机制 – 研究 – 中国 Ⅳ. ①F426.9

中国版本图书馆 CIP 数据核字（2019）第 138410 号

机械工业出版社（北京市西城区百万庄大街22号　邮政编码100037）
策划编辑：徐文京　陈倩　　　责任编辑：徐文京
责任校对：刘晓宇　　　　　　责任印制：赵晓晨
装帧设计：高鹏博
北京宝昌彩色印刷有限公司印刷
2019年8月第1版·第1次印刷
170mm×242mm·17 印张·282 千字
标准书号：ISBN 978-7-111-63165-1
定价：68.00 元

电话服务　　　　　　　　　网络服务
客服电话：010-88361066　　机　工　官　网：www.cmpbook.com
　　　　　010-88379833　　机　工　官　博：weibo.com/cmp1952
　　　　　010-68326294　　金　书　网：www.golden-book.com
封底无防伪标均为盗版　　　机工教育服务网：www.cmpedu.com

作者简介

郭汉丁，男，1962年10月出生，博士（后），教授，高级工程师，硕士研究生导师，天津城建大学生态宜居城市与可持续建设管理研究中心主任，天津市教学名师，天津市管理科学与工程学科领军人才。30多年来一直从事建设工程管理实践、教学与研究工作，主要围绕生态宜居城市与可持续建设管理开展建设工程质量政府监督管理、废旧电器回收再生利用生态产业链管理、既有建筑节能改造管理等3个方面的研究。主持工程项目管理课程群教学团队获批天津市市级教学团队，主持工程建设管理综合训练中心获批天津市示范实验中心。

获得天津市高等教育成果二等奖1项，天津市高等教育学会优秀教育研究成果三等奖1项，天津城建大学优秀教学成果一等奖2项、三等奖1项，重庆市第十一届期刊好作品三等奖1项；指导的硕士生学位论文中有2篇获评天津市优秀硕士学位论文。参编国家"十一五"规划教材1本，主编天津市"十二五"规划教材1本，主编住建部"十三五"规划教材1本。

主持完成国家自然科学基金项目1项，省部级项目5项，天津市教委等局级项目5项；参加完成国家科技攻关项目2项，亚行援助项目1项；参与完成国家自然科学基金项目1项，省部级项目9项，厅局级项目7项。出版《建设工程质量政府监督管理》《建设工程质量政府监督管理评价理论与实践》《工程质量政府监督多层次激励协同机理研究》《废旧电器回收再生利用项目管理理论与实证》《废旧电器再生利用生态产业链运行管理研究》《既有建筑节能改造EPC模式及驱动要素研究》《既有建筑节能改造市场发展机理与政策体系优化研究——基于主体行为博弈策略视角》《建筑可持续发展视角下供应链协调与社会责任共担机理研究》《既有建筑节能改造市场动力机制》等9部著作；先后发表学术论文240余篇；获山西省科技进步二等奖1项（集体），天津市社会科学优秀成果二等奖1项、三等奖2项，中国建筑学会科技进步二等奖1项；获天津市建设系统优秀教科论文二等奖1项、三等奖2项。目前，主持在研国家自然科学基金项目2项；参与在研国家社科基金项目1项、天津市教育规划项目2项、天津社科规划项目2项。

1986年，山西省"2080"重点工程"先进个人"；1991年，山西师范大学"优秀教育工作者"；1996年，山西省高校基本建设"先进工作者"；1996年，山西师范大学"优秀共产党员"；1998年，山西省下乡扶贫"先进工作队员"；2007年，天津城市建设学院"优秀教师"；2009年1月，天津市人民政府"优秀博士后研究人员"；2012年，天津城市建设学院"优秀共产党员"；2013年，获天津市五一劳动奖章。

前言
FOREWORD

随着我国城镇化与城市现代化进程的加快,在实现经济繁荣与社会发展的同时,由于历史发展观的局限性,也出现了自然资源枯竭、生态植被脆弱和环境恶化等问题。以循环经济理论为指导,牢固树立"创新、协调、绿色、开放、共享"的五大发展理念,全面落实"经济建设、政治建设、文化建设、社会建设、生态文明建设"五位一体总体布局,成为经济社会可持续发展、实现强国富民梦想国家战略的内在要求;同时更新发展理念、优化产业结构、和谐人与自然关系,成为时代进步与社会发展的主旋律。解决资源、能源危机和生态环境问题需要科学战略规划,更需要全面扎实持续地推进。40年的改革开放,经济社会建设成就辉煌,我国建设规模之大,建筑存量增长之快,成为世界之最,前所未有。但由于粗放型增长,建筑能耗也高达全社会总能耗的1/3以上,建筑业成为我国社会发展过程中资源与能源消费大户。因此,我国要实现节能减排的战略目标就离不开建筑节能。

从建筑业整体发展来看,建筑节能必须实现新建建筑绿色化和既有建筑绿色改造齐头并进。10余年来,我国既有建筑节能改造仅限于以政府为主导的既有建筑节能,尽管取得了显著实践成效,但距离既有建筑绿色改造和全社会节能减排的战略目标要求还相差甚远,主要体现在市场机制欠完善、主体驱动乏力、政策匹配性不够等,节能改造功能效果、节能效益和市场发展进程都不明显,而且单一节能改造必然会带来按照"四节一环保"要求的绿色改造实现过程的重复改造与浪费。因此,基于市场治理视角,以既有建筑绿色改造整体实施为主线,开展既有建筑绿色改造市场动力机制研究非常必要,可以激发市场主体活力、引导既有建筑节能绿色改造市场健康发展。

既有建筑绿色改造管理研究涉及多方面、多视角,开展基于市场治理的动力机制与市场交易规则研究既有其必要性,也是市场运行模式和投融资平台建设研究的内在要求,还是深化绿色建造和绿色产业链管理探索的实践需要,更是探索绿色改造各个主体社会责任履行和协同驱动机理的市场治理要求。而且

既有建筑节能改造市场动力机制

随着建筑绿色改造技术进步和科技创新发展，从理论上讲，既有建筑绿色改造是永恒持续的历史任务与责任，呈现区域差异性和时代特征性的丰富内涵与动态演化规律。因此，全面系统地开展既有建筑绿色改造研究具有很强的理论价值和很好的实践意义。

本书研究与形成彰显三个层次的基本思路：

第一个层次是研究规划与实施，本书采用的基本研究思路模式为"总-分-合"，即以"既有建筑节能改造市场动力机制"的课题总体规划为先导，开展整体设计与论证，规划总体目标和分块主要内容；依据总体目标要求，按照分解的两个子课题（两个硕士学位论文）"既有建筑节能改造市场发展中ESCO驱动力作用机理研究"（作者李柏桐）"既有建筑节能改造市场发展中政府作用力实施机理与提升策略研究"（作者伍红民）分别开展专题研究，形成相对完整的成果体系；在完成两个子课题的基础上，以既有建筑节能改造市场治理的动力作用为主线，基于"既有建筑节能改造市场动力机制"总课题研究的逻辑内涵要求，调整、整合研究成果，形成系统体系完整、内容逻辑严谨的成果架构，推敲修改研究内容，形成系统研究的最终成果。

第二个层次是勾画研究统一视角。本书以既有建筑节能改造市场治理的动力作用为视角，把两个子课题分别置于既有建筑节能改造市场发展的内外在动力两大方面来探索，实施既有建筑节能改造市场治理视角下ESCO内在驱动力作用机理与政府外在作用力实施机理研究；同样，整合与集成子课题研究成果，基于既有建筑节能改造市场治理的动力作用这条主线，形成"既有建筑节能改造市场动力机制"的最终成果，构筑研究视角的独特性与新颖性。

第三个层次是两个子课题研究过程的学理逻辑。子课题研究都遵循市场主体构成、主体行为、要素分析、影响机理、博弈策略、机制模型、评价体系、实施策略的研究逻辑，揭示两个子课题研究的内在规律与关联关系，探索子课题"既有建筑节能改造市场发展中ESCO驱动力作用机理与政府作用力实施机理"的本质特征，实现研究内容的深化与提升，提高研究成果的创新性与学术价值。

既有建筑节能改造市场动力机制研究，从系统整体概况实施全面研究规划着手，构架了总括、既有建筑节能改造市场发展中ESCO驱动力作用机理、既有建筑节能改造市场发展中政府作用力实施机理、总结等四大模块、两大篇共10章的层次体系。总括为第一模块，即第1章，以总体研究体系架构为核心要素，是对本书研究内容的总体设计。既有建筑节能改造市场发展中 ESCO 驱动力作用机理为第二模块，即上篇（内在动力——ESCO 驱动力），由第 2~5 章组成，以既有建筑节能改造市场运行的内在动力作用效益为导向，以既有建筑节能改造市场运行实践与行为规律、ESCO 驱动力作用影响机理、基于博弈分析的 ESCO 驱动策略、ESCO 驱动力作用效益评价与优化策略为核心要素，是实现既有建筑节能改造市场发展的内在动力。既有建筑节能改造市场发展中政府作用力实施机理为第三模块，即下篇（外在动力——政府作用力），由第 6~9 章组成，以作用有效性为基准，以既有建筑节能改造市场运行特征与政府行为规律分析、政府作用力影响机理与博弈策略、政府作用力实施影响机理与有效性评价、政府作用力提升的实施策略为核心要素，是实现既有建筑节能改造市场发展的外在动力。总结为第四模块，即第 10 章，以揭示既有建筑节能改造市场动力机制的研究规律为导向，以研究结论与发展趋势为核心要素，是既有建筑节能改造市场治理探索的方向标。

  本书的形成经历了立题研究、学位论文论证、国家自然基金项目阶段性成果深化完善、全书集成统稿充实研究等，前后达 3 年之久。尽管进行了反复推敲与修改，但由于本书主要成果形成的阶段性和两个子课题研究撰写主笔的差异性，使研究内容分块实施可能会造成语言表达方式欠一致等不尽如人意之处。再者，由于水平有限，书中的错误与不妥之处在所难免，敬请读者批评指正。

郭汉丁

目录
CONTENTS

作业简介
前言
第1章　绪论 ··· 1
 1.1　研究背景与意义 ·· 1
  1.1.1　研究背景 ·· 1
  1.1.2　研究意义 ·· 3
 1.2　研究目标与内容 ·· 4
  1.2.1　研究目标 ·· 4
  1.2.2　研究内容 ·· 5
 1.3　主要观点与研究方法 ·· 8
  1.3.1　主要观点 ·· 8
  1.3.2　研究方法 ·· 9
 1.4　研究思路与架构 ·· 11
  1.4.1　研究思路 ·· 11
  1.4.2　体系架构 ·· 12

上　篇
（内在动力——ESCO 驱动力）

既有建筑节能改造市场发展中 ESCO 驱动力作用机理

第2章　既有建筑节能改造市场运行实践与 ESCO 行为规律分析 ··· 18
 2.1　既有建筑节能改造市场发展与市场特性 ···················· 18
  2.1.1　既有建筑节能改造市场发展沿革 ························ 18
  2.1.2　既有建筑节能改造市场特性 ······························ 20
 2.2　既有建筑节能改造市场发展中主体构成及其动力定位 ··· 21
  2.2.1　既有建筑节能改造市场发展中主体构成及特点 ······ 21
  2.2.2　既有建筑节能改造市场发展中核心主体动力定位 ··· 23

2.3 国内外既有建筑节能改造市场运行理论与实践概述 ………………… 26
　2.3.1 国外既有建筑节能改造市场运行理论研究动态 ………………… 26
　2.3.2 国外既有建筑节能改造市场运行实践特征 ……………………… 28
　2.3.3 国内既有建筑节能改造市场运行理论研究概述 ………………… 31
　2.3.4 我国既有建筑节能改造市场运行实践剖析 ……………………… 33
　2.3.5 既有建筑节能改造市场发展中ESCO驱动力作用机理研究评述 …… 36
　2.3.6 ESCO驱动力作用机理研究架构 ………………………………… 36
2.4 既有建筑节能改造市场发展中ESCO需求与行为演变规律 ………… 37
　2.4.1 既有建筑节能改造市场发展中ESCO需求演变规律 …………… 37
　2.4.2 既有建筑节能改造市场发展中ESCO行为动机 ………………… 39
　2.4.3 既有建筑节能改造市场发展中ESCO行为演变规律 …………… 41
2.5 既有建筑节能改造市场发展中ESCO行为驱动过程探析 …………… 42
　2.5.1 既有建筑节能改造市场发展中ESCO驱动力内涵解析 ………… 42
　2.5.2 既有建筑节能改造市场发展中ESCO行为驱动过程 …………… 42

第3章 既有建筑节能改造市场发展中ESCO驱动力作用影响机理 ……… 44
3.1 既有建筑节能改造市场发展中ESCO驱动力影响因素识别 ………… 44
　3.1.1 扎根理论基本原理 ………………………………………………… 44
　3.1.2 ESCO驱动力影响因素识别 ……………………………………… 45
3.2 既有建筑节能改造市场发展中ESCO驱动力影响因素关联反馈分析 …… 49
　3.2.1 社会网络分析基本原理 …………………………………………… 49
　3.2.2 ESCO驱动力影响因素的社会网络分析 ………………………… 50
　3.2.3 基于ESCO驱动力关键影响因素的运行优化路径 ……………… 56

第4章 基于博弈分析的既有建筑节能改造市场发展中ESCO驱动策略 … 58
4.1 博弈相关理论概述 ………………………………………………………… 58
　4.1.1 演化博弈理论与有限理性 ………………………………………… 58
　4.1.2 复杂动态方程与演化稳定策略 …………………………………… 59
4.2 基于ESCO与政府博弈的ESCO驱动策略 …………………………… 59
　4.2.1 基本假设与模型构建 ……………………………………………… 60
　4.2.2 ESCO与政府行为博弈分析 ……………………………………… 61
　4.2.3 演化博弈结果分析 ………………………………………………… 64
　4.2.4 ESCO驱动力发展策略 …………………………………………… 64

4.3 基于ESCO与业主博弈的ESCO驱动策略 ················ 65
4.3.1 基本假设与模型构建 ················ 66
4.3.2 ESCO与业主行为博弈分析 ················ 67
4.3.3 演化博弈结果分析 ················ 70
4.3.4 ESCO驱动力改善策略 ················ 70

第5章 既有建筑节能改造市场发展中ESCO驱动力作用效益评价与优化策略 ················ 72

5.1 既有建筑节能改造市场发展中ESCO驱动力作用效益评价体系构建 ················ 72
5.1.1 既有建筑节能改造市场发展中ESCO驱动力作用效益评价意义 ················ 72
5.1.2 既有建筑节能改造市场发展中ESCO驱动力作用效益评价原则分析 ················ 73
5.1.3 既有建筑节能改造市场发展中ESCO驱动力作用效益评价内容分析 ················ 73
5.1.4 评价指标体系构建 ················ 74

5.2 既有建筑节能改造市场发展中ESCO驱动力作用效益量化评价过程 ················ 75
5.2.1 基于AHP的指标权重确定 ················ 75
5.2.2 模糊综合评价方法适用性分析 ················ 77
5.2.3 模糊综合评价实施过程 ················ 78

5.3 既有建筑节能改造市场发展中ESCO驱动力作用效益评价算例分析 ················ 79
5.3.1 市场背景介绍 ················ 79
5.3.2 评价实施过程 ················ 80
5.3.3 评价结果分析 ················ 81
5.3.4 ESCO驱动力作用效益提升路径 ················ 82

5.4 国内外既有建筑节能改造市场发展中ESCO驱动力实践分析与启迪 ················ 83
5.4.1 国外既有建筑节能改造市场发展中ESCO驱动力运行实践经验与特征 ················ 83

5.4.2 我国既有建筑节能改造市场发展中 ESCO 驱动力运行问题
分析 ·· 84
5.4.3 国内外 ESCO 驱动力运行实践对比分析与启示 ············ 86
5.5 既有建筑节能改造市场发展中 ESCO 驱动力运行优化架构 ········ 87
5.5.1 既有建筑节能改造市场发展中 ESCO 驱动力运行优化原则 ··· 87
5.5.2 既有建筑节能改造市场发展中 ESCO 驱动力运行优化设计 ··· 88
5.6 既有建筑节能改造市场发展中 ESCO 驱动力作用优化实施策略 ··· 90
5.6.1 基于政策环境支撑的 ESCO 驱动力作用优化实施策略 ······ 90
5.6.2 基于 ESCO 内部环境提升的 ESCO 驱动力作用优化实施策略 ··· 92
5.6.3 基于产业环境改善的 ESCO 驱动力作用优化实施策略 ······ 92
5.6.4 基于多元主体互动的 ESCO 驱动力作用优化实施策略 ······ 93
5.6.5 基于信息平台拓展的 ESCO 驱动力作用优化实施策略 ······ 94
5.6.6 基于 EPC 模式改进的 ESCO 驱动力作用优化实施策略 ······ 95

下 篇
（外在动力——政府作用力）

既有建筑节能改造市场发展中政府作用力实施机理

第 6 章 既有建筑节能改造市场运行特征与政府行为规律分析 ········ 98
6.1 既有建筑节能改造市场主体构成及运行特征 ······················ 98
6.1.1 既有建筑节能改造市场主体构成 ······························ 98
6.1.2 既有建筑节能改造市场运行特征 ····························· 101
6.2 既有建筑节能改造市场发展阶段界定与政府职能定位 ············ 104
6.2.1 既有建筑节能改造市场发展阶段界定及特征分析 ············ 104
6.2.2 既有建筑节能改造市场发展中政府阶段性职能定位 ·········· 107
6.3 国内外既有建筑节能改造市场治理实践与理论概述 ··············· 110
6.3.1 国外既有建筑节能改造市场治理实践特征 ··················· 110
6.3.2 国外既有建筑节能改造市场运行理论研究动态 ·············· 112
6.3.3 国内既有建筑节能改造市场政府管制实践剖析 ·············· 113
6.3.4 国内既有建筑节能改造市场运行理论研究现状 ·············· 116
6.3.5 国内外既有建筑节能改造市场治理研究评述 ················ 118
6.3.6 既有建筑节能改造市场政府作用力实施机理研究架构 ········ 118

6.4 既有建筑节能改造市场发展中政府行为动机及需求演变规律 …… 121
 6.4.1 既有建筑节能改造市场发展中政府行为动机及特征 …… 121
 6.4.2 既有建筑节能改造市场发展中政府需求演变规律 …… 124

第7章 既有建筑节能改造市场发展中政府作用力影响机理与博弈策略 …… 125

7.1 既有建筑节能改造市场发展中政府作用力内涵及基本特征 …… 125
 7.1.1 既有建筑节能改造市场发展中政府作用力内涵解析 …… 126
 7.1.2 既有建筑节能改造市场发展中政府作用力基本特征 …… 128

7.2 既有建筑节能改造市场发展中政府作用力实现形式及过程 …… 129
 7.2.1 既有建筑节能改造市场发展中政府作用力实现形式 …… 130
 7.2.2 既有建筑节能改造市场发展中政府作用力实现过程 …… 131

7.3 既有建筑节能改造市场发展中政府作用力影响机理架构 …… 133
 7.3.1 既有建筑节能改造市场发展中政府作用力影响因素识别 …… 133
 7.3.2 结构方程模型基本原理概述 …… 134
 7.3.3 既有建筑节能改造市场发展中政府作用力影响机理研究设计 …… 135

7.4 既有建筑节能改造市场发展中政府作用力实现影响机理实证分析 …… 138
 7.4.1 基于SEM的政府作用力影响机理实证模型 …… 138
 7.4.2 既有建筑节能改造市场发展中政府作用力影响因素关联关系及关键要素分析 …… 141
 7.4.3 既有建筑节能改造市场发展中政府作用力影响机理实证启示 …… 142

7.5 既有建筑节能改造市场发展中多主体行为博弈概述 …… 144
 7.5.1 既有建筑节能改造市场发展中多主体行为博弈特性概述 …… 144
 7.5.2 既有建筑节能改造市场发展中博弈模型选择及主体界定 …… 145
 7.5.3 演化博弈相关理论阐述 …… 146

7.6 既有建筑节能改造市场发展中政府作用过程三方主体行为博弈分析 …… 147
 7.6.1 既有建筑节能改造市场发展中基本假设与博弈模型构建 …… 147
 7.6.2 既有建筑节能改造市场发展中三方主体行为博弈模型求解 …… 149
 7.6.3 既有建筑节能改造市场发展中三方主体行为博弈演化稳定策略 …… 152

7.7 既有建筑节能改造市场发展中基于博弈策略分析的主体行为选择 …… 154
 7.7.1 既有建筑节能改造市场发展中主体演化博弈策略分析 …… 154
 7.7.2 既有建筑节能改造市场发展中基于均衡策略的主体行为选择 …… 156

目 录

第8章 既有建筑节能改造市场发展中政府作用力实施运行机理与有效性评价 ... 159

8.1 既有建筑节能改造市场发展中政府作用依据与逻辑 ... 159
- 8.1.1 既有建筑节能改造市场发展中政府作用依据 ... 159
- 8.1.2 既有建筑节能改造市场发展中政府作用逻辑 ... 162

8.2 既有建筑节能改造市场发展中政府作用机制 ... 163
- 8.2.1 基于波特钻石模型政府对市场发展的影响机理 ... 163
- 8.2.2 既有建筑节能改造市场发展中政府作用机制模型构建 ... 164

8.3 既有建筑节能改造市场发展中政府作用力实施运行的内在机理 ... 166
- 8.3.1 既有建筑节能改造市场发展中基于市场约束的政府作用内在机理 ... 166
- 8.3.2 既有建筑节能改造市场发展中基于市场激励的政府作用内在机理 ... 167
- 8.3.3 既有建筑节能改造市场发展中基于公共服务平台的政府作用内在机理 ... 169
- 8.3.4 既有建筑节能改造市场发展中基于市场治理机制的政府作用内在机理 ... 170

8.4 既有建筑节能改造市场发展中政府作用力实施原则与有效性标准 ... 170
- 8.4.1 既有建筑节能改造市场发展中政府作用力实施原则 ... 170
- 8.4.2 既有建筑节能改造市场发展中政府作用力实施有效性标准 ... 172

8.5 既有建筑节能改造市场发展中政府作用有效性评价内涵及意义 ... 174
- 8.5.1 既有建筑节能改造市场发展中政府作用有效性评价内涵 ... 174
- 8.5.2 既有建筑节能改造市场发展中政府作用有效性评价意义 ... 175

8.6 既有建筑节能改造市场发展中政府作用有效性评价体系架构 ... 175
- 8.6.1 既有建筑节能改造市场发展中政府作用有效性评价指标体系设计原则 ... 176
- 8.6.2 既有建筑节能改造市场发展中政府作用有效性评价内容分析与指标体系构建 ... 177

8.7 既有建筑节能改造市场发展中政府作用有效性评价量化过程 ... 179
- 8.7.1 既有建筑节能改造市场发展中政府作用有效性评价指标量化 ... 179
- 8.7.2 既有建筑节能改造市场发展中政府作用有效性评价过程量化 ... 183

8.8 既有建筑节能改造市场发展中政府作用有效性评价算例分析 …… 186
　　8.8.1 既有建筑节能改造市场发展中政府作用有效性评价背景介绍 … 186
　　8.8.2 既有建筑节能改造市场发展中政府作用有效性评价实施过程 …… 186
　　8.8.3 既有建筑节能改造市场发展中政府作用有效性评价结果
　　　　综合判定 ……………………………………………………… 189
　　8.8.4 基于既有建筑节能改造市场发展中政府作用有效性评价
　　　　结果的实践启示 ……………………………………………… 190

第9章 既有建筑节能改造市场发展中政府作用力提升实施策略 ………… 192
9.1 发达国家既有建筑节能改造市场治理实践经验及启示 ………… 192
　　9.1.1 发达国家既有建筑节能改造市场治理实践经验 ……………… 192
　　9.1.2 既有建筑节能改造市场发展中政府作为有效启示 …………… 197
9.2 我国既有建筑节能改造市场发展中政府实践现状及困境分析 …… 199
　　9.2.1 我国既有建筑节能改造市场发展中政府实践现状 …………… 199
　　9.2.2 我国既有建筑节能改造市场发展中政府实践困境 …………… 212
9.3 既有建筑节能改造市场发展中政府作用力提升框架设计 ……… 214
　　9.3.1 既有建筑节能改造市场发展中政府作用力提升框架设计思路 … 214
　　9.3.2 既有建筑节能改造市场发展中政府作用力提升框架设计原则 … 215
　　9.3.3 既有建筑节能改造市场发展中政府作用力提升框架体系构建 … 216
　　9.3.4 既有建筑节能改造市场发展中政府作用力提升框架实施要点 … 219
9.4 既有建筑节能改造市场发展中政府作用力提升路径选择及
　　实施对策 …………………………………………………………… 220
　　9.4.1 既有建筑节能改造市场发展中政府作用力提升路径选择 …… 221
　　9.4.2 既有建筑节能改造市场发展中政府作用力提升实施对策 …… 225

第10章 结论与展望 ……………………………………………………………… 231
10.1 研究结论 …………………………………………………………… 231
　　10.1.1 ESCO驱动力作用机理研究结论 …………………………… 231
　　10.1.2 政府作用力实施机理研究结论 ……………………………… 233
10.2 研究展望 …………………………………………………………… 236
　　10.2.1 ESCO驱动力研究展望 ……………………………………… 236
　　10.2.2 政府作用力研究展望 ………………………………………… 237

附录

  附录 A 既有建筑节能改造市场发展中 ESCO 驱动力作用效益评价调查问卷 …… 238

  附录 B 既有建筑节能改造市场发展中政府作用力实现影响机理研究调查问卷 …… 239

  附录 C 既有建筑节能改造市场发展中政府作用力实施有效性评价调查问卷 …… 242

参考文献 ……………………………………………………………………… 245

后记 …………………………………………………………………………… 252

第1章 绪　　论

1.1　研究背景与意义

1.1.1　研究背景

1. 既有建筑节能改造市场发展潜力巨大

既有建筑节能改造作为实现节能减排战略目标的核心内容，实施既有建筑节能改造是实现我国可持续发展的必然要求。据前瞻产业研究院统计分析，当前我国新建建筑面积每年已达到 16 亿～20 亿 m^2，其中高能耗建筑占比高达 97%，以截至 2015 年年底统计的数据（我国既有建筑存量已超过 600 亿 m^2，其中高能耗既有建筑约占 540 亿 m^2）[1] 来计算，2020 年我国高能耗既有建筑必将超出 600 亿 m^2，届时我国建筑能耗估计将占到社会总能耗的 40% 以上，将超出工业能耗与交通能耗，成为我国社会最大能耗来源。而高能耗的既有建筑不仅加剧了资源的消耗，而且更严重限制了我国可持续发展战略目标的实现，且随着未来社会进一步发展的需求，以及人们对于更高生活水平的追求，我国未来对于能源的需求量必将持续上升，进而将进一步加剧我国能源供给不足的紧张局势。在此背景下，大力实施既有建筑节能改造，推动既有建筑节能改造市场健康发展，充分挖掘既有建筑领域的巨大节能潜力，是我国提升既有建筑能源利用效率，实现可持续发展的必由之路。

实施既有建筑节能改造是降低建筑能耗，实现国家节能减排战略，推动"两型"社会发展的必然选择。与此同时，建筑能耗这一比例将伴随城镇化的推进及居住环境要求的提升不断增长，致使我国能源短缺进一步加剧。基于以上所述，不难看出，我国既有建筑节能改造的市场发展潜力巨大，既有建筑节能改造对于我国能源效率的提升以及节能服务行业的发展具有重要意义，既有建筑节能改造之路势在必行。

2. 既有建筑节能改造市场发展需要激发主体活力

鉴于能源供求矛盾日益突出,以循环经济范式实行可持续化建设已成为国家的重要议事日程。我国为推动既有建筑节能改造事业快速发展,自 20 世纪末正式实施既有建筑节能改造试点示范工程以来,政府以经济、法律、行政等为手段展开了积极的既有建筑节能改造实践。历经 20 年既有建筑节能改造实践,我国政府在既有建筑节能改造事业上取得了一定成绩,尤其自"十一五"以来,我国为推动既有建筑节能改造事业,以每一个五年规划为期限设定了严格的改造目标,并在每一个规划期内超额完成了预设的节能改造目标。在此基础上,我国于 2017 年 1 月 5 日颁布《国务院关于印发"十三五"节能减排综合工作方案的通知》,又明确提出了强化既有居住建筑节能改造,实施改造面积 5 亿 m^2 以上,2020 年前基本完成北方采暖地区有改造价值城镇居住建筑的节能改造的既有建筑节能改造目标。

能否发展好既有建筑节能改造市场更多取决于各参与主体的动力。既有建筑节能改造工作长期有效的开展依托于既有建筑节能改造市场发展,而既有建筑节能改造市场发展的关键在于有效的市场运行机制,有效的市场运行机制形成的根本在于市场多主体(政府、业主、节能服务公司[⊖])动力及动力协同作用。我国《"十二五"建筑节能专项规划》中提出,我们要牢牢把握市场供求关系的两端,即从市场的供给方和需求方入手,增强市场参与主体的服务能力,增加市场活力,以实现节能改造的主要目标。我国《"十三五"建筑节能专项规划》进一步提出了分别完成 5 亿 m^2 以上的居住建筑和 1 亿 m^2 公共建筑的节能改造任务。既有居住建筑在城镇住房中比例超出一半,未来将继续完善相应的机制,激发市场主体参与节能改造的积极性。

3. 既有建筑节能改造市场发展关键在于内在驱动力

既有建筑节能改造市场核心供给主体——节能服务公司(Energy Service Company,ESCO)是市场发展的内在驱动力,对市场发展具有重要的推动作用。既有建筑节能改造 ESCO 动力不足会制约既有建筑节能改造市场发展。

[⊖] 节能服务公司是指与愿意进行节能改造的用户签订节能服务合同,为用户提供一揽子专业化节能技术服务,如用能状况诊断、节能项目设计、融资、改造(施工、设备安装、调试)、培训、运行管理等,基于合同能源管理机制运作的,以盈利为目的的专业化公司。其涉及的行业几乎涵盖全部工业、事业、机关及其他公建机构。

目前，我国过多地采取以政府主导为主的市场运行机制，尽管在既有建筑节能改造工作推进方面取得显著成效，但同时也制约了其他主体的主观能动性，致使 ESCO 改造积极性不高，对市场发展驱动乏力，使市场机制欠完善，导致节能改造效果不佳，既有建筑节能改造市场运行不畅。因此，从市场治理视角出发，深入探索 ESCO 对既有建筑节能改造市场发展的驱动力作用机理很有必要。

4. 既有建筑节能改造市场发展离不开政府监管

既有建筑节能改造事业依赖市场多主体（政府、业主、节能服务公司）协同驱动下市场健康持续发展，其有序运行的关键在于市场核心供给主体 ESCO 的内在驱动力和业主的内原动力。然而既有建筑节能改造具有公共品、信息不对称等特殊属性，内在决定了市场健康发展必然离不开政府的外在监管、协调与引导。我国为推动既有建筑节能改造市场发展，政府采取了多种手段与政策，大力推动既有建筑节能改造事业。但就市场总体运行现状来看，主体积极性不足、改造效果不佳、市场运行不畅等问题依然突出。究其原因，我国十多年来，以政府为主导的既有建筑节能改造实践模式难以激发市场主体的能动性，形成了政府市场监管的错误与失位，未能有效发挥政府的市场外在作用。因此，基于市场治理视角，探索既有建筑节能改造市场发展中政府作用力实施机理与提升策略是市场发展的需要。

1.1.2 研究意义

既有建筑节能改造市场发展是内外在动力共同作用的结果。ESCO 是既有建筑节能改造市场核心主体，其改造积极性与市场活跃度将直接影响既有建筑节能改造的发展效果，分析 ESCO 参与既有建筑节能改造的驱动机理，能够有效解决 ESCO 驱动力不足、参与度低等问题，从既有建筑节能改造市场发展中 ESCO 驱动力的影响因素及其关系分析入手，剖析 ESCO 主体在参与既有建筑节能改造时的博弈策略，阐明既有建筑节能改造市场核心供给主体 ESCO 对市场发展的驱动机制及演变规律；遵循理论与实践相结合的原则，立足于既有建筑节能改造市场运行现状，以从根源上解决市场发展问题、提升政府市场作用力为目标，形成政府作用力与 ESCO 驱动力有效衔接的市场治理理论体系。开展以 ESCO 驱动力作用机理与政府作用力实施机理为核心内容的既有建筑节能改造市场动力机制研究，具有重要的理论价值与现实意义。

1. 完善与丰富既有建筑节能改造市场治理理论体系

ESCO驱动力作用机理研究，分析既有建筑节能改造市场发展中ESCO驱动力的影响因素，明确其相互作用关联关系，把握ESCO主体在参与既有建筑节能改造时的博弈策略，明晰既有建筑节能改造市场核心供给主体ESCO对市场发展的驱动机制及演变规律，形成以ESCO驱动力激发为导向的既有建筑节能改造市场运行治理理论体系。政府作用力实施机理研究，着眼于既有建筑节能改造市场运行动力，以市场良性运行为导向，剖析既有建筑节能改造市场发展问题，探究政府的行为特性及规律，揭示既有建筑节能改造市场运行过程中政府作用力实现过程与演化机理，不仅能为既有建筑节能改造市场理论研究提供新的方向，而且更能形成以政府作用力为研究核心，基于市场治理视角的政府作用力实现过程、影响机理、演化规律等为一体的理论体系。因此，探索ESCO驱动力作用机理和政府作用力实施机理，将进一步完善与丰富既有建筑节能改造市场治理理论体系。

2. 激发市场内生动力，促进既有建筑节能改造市场健康有序发展

通过市场治理视角下既有建筑节能改造市场发展中ESCO驱动力运行机理研究，为既有建筑节能改造市场发展中ESCO驱动力运行优化提供理论依据，为ESCO驱动力提升对策的制定提供科学指导。通过剖析我国既有建筑节能改造ESCO动力形成与发展实践，借鉴发达国家经验，提出既有建筑节能改造市场发展中ESCO驱动力作用优化实施策略，有利于发挥ESCO对既有建筑节能改造市场发展的内在驱动力作用，实现以市场内生动力促进市场高效运行。从市场治理视角出发，通过既有建筑节能改造市场的政府作用力实施机理与提升策略的研究，提出既有建筑节能改造市场政府作用力提升路径与实施策略，一方面，能够为政府规范市场主体行为、改善市场运行环境、促进既有建筑节能改造市场良性运行提供理论依据；另一方面，能够为政府调动市场主体积极性，提高市场主体能动性，激发市场发展活力，推动既有建筑节能改造市场健康可持续发展提供有效指导。

1.2 研究目标与内容

1.2.1 研究目标

基于既有建筑节能改造市场健康发展的核心供给主体ESCO行为驱动之力

的实践问题，着眼于既有建筑节能改造市场发展中ESCO驱动力运行实践剖析，以市场治理理论为基础，从主体动力视角出发，探索不同发展阶段的ESCO的需求与行为演变规律及行为驱动过程，探讨既有建筑节能改造市场发展中ESCO驱动力运行影响机理，剖析驱动过程中ESCO行为博弈演化策略，构建既有建筑节能改造市场发展中ESCO驱动效益评价体系，针对ESCO驱动力运行实践内在问题，提出ESCO驱动力运行优化策略与实施对策，形成既有建筑节能改造ESCO驱动力作用机理的理论体系。根据我国既有建筑节能改造市场运行的现实状况，着眼于政府市场作用有效性不足的内在症结，以治理市场为切入点，从既有建筑节能改造市场与政府特性及发展规律分析入手，解析既有建筑节能改造市场发展中政府作用力实现过程，构建既有建筑节能改造市场发展中政府作用力实现影响机理研究模型，探讨主体"有效理性"下政府作用过程行为策略的演变规律，探究既有建筑节能改造市场发展中政府作用力实施运行机理。在此基础上，对既有建筑节能改造市场发展中政府作用有效性进行科学评价，构建政府作用力提升的实施框架，并提出政府作用力提升的路径选择及具体实施对策，构建既有建筑节能改造政府作用力实施机理的理论体系，进而完善与丰富既有建筑节能改造市场治理理论体系，为推进既有建筑节能改造实践提供理论依据与实践参考，促进既有建筑节能改造市场健康有序发展。

1.2.2 研究内容

既有建筑节能改造市场发展是实现国家节能减排战略、推动"两型"社会发展的必然选择，是实现国家可持续发展战略目标的内在要求。既有建筑节能改造工作的长期有效开展有赖于其市场健康有序运行，既有建筑节能改造市场发展的关键在于有效的市场运行机制，有效市场运行机制形成的根本在于市场多主体（政府、业主、ESCO）动力协同作用。本书以既有建筑节能改造市场运行的动力作用分析为主线，以市场治理为视角，以增强既有建筑节能改造市场发展力为归宿，从ESCO需求及行为分析入手，探索ESCO行为驱动过程，分析ESCO驱动力作用特征及影响机理，阐述ESCO驱动过程多主体博弈策略，构建ESCO驱动力作用效益评价体系，提出ESCO驱动力作用优化与实施策略；从市场与政府特性及其发展规律分析入手，剖析政府作用力的实现过程与影响机理，探讨政府作用过程中主体行为策略演化规律，揭示政府作用力实施运行机理，构建政府市场作用的有效性评价体系，架构政府作用力提升的实施框架，

既有建筑节能改造市场动力机制

提出政府作用力提升的路径及实施对策。形成以 ESCO 驱动力作用机理与政府作用力实施机理为核心内容的既有建筑节能改造市场动力机制理论体系。主要内容包括以下 11 个方面：

（1）既有建筑节能改造市场运行实践与 ESCO 行为规律分析。

梳理了国内外既有建筑节能改造市场运行实践特征与理论研究动态，揭示既有建筑节能改造 ESCO 内在驱动力探索的必要性与价值性，从分析既有建筑节能改造市场发展与市场特性入手，探讨既有建筑节能改造市场主体构成与动力定位；基于马斯洛需求层次分析与行为动机理论，分析 ESCO 需求及行为演变规律；阐述 ESCO 行为驱动过程，剖析既有建筑节能改造市场发展中 ESCO 行为驱动乏力的致因，以 ESCO 需求与行为为导向激发 ESCO 的既有建筑节能改造市场发展内在驱动力。

（2）既有建筑节能改造市场发展中 ESCO 驱动力作用影响机理。

基于扎根理论，从政策环境、产业环境、企业内部环境等方面分析既有建筑节能改造市场发展中 ESCO 驱动力作用影响因素；运用社会网络分析方法，探索 ESCO 驱动力作用影响因素间关联关系及作用路径，奠定既有建筑节能改造市场发展中 ESCO 内在驱动力实施作用的基础。

（3）基于博弈分析的既有建筑节能改造市场发展中 ESCO 驱动策略。

以既有建筑节能改造市场高效运行为目标导向，构建既有建筑节能改造市场发展中 ESCO 效用函数；基于市场主体行为的有限理性，分别建立 ESCO 与政府、ESCO 与业主的博弈策略模型，确定 ESCO 驱动力实现的最优稳定策略。

（4）既有建筑节能改造市场发展中 ESCO 驱动力作用效益评价。

基于既有建筑节能改造市场发展中 ESCO 驱动力作用效益评价原则，从实现既有建筑节能改造市场高效运行视角出发，架构既有建筑节能改造市场发展中 ESCO 驱动力作用效益评价指标体系；运用层次分析法（AHP）与模糊综合评价方法对既有建筑节能改造市场发展中 ESCO 驱动力作用效益实施量化评价过程，进行既有建筑节能改造市场发展中 ESCO 内在驱动力作用有效性的实例分析。

（5）既有建筑节能改造市场发展中 ESCO 驱动力作用优化策略与实施对策。

总结国外既有建筑节能改造市场发展中 ESCO 驱动力运行实践特征与启示，基于既有建筑节能改造市场发展中 ESCO 驱动力作用效益评价结果，分析我国 ESCO 驱动力作用问题与启示；从 ESCO 外部环境及内部环境改善探索既有建筑节能改造市场运行中 ESCO 驱动力作用优化机理；从政策环境、产业环境、企业内部环境等维度提出以促进既有建筑节能改造市场发展为导向的 ESCO 驱动力提升对策，以强化 ESCO 内在驱动力推动既有建筑节能改造市场健康有序发展。

（6）既有建筑节能改造市场运行特征与政府行为规律分析。

概述国内既有建筑节能改造市场发展中政府管制实践特征以及理论研究动态，揭示既有建筑节能改造市场发展中政府作用实施机理探索的价值与意义，从既有建筑节能改造市场的主体构成及其运行特征分析入手，将既有建筑节能改造市场划分为 4 个发育阶段，并界定政府在既有建筑节能改造市场发展中的阶段性职能；探究既有建筑节能改造市场发展中政府行为动机及其需求演变规律；在此基础上，剖析当前既有建筑节能改造市场运行现状及发展瓶颈。

（7）既有建筑节能改造市场发展中政府作用力实现过程及影响机理。

从政府作用力内涵解析以及基本特征分析入手，剖析政府作用力的本质内涵、基本构成要素及本质特性；结合政府既有建筑节能改造实践，阐述既有建筑节能改造市场发展中政府作用力实现的主要形式及过程；在此基础上，系统分析既有建筑节能改造市场发展中政府作用力实现的影响因素，应用结构方程模型构建既有建筑节能改造市场发展中政府作用力实现影响机理研究的概念模型。通过实证分析，对原假设进行验证并修改模型，确认既有建筑节能改造市场发展中政府作用力实现的关键影响因素及其作用路径。

（8）既有建筑节能改造市场发展中政府作用过程行为博弈分析。

从既有建筑节能改造市场发展中多主体行为博弈特性以及演化博弈理论的基本原理出发，选择主体行为策略研究的博弈模型并界定博弈主体；基于博弈主体"有限理性"视角，结合既有建筑节能改造市场发展中政府作用过程中的主体行为动机，架构政府、ESCO、业主三方博弈模型，构建政府作用过程中各主体效用函数，分析不同情形下各主体行为策略的选择及其演变规律。

（9）既有建筑节能改造市场发展中政府作用力实施运行机理。

从市场发展模式、政府职能理论、外部性理论以及协同理论等 4 个方面分析既有建筑节能改造市场发展中政府作用的依据，并分析在既有建筑节能改造市场发展中政府作用的基本逻辑；利用波特钻石模型剖析市场发展中政府的影响机理，构建既有建筑节能改造市场发展中政府作用机制模型；在此基础上，从市场约束机制、市场激励机制、市场治理机制以及公共服务平台支撑机制等

4个方面探讨政府作用的内在机理，并解析既有建筑节能改造市场发展中政府作用力实施原则与有效性标准。

（10）既有建筑节能改造市场发展中政府作用有效性评价。

分析既有建筑节能改造市场发展中政府作用有效性评价内涵及意义，系统识别既有建筑节能改造市场发展中政府作用有效性评价的反映性指标，梳理各指标间的内在关联关系，构建多层次的既有建筑节能改造市场发展中政府作用有效性评价的指标体系；在此基础上，运用模糊网络层次分析法（ANP-Fuzzy）实施量化评价过程，对既有建筑节能改造市场发展中政府作用有效性进行综合评价。

（11）既有建筑节能改造市场发展中政府作用力提升实施策略。

基于既有建筑节能改造市场发展中政府作用有效性评价结果的启示，探究国内既有建筑节能改造市场发展中政府实践特征与启示，剖析我国既有建筑节能改造市场发展中政府实践现状及困境；在此基础上，架构既有建筑节能改造市场发展中政府作用力提升实施框架，并提出政府作用力提升的路径选择及具体实施对策。

1.3 主要观点与研究方法

1.3.1 主要观点

本书研究基于市场治理视角，以既有建筑节能改造市场发展的内外在动力为关注点，从市场特征、主体需求、行为规律分析着手，以市场动力影响机理与行为博弈策略分析为基础，以科学评价为导向，以激发ESCO内在驱动力和发挥政府科学作用力的实施策略与对策为归宿，形成了以下10个方面的基本研究观点。

1）既有建筑节能改造市场发展中ESCO内在驱动力的根源在于其需求及行为规律。

2）既有建筑节能改造市场发展中ESCO驱动力作用分析的基础是其影响机理。

3）既有建筑节能改造市场发展中ESCO内在驱动力的实现是多方主体行为博弈策略的结果。

第1章 绪 论

4）既有建筑节能改造市场发展中ESCO驱动力有效性判别的依据是作用效益评价。

5）既有建筑节能改造市场发展实践需要强化ESCO内在驱动力。

6）既有建筑节能改造市场发展不同阶段需要科学发挥政府治理市场的作用。

7）既有建筑节能改造市场发展中政府作用科学实施有利于其实现过程及影响机理分析。

8）既有建筑节能改造市场发展中政府作用过程的本质是政府与各方主体行为博弈策略的结果。

9）既有建筑节能改造市场发展中政府作用有效性度量的基准是科学评价。

10）既有建筑节能改造市场发展中政府作用有效性依赖于其科学运行机理与实施策略。

1.3.2 研究方法

本书总体上是采用"总-分-合"的研究过程，首先，开展研究的总体设计；其次，采用两个子课题开展分工研究；再次，对两个子课题研究按照总体系统构成要求进行集成与整合，形成完整的既有建筑节能改造市场动力机制系统体系。

研究方法是研究者解决研究问题的重要工具，其自身的科学性、有效性以及选择的适宜性不仅关系研究结论的正确性，而且更直接决定了研究成果最终是否具备现实意义。基于此，本书对于研究方法的选择与应用以方法的有效性和适用性为导向，遵循具体问题具体分析的原则，将理论与实践相结合来展开全文相关问题的研究。具体来说，本研究主要从专家咨询与问卷调查法、结构方程模型、演化博弈理论、波特钻石模型、网络层次分析法、多级模糊综合评价法以及内容分析法等9个方面展开全文研究。

（1）专家咨询与问卷调查法。

在初步设计调查问卷的基础上，通过多轮的专家咨询与反馈，剔除无效或关联性不强题项，增补遗漏的重要因素，确定最终既有建筑节能改造市场发展中ESCO驱动力及政府作用力实现影响机理、评价的调查问卷；在此基础上，以李克特量表作为评分标准，通过电子邮件和实地发放相结合的形式获取既有建筑节能改造市场发展中ESCO驱动力、政府作用实现的影响机理及有效性评价指标的相关数据。

（2）扎根理论。

运用扎根理论方法对既有建筑节能改造市场发展中ESCO驱动力作用影响因素进行探索分析，系统提炼既有建筑节能改造市场发展中ESCO驱动力作用关键影响因素。

（3）社会网络分析。

运用社会网络分析方法研究既有建筑节能改造市场发展中ESCO驱动力作用影响因素间关联关系。

（4）结构方程模型。

基于既有建筑节能改造市场发展中政府作用力实现的影响因素关联关系的初步分析，通过研究假设，利用结构方程模型构建既有建筑节能改造市场发展中政府作用力实现的影响因素关联机理分析的概念模型，通过对初始模型的整体适配度和内在结构适配度进行检验，验证原假设；在此基础上修正模型，确定政府作用力实现的影响因素之间的关联关系，寻得影响政府作用力实现的关键影响因素以及其传导路径与作用机理。

（5）演化博弈理论。

运用演化博弈理论分别构建既有建筑节能改造市场发展过程中ESCO与政府、ESCO与业主的博弈策略模型，确定ESCO驱动力实现的最优稳定策略；基于既有建筑节能改造市场主体"有限理性"特性，运用演化博弈理论架构既有建筑节能改造市场发展中政府作用过程中政府、ESCO、业主的三方博弈模型，并构建政府作用过程中各主体效用函数，分析不同情形下各主体行为策略的选择及其演变规律。

（6）模糊综合评价法。

运用模糊综合评价法构建既有建筑节能改造市场发展中ESCO驱动效益评价模型，并结合算例对ESCO驱动效益实施量化评价过程；基于既有建筑改造市场发展中政府作用有效性评价的模糊特性，运用多级模糊综合评价的方法，确定模糊评价的综合评判因素集，建立综合评价评语集，通过模糊算子与量化赋值的方式分别对一、二、三级因素进行综合评价。

（7）波特钻石模型。

基于波特钻石模型的基本理论分析，剖析既有建筑节能改造市场发展中政府作用的影响机理，并从市场约束机制、市场激励机制、市场治理机制以及公共服务平台支撑机制等 4 个方面构建既有建筑节能改造市场发展中政府作用机制模型，剖析既有建筑节能改造市场发展中政府作用力实施的内在机理。

（8）网络层次分析法。

基于既有建筑节能改造市场政府作用有效性指标间的递阶层次性结构以及结构内部的依存和相互支配关系，运用网络层次分析法（ANP）架构既有建筑节能改造市场发展中政府作用有效性评价指标 ANP 结构；在此基础上，基于调查问卷获取的相关数据，利用 SD 软件构造 ANP 超级矩阵并计算权重。

（9）内容分析法。

将中共中央、全国人大、国务院及相关部门所发布的政策文件作为既有建筑节能改造政策量化分析的客观凭证，利用北大法律信息网及相关政府官方网站进行政策文本的收集。从政策工具维度、政府主体维度以及政策层级维度构建既有建筑节能改造市场发展中政府实践分析的三维逻辑框架，通过阅读政策文本并对政策文本内容按三维分析框架进行编码，进而对编码结果进行分类统计，基于政策工具视域，对我国既有建筑节能改造政策文本进行量化分析，从而探究目前我国既有建筑节能改造市场发展中政府实践现状及特征。

1.4 研究思路与架构

1.4.1 研究思路

本书研究思路分为 3 个层次。

第一个层次是研究规划与实施，采用的基本研究思路为"总-分-合"。以"既有建筑节能改造市场动力机制"的课题总体规划为基础，分解规划子课题研究方向与内容；依据课题总体研究目标要求，按照分解的两个子课题（两个硕士学位论文）"既有建筑节能改造市场发展中 ESCO 驱动力作用机理研究""既有建筑节能改造市场发展中政府作用力实施机理与提升策略研究"分别开展研究，形成子课题相对完整的研究成果体系；之后，基于总课题研究的逻辑内涵要求，调整、整合已完成的两个子课题研究成果，形成系统研究的最终成果。

第二个层次是勾画课题研究统一视角；基于既有建筑节能改造市场治理的动力作用视角。以此作为本书研究的基准视角，开展两个子课题的研究，并以既有建筑节能改造市场治理的动力作用为主线，形成最终成果。

第三个层次是两个子课题研究过程的学理逻辑。揭示了子课题研究的内在规律与本质特征，实现研究内容的深化与提升。

1.4.2 体系架构

全书形成四大模块、上下两大篇共10章的基本架构。第一模块为总括，即第1章，是全书的绪论部分；第二模块即上篇（内在动力——ESCO驱动力），为既有建筑节能改造市场发展中ESCO驱动力作用机理，由第2~5章组成；第三模块即下篇（外在动力——政府作用力），为既有建筑节能改造市场发展中政府作用力实施机理，由第6~9章组成；第四模块总结，即第10章，是全节的结论与展望部分。

第一模块主要分析既有建筑节能改造市场治理的动力作用视角下既有建筑节能改造市场动力机制的研究背景及意义，勾画本书核心内容与目标，提出本书关于既有建筑节能改造市场动力机制的主要观点和研究方法，揭示本书研究的基本思路，从模块构架、要素凝练、章节规划、内容设计等4个层面，形成本书的整体内容体系构架，如图1-1所示。

第二模块由四大要素构成。要素之一——市场运行实践与ESCO行为规律，对应本书第2章，阐述了既有建筑节能改造市场发展与市场特性，阐明了既有建筑节能改造市场发展中主体构成及其动力定位，概述了国内外既有建筑节能改造市场运行理论与实践现状，剖析了既有建筑节能改造市场发展中ESCO行为驱动过程及致因，揭示了既有建筑节能改造市场发展中ESCO需求演变规律、行为动机及演化机理。要素之二——ESCO驱动力作用影响机理，对应本书第3章，基于扎根理论识别了既有建筑节能改造市场发展中ESCO驱动力作用的影响因素，以社会网络分析为基础，开展了ESCO驱动力影响因素的社会网络分析，探讨了基于ESCO驱动力关键影响因素的运行优化路径。要素之三——基于博弈分析的ESCO驱动策略，对应本书第4章，概述了博弈相关理论，探究了基于ESCO与政府博弈的ESCO驱动策略，构建了ESCO与业主行为博弈策略模型，揭示了基于ESCO与业主博弈的ESCO驱动力改善策略。要素之四——ESCO驱动力作用效益评价与优化策略，对应本书第5章，阐述了既有建筑节能改造市场发展中ESCO驱动力作用效益评价意义、原则与内容，架构了既有建筑节能改造市场发展在ESCO驱动力作用效益评价指标体系，AHP与模糊综合

第1章 绪 论

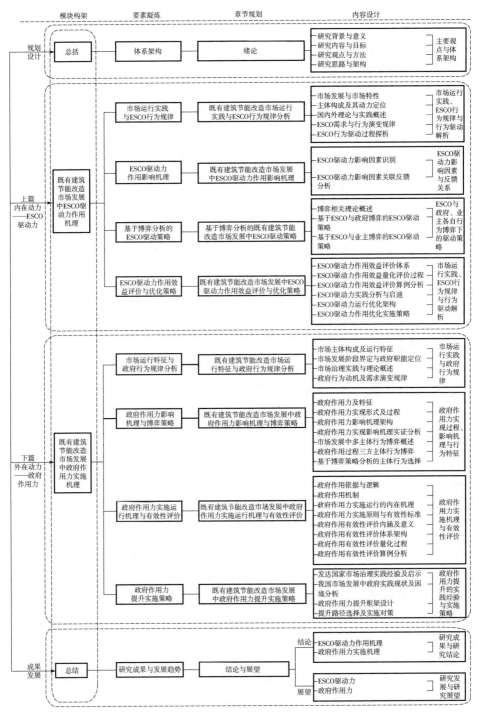

图 1-1 内容体系架构

既有建筑节能改造市场动力机制

评价法相结合实施了既有建筑节能改造市场发展中 ESCO 驱动力作用效益量化评价过程，基于实例开展了既有建筑节能改造市场发展中 ESCO 驱动力作用效益评价实践，揭示了 ESCO 驱动力作用效益提升实现路径，基于国内外既有建筑节能改造市场发展中 ESCO 驱动力运行实践分析与启迪，架构了既有建筑节能改造市场发展中 ESCO 驱动力运行优化的原则与实施体系设计，基于政策环境支撑、内外部环境提升、产业环境改善、多元主体互动、信息平台拓展和合同能源管理⊖（Energy Performance Contracting，EPC）模式改进等 6 个层面，提出了既有建筑节能改造市场发展中 ESCO 驱动力作用优化实施策略。

第三模块由四大要素构成。要素之一——市场运行特征与政府行为规律分析，对应本书第 6 章，阐述了既有建筑节能改造市场主体构成及运行特征，阐明了既有建筑节能改造市场发展机理阶段界定与政府职能定位，梳理了国内外既有建筑节能改造市场治理理论与实践现状，揭示了既有建筑节能改造市场发展中政府行为动机及特征，探讨了既有建筑节能改造市场发展中政府需求演变规律。要素之二——政府作用力影响机理与博弈策略，对应本书第 7 章，解析了既有建筑节能改造市场发展中政府作用力内涵与基本特征，规划了既有建筑节能改造市场发展中政府作用力影响机理架构，基于 SEM 构建了既有建筑节能改造市场发展中政府作用力影响机理实证模型，揭示了既有建筑节能改造市场发展中政府作用力影响的关键要素及其关联关系，阐明了既有建筑节能改造市场发展中多主体行为博弈特性与演化博弈相关理论，构建了既有建筑节能改造市场发展中政府作用过程三方主体行为博弈模型及演化稳定策略，提出了基于均衡的整体行为博弈策略选择方案。要素之三——政府作用力实施运行机理与有效性评价，对应本书第 8 章，阐释了既有建筑节能改造市场发展中政府作用依据与逻辑，基于波特钻石模型的政府对市场发展的影响机理分析，架构了既有建筑节能改造市场发展中政府作用机制模型，基于市场约束、市场激励、公共服务平台和市场治理机制，探讨了既有建筑节能改造市场发展中政府作用力实施运行内在机理，阐明了既有建筑节能改造市场发展中政府作用力实施原则和实施有效性标准，解析了既有建筑节能改造市场发展中政府作用有效性评价的内涵与意义，基于既有建筑节能改造政府作用有效性评价原则，构建了既有

⊖ 合同能源管理是指节能服务公司与用能单位以契约形式约定节能项目的节能目标，节能服务公司为实现节能目标向用能单位提供必要的服务，用能单位以节能效益支付节能服务公司的投入及其合理利润的节能服务机制。

建筑节能改造市场发展中政府作用有效性评价指标体系，用模糊综合评价法对既有建筑节能改造市场发展中作用有效性实施量化评价，演示了算例评价过程与结果。要素之四——政府作用力提升实施策略，对应本书第 9 章，基于发达国家既有建筑节能改造市场治理实践经验与有效启示，在剖析我国既有建筑节能改造市场发展中政府实践现状与困境的基础上，架构了既有建筑节能改造市场发展中政府作用力提升的框架设计思路、体系与实施要点，提出了既有建筑节能改造市场发展中政府作用力提升路径选择与实施对策。

第四模块按照研究子课题划分，梳理了研究结论与研究展望。研究结论包括既有建筑节能改造市场发展中 ESCO 驱动力作用机理研究结论、既有建筑节能改造市场发展中政府作用力实施机理研究结论两个方面。研究展望则基于市场治理视角，从 ESCO 驱动力和政府作用力两个方面，揭示了基于既有建筑节能改造市场动力演化与耦合机理研究的动态发展趋势。

上 篇
（内在动力——ESCO 驱动力）

既有建筑节能改造市场发展中 ESCO 驱动力作用机理

第 2 章 既有建筑节能改造市场运行实践与 ESCO 行为规律分析

要想保证既有建筑节能改造市场的高效运行,其前提是处理好各个主体之间动力协同问题,研究 ESCO 的行为特征,把握其发展规律,提升 ESCO 驱动力运行效果。因此,本章从市场特性与市场主体动力定位分析着手,基于马斯洛需求层次理论,分析 ESCO 需求演变规律,结合 ESCO 的行为动机,确定 ESCO 在行为发展过程中的演变规律及驱动机理,为进一步探究在既有建筑改造市场发展中 ESCO 驱动力运行影响因素提供前期支持,最终实现驱动力运行效果的提升。

2.1 既有建筑节能改造市场发展与市场特性

2.1.1 既有建筑节能改造市场发展沿革

我国的第一部建筑节能标准《民用建筑节能设计标准(采暖居住建筑部分)》(JGJ 26-1986)于 1986 年由建设部发布。建设部就其中相关概念进行了界定,包括标准节能 30% 等,这些标准的设定为后续的节能工作提供了相关指导,但起初,学者们更多关注的是新建建筑的节能改造。既有建筑通过相应的节能改造也能实现较好的节能效果。回顾我国既有建筑节能改造工作的历程,主要经历了以下 3 个阶段。

(1) 试点运营阶段(1986—2006 年)。

20 世纪 80 年代,建筑节能改造进入我们的视野,建设部陆续发布了《民用建筑热工设计规范》《建筑气候区划标准》两项标准,然而,既有建筑节能改造真正得到重视是在 2000 年 10 月,《既有采暖居住建筑节能改造技术规程》的颁布,此后,又进一步加快对既有建筑节能改造的步伐,在《建设部建筑节能"九五"计划和 2010 年规划》中明确未来一段时间的节能改造路线，以确保到 2020 年完成大部分的节能改造工作。

我国既有建筑节能改造工作进展较快，节能试点示范工程顺利实施。为了学习借鉴国外先进的节能改造经验，我国先后与法、德等国就节能改造开展合作，在一些重点城市打造节能改造试点项目，解决了我们在技术及资金方面的难题，同时获得了相应的经济收益。

（2）模式探索阶段（2007—2010 年）。

我国既有建筑节能改造的探索在此期间逐步进入规模化阶段，其开端是 2007 年北方采暖地区针对居住建筑的节能改造。为了能够更好地约束节能主体的行为，政府颁布了一系列强制性法规，如《中华人民共和国节约能源法》，这部法律提出按照用热量来收费，既能规范相关节能服务行业的收费，又可以促使业主在用能时注意自己的节约行为。2007 年 5 月《关于印发节能减排综合性工作方案的通知》则更为明确地表达了这一初衷。同年 10 月，建设部和财政部针对办公建筑和大型公共建筑的节能提出相关指导意见，允许委托第三方能源服务机构进行节能改造，在制定这一系列节能法律法规的基础上，相关的节能技术标准也逐渐完善，包括《居住建筑节能检测标准》等。

为了能深入学习国外先进的节能改造经验，保证节能改造技术的大规模推广，我国于 2008 年再次与德国展开合作，将乌鲁木齐、太原等地作为新的示范点。改造结果显示：能耗明显降低，且舒适度大幅度提升。1999—2009 年，中法共完成 11 个合作项目，既改善了当地耗能状况，同时使我们收获了节能改造方面的技术、管理经验。

（3）规模化发展阶段（2011 年至今）。

我国建筑节能改造真正实现规模化发展是从 2011 年开始的，财政部、住房和城乡建设部联合发布针对北方老旧住宅供热计量及节能改造的通知。2012 年，住房和城乡建设部在《"十二五"建筑节能专项规划》中明确了相应的数量要求。国务院在 2013 年提出了具体的节能改造目标，随着这一系列方针政策的制定，既有建筑节能改造逐步迈向更高的发展阶段。

虽然我国既有建筑节能改造市场潜力巨大，但是在节能改造的过程中仍旧有很多问题。从供给端来说，存在节能改造效果不明显、改造质量差等缺点；就需求端来说，业主的节能需求较少，ESCO 自然会因为看不到利益而选择退出，甚至不考虑节能改造技术的提升，这样形成恶性循环，影响既有建筑节改造市场的发展。

2.1.2 既有建筑节能改造市场特性

既有建筑节能改造市场不同于一般意义上的市场,因为节能改造本身存在一定的外部性,也使该市场存在一定的外部性,在市场中必然会存在供求双方信息不对称,市场主体驱动力缺乏等问题。以上这些情况均会在很大程度上导致节能改造市场的失灵,深入剖析既有建筑节能市场的特性,把握该市场的特定发展规律,为进一步研究既有建筑节能改造市场发展中 ESCO 驱动力的内在机理提供了依据。

(1) 外部性。

外部性通俗来说即对身边事物的影响,自然有好有坏,外部性分为正外部性和负外部性。正外部性,主要是从收益的角度考虑,即从事经济活动的主体在从事某活动时的收益超出个人的收益;负外部性,则是从成本角度考虑,即从事相关的经济活动的主体在从事某活动时耗费的社会成本超出私人成本。ESCO 作为既有建筑节能改造市场的供给者,在获取自身经济利益,实现自身长远发展的同时,还可以降低社会总能耗、带动节能服务产业及相关产业发展。然而,作为节能改造过程中的受益方并未承担相应的成本,这势必造成 ESCO 在从事节能改造活动时的利益受损。试想,如果 ESCO 的积极性受到打击,出于对自身收益成本支出平衡的考虑,ESCO 很可能会放弃继续实施既有建筑的节能改造,进一步引起既有建筑节能改造市场的失灵。

(2) 信息不对称性。

信息不对称是指市场中供需双方在市场经济活动中所拥有的信息的数量和质量有差异,具有信息优势的一方利用其所拥有的信息追逐自身利益的最大化。信息不对称通常会引发逆向选择与道德风险现象,无论哪一种现象都会使交易一方产生损失,亦会降低市场效率。信息不对称性是制约既有建筑节能改造市场主体动力协同的重要原因。技术难题是既有建筑节能改造项目在实施初期的主要制约因素,业主仅能借助 ESCO 的自身宣传来判断节能改造的效果,并不能让业主获得切身的体会,自然造成业主参与节能改造的积极性较低。在项目实施过程中,ESCO 可以通过自身的专业技术及人员对建筑物进行详细的能效检测,获取足够的节能信息。而没有完善的信息披露机制与信息传递机制,业主对于这部分信息掌握不足,由此引发信息不对称并降低业主改造积极性。在 ESCO 的融资环节中，节能服务行业客观存在的技术壁垒导致金融机构对于 ESCO 的偿债能力、信用等级等信息的掌握都不完全，金融机构对 ESCO 的发展缺乏信任，自然也造成 ESCO 出现融资难等问题，进一步抑制 ESCO 参与节能改造的积极性，阻碍既有建筑节能改造市场的良性发展。

（3）主体驱动乏力。

既有建筑节能改造市场之所以会出现主体驱动乏力，原因主要表现在以下两个方面：一是市场中供需主体的改造动力不足，二是政府缺乏对既有建筑节能改造市场的失灵现象的调控动力。从业主角度出发，社会节能氛围缺失以及市场特性影响导致业主的改造积极性较低，市场内部显性需求不足，而且大部分参与改造的业主多依靠政府出资，自身节能主动性较低。从 ESCO 角度出发，由于市场内部需求不足、融资困难、政府支持力度不满足自身发展需求等，ESCO 在运营过程中举步维艰，改造积极性逐渐降低，节能服务市场陷入低迷状态，反过来这又使得业主改造意愿持续降低，形成恶性循环，致使既有建筑节能改造市场供需失衡。从政府的角度看，作为市场监管的主体，有责任在市场发展的初期，通过一定的经济激励、法律法规和产业扶持政策来推动市场的发展，等到市场自身达成一定的平衡状态时再辅以相应的保障机制，确保市场的高效运行。

2.2 既有建筑节能改造市场发展中主体构成及其动力定位

2.2.1 既有建筑节能改造市场发展中主体构成及特点

既有建筑的节能改造具有一定的复杂性，除了技术层面的原因之外，更主要的是参与主体相对较多，包括各级政府、ESCO、业主、信贷机构、设备供应商、第三方评估机构等多个主体，其中政府、ESCO 和业主是节能改造市场发展的主要驱动力。因此，这三个核心主体的行为选择将对节能改造市场的发展产生重要影响。由市场供需理论大致可得出既有建筑节能改造市场的供需关系，如图 2-1 所示。

图 2-1 既有建筑节能改造市场主体构成

从图 2-1 不难看出，政府对于既有建筑节能改造市场的建立及运行具有重要指导和保障作用，ESCO 与业主作为市场的供需双方，其供求关系直接影响市场的高效运行。试想如果单纯地从某一主体的角度出发，将会打破主体之间的协同关系，阻碍既有建筑节能改造市场的发展。因此，分析各主体之间的内在联系，加强各主体的协同发展，能够促进市场的有序发展。

1. 政府——市场培育主体

政府是既有建筑节能改造市场的培育主体，其根本职能在于通过政策制定与执行引导主体形成供需平衡、良性竞争的市场环境，促使市场发展系统良性自组织运行。既有建筑节能改造项目具有准公共物品属性，且在市场发展过程中具有信息不对称性，这些市场特性客观存在致使市场核心供需主体改造积极性较低，无法形成市场供需均衡状态，更无法实施主体对市场发展的动力作用。根据既有建筑节能改造市场的特点，政府通过相应措施促进市场供需平衡，使既有建筑节能改造市场形成市场化发展。同时，政府的政策实施也有必要随既有建筑节能改造市场发展阶段演变而做出动态调整，以契合市场发展程度，并通过对主体采取不同政策释放其活力，保证既有建筑节能改造市场内部形成以主体动力推动市场发展的条件。

2. ESCO——市场供给主体

ESCO 是既有建筑节能改造市场内部核心供给主体，从市场治理视角出发，其本质功能在于通过提升供给能力及产业竞争能力增强市场供给端的活跃度，并产生对需求端的刺激与承接作用，进而促进既有建筑节能改造市场发展。企业的逐利本质决定 ESCO 在市场经营活动中以利润最大化为目标导向，而既有建筑节能改造市场客观存在的经济外部性及对市场内部显性需求不足的特性决定短期内 ESCO 无法实现自身效益目标，一旦 ESCO 缺乏参与既有建筑节能改造获利的信心，最直接的就是参与积极性降低，自然会抑制既有建筑节能改造市场的发展。因此，如何调整外部环境以使 ESCO 改造积极性提升，以及如何提升 ESCO 自身能力，使其在市场活动中获得目标收益，ESCO 通过参与既有建筑节能改造，获利的信心被加强，其主动性自然也就凸显出来。因此，探讨 ESCO 主体如何发挥 ESCO 主体动力促进市场发展成为本书需要探讨的核心问题。

3. 业主——市场需求主体

业主是既有建筑节能改造市场内部核心需求主体，基于价值最大化原则，其本质功能在于通过提升自身节能意识提高群体内对既有建筑节能改造的需求以增强需求端活力，进而刺激需求端，形成供需平衡的市场机制。首先，社会范围内的节能氛围缺失、产权复杂性等因素导致业主的需求不足，这是制约既有建筑节能改造市场发展的根本；其次，由于节能服务业的发展还不够完善规范，有节能需求的业主往往很难选择出适当的节能服务企业；最后，缺乏健全的第三方检测机制以及需求侧的经济激励政策，业主无法切身体会到节能改造带来的效益，业主对于节能改造的需求将大大降低。因此，实现以主体动力推进既有建筑节能改造市场发展，有必要加强对核心需求端业主节能意识的引导，健全监管机制，增强业主节能改造的需求，从需求端打开既有建筑节能改造市场。

2.2.2 既有建筑节能改造市场发展中核心主体动力定位

既有建筑节能改造市场作为一个系统，必然有其动力系统。从主体动力视角出发，可将既有建筑节能改造市场发展动力分为政府引擎力、ESCO 驱动力和业主内原动力，三大主体动力及其协同作用为既有建筑节能改造市场发展提供动力支持，实现既有建筑节能改造市场的高效运行。

1. 既有建筑节能改造市场发展中主体动力——政府引擎力

既有建筑节能改造市场的建立会产生一定的外部性，政府有责任在市场发展中承担一定的宏观调控任务。即对市场发展产生引擎力作用，政府引擎力在推动既有建筑节能改造市场发展过程中的作用过程主要体现在以下 3 个方面：

1）制定合理的政策法规并提升宏观管理能力。完善合理的政策法规是保证既有建筑节能改造市场有序发展的基础。政府在制定既有建筑节能改造市场的相关法规时应尽量细化，需要包括技术层面的开发政策支持，市场层面的培育及引导支持，市场在运行中的税收支持等。从中央政府角度出发，我国应从宏观层面完善既有建筑节能改造相关法律法规，规范市场行为、优化市场结构、保障市场有序运行。与此同时，应依据不同地区特点制定鼓励政策，目的在于

既有建筑节能改造市场动力机制

知道地方政府制定的相关政策，形成各具优势、统筹协调的发展格局。从地方政府角度出发，各地区应根据自身条件以及发展特点制定因地制宜的既有建筑节能改造市场发展相关政策，进而与中央政策形成联动作用并保障地区市场运行有序。

2）政府在发挥自身政策支持作用的同时，更重要的是通过相关的措施引导ESCO积极参与。要想真正盘活既有建筑节能改造市场，必须让ESCO主动参与到既有建筑的节能改造中。ESCO不同于政府，属于营利性组织，一旦既有建筑节能改造的正外部性及市场中业主的节能改造需求降低，将直接影响ESCO的参与积极性。政府需要制定合理的激励政策以提升ESCO的改造积极性，并强化其履行社会责任的意识，主要包括税收优惠、专项资金补贴、示范项目指导、产学研平台构建、优化投融资环境，并且政府应制定合理的政策促使ESCO逐利行为与履行社会责任行为相容。

3）业主需求是ESCO参与节能改造的关键，因此，政府还需要从源头入手，引导业主积极选择节能改造。在政府引擎力系统运行过程中，应主要从市场需求端发力，以合理的激励方式释放市场需求。要想让业主主动参与节能改造，需要让其从参与的改造中见到收益，政府需要对节能改造前后的耗能进行衡量，需要细化能耗梯度，从根本上增强业主参与节能改造的意愿；明晰物业产权，避免主体不明导致的节能改造行为决策偏差；对于节能举动采取相应的经济补贴，进一步强化业主参与既有建筑节能改造的意愿。

综上所述，绘制出既有建筑节能改造市场发展中政府引擎力作用过程，如图2-2所示。

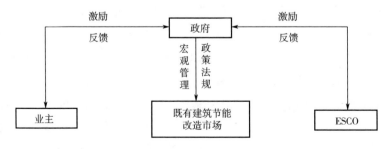

图2-2 既有建筑节能改造市场发展中政府引擎力作用过程

2. 既有建筑节能改造市场发展中主体动力——业主内原动力

正所谓有需求就有市场，业主的节能需求会刺激交易的出现，市场中的供给者增多，竞争加大，才会激发 ESCO 提升自我意识，从而提升节能改造的效率，业主感受到节能改造的效益后，会增加需求，供给者的利益将得到保证，愿意并主动进入既有建筑节能改造的市场，在这个层面上，业主对既有建筑节能改造市场发展产生内原动力作用，其内原动力在推动既有建筑节能改造市场发展过程中的作用过程主要体现在以下几个方面：

1）需求带动供给。需求对市场的供需关系变化具有一定的引导性，业主节能改造的需求首先会引导 ESCO 进入既有建筑节能改造市场中，加大投资，推动既有建筑节能改造市场的良性发展。

2）供给满足需求。供给从一定程度上反映出当前的社会生产能力，业主的需求不断得到满足、不断提升，供给者也会做出自我调节，改进节能改造服务，满足新的需求。

3）供求相互影响。从本质上来讲，市场的作用主要是供求关系的相互影响，即需求能够带动供给的出现，供给的出现又能刺激新的需求，因此，作为市场的供给者和需求者往往同时存在且相互影响，最终达到相对平衡。

综上所述，业主内原动力产生的有效需求是推动既有建筑节能改造市场发展的重要因素。

3. 既有建筑节能改造市场发展中主体动力——ESCO 驱动力

ESCO 作为既有建筑节能改造市场的供给主体，承接业主的节能需求，并通过提高自身的供给能力和竞争能力为市场提供活力，从而带动既有建筑节能改造市场的发展。ESCO 的驱动力主要表现为以下几个方面：

1）直接驱动。首先，需要加强技术、人才、资金等要素投入，提升 ESCO 的服务能力与服务质量，待打开市场后，再逐渐拓展相应业务，扩大 ESCO 规模，建立产业链完善、辐射带动能力强、具有国际竞争力的产业集群；其次，考虑到既有建筑节能改造的外部性，需要提升企业素养，增强 ESCO 参与节能改造的社会责任感，树立正确的企业经营理念；最后，促进生产要素的合理流动，提高市场配置资源的效率，促使既有建筑节能改造市场良性运行。

2）间接驱动。推进新兴科技与节能服务产业的深度融合，促进技术的持续创新，并通过技术创新扩散实现对既有建筑节能改造市场发展的驱动作用。

既有建筑节能改造市场发展中 ESCO 驱动力作用过程如图 2-3 所示。

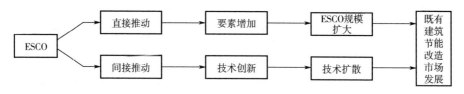

图 2-3 既有建筑节能改造市场发展中 ESCO 驱动力作用过程

2.3 国内外既有建筑节能改造市场运行理论与实践概述

2.3.1 国外既有建筑节能改造市场运行理论研究动态

自 20 世纪 70 年代起，发达国家建筑节能领域开始普遍关注既有建筑节能改造相关理论的研究。经过近 50 年的研究，基本形成与奠定了既有建筑节能改造市场运行的理论基础。近期国外关于既有建筑节能改造市场运行理论研究主要集中在激励政策、信任机制、风险管理及交易成本等 4 个方面。

（1）基于经济外部性的激励政策研究。

既有建筑节能改造市场本身的正外部性决定了市场健康有序运行离不开科学有效的经济激励政策。HAMADA（2003）从既有建筑节能改造市场的外部性出发，认为政府作为既有建筑节能改造市场的外部性的收益者，需要发挥一定的引导作用，可以通过提供贷款上的优惠或者税收上的减免来为市场参与主体提供便利，激发既有建筑节能改造的市场活力。CARLSSON-KANYAMA（2005）则因为受到瑞典既有建筑节能改造成功案例的影响，将既有建筑节能改造的成功归功于信息传递、一定的经济激励、卓越的管理手段、尖端的技术手段的相互作用。MURPHY（2013）认为各国的激励政策不应是一成不变的，而应该按照本国的特点，因地制宜地选择恰当的激励政策，方能实现良好的效果。AZIZI（2014）通过分析现有经济激励政策实施效果，指出税收优惠政策是降低既有建筑节能改造经济外部性影响的政策发展方向。

（2）基于市场主体关联关系的信任机制研究。

既有建筑节能改造市场主体利益关系复杂性及信息不对称性等特征决定了信任机制构建是保证 ESCO 与用能单位良好合作关系的基础。SANDRA BACK-

LUND（2013）基于经济学原理对用能单位与 ESCO 的合作关系性质做了深入分析，提出信任是社会关系网络中的重要组成部分，通过克服初始疑虑并建立长期合作关系，从而可以建立信任并产生长期利益。欧盟（2006）提出了改善能源服务市场的建议，如由当局提供标准合同、ESCO 执照或公开能源服务机构名单，从而创造市场惯例，并克服节能服务市场初始阶段的一系列信托问题。SATU PÄTÄRI 等（2014）发现业主对 ESCO 业务的不确定性影响了业主的改造积极性，并提出在动态环境中 ESCO 适时调整自身业务模式以培养与用能单位之间的信任关系是促进 ESCO 及社会发展的关键。NIKOSUHONEN（2013）指出业主与 ESCO 利益不同：业主倾向于长期节能服务及降低改造成本；ESCO 倾向于缩短投资回报期增加收益。提出 ESCO 可以调整业务模式，以满足客户的外部融资需求，通过降低改造成本，进而降低服务价格，并确保长期服务，从而强化主体间信任关系。

（3）基于项目治理视角的风险管理研究。

EPC 模式下既有建筑节能改造项目投资收益的长期性和不确定性必然要求强化风险管理。LEE（2015）通过问卷调查收集数据，识别出用能单位道德、节能量测量的不确定性以及节能改造成本是合同能源管理（EPC）项目的三大主要风险因素。提出推广成功项目、修改政府采购法案以及政府的贷款储备是促进 EPC 广泛采用的有效做法。EVAN MILLS 和 STEVE KROMER（2003）针对节能改造项目的投资收益风险，提出了节能改造项目风险管理的分析框架，并通过实证分析验证该框架的可行性。EVAN MILLS 等（2006）通过对既有建筑节能改造项目的风险分析和研究，总结了项目风险的几大来源，详细介绍了既有建筑节能改造项目风险矩阵，并提出通过变异系数和蒙特卡罗模型对节能项目进行风险定量化评估，同时研究了利用节能保险进行风险转移。BOOTH 等（2011）希望通过建立既有建筑节能改造的数据库、计算节能改造收益的同时，量化节能改造中可能存在的风险，为最优决策提供依据。

（4）基于竞争优势视角的 ESCO 交易成本优化研究。

既有建筑节能改造项目规模小、实施过程复杂（与新建项目相比）、形成的交易过程频繁，使交易成本不可或缺地成为影响 ESCO 竞争优势的关键因素之一。STEVE SORRELL（2007）在分析节能服务合同发展的基础上界定了节能服务合同中生产成本和交易成本的概念，建立用于识别影响交易成本决定因素的模型，提出可通过调整企业组织结构优化交易成本实现企业低成本优势，进而提升对用能单位的吸引力。NESRINOKEY（2010）通过转换设备应用的案例分析，对比项目生产成本和交易成本，研究可行的降低交易成本的途径以提升ESCO交易效率。LABANCA（2015）在研究欧盟既有居住建筑节能改造市场形势及潜力的基础上，将该市场细化为以社区或家庭为单位，并指出针对家庭的节能服务模式是降低交易成本的有效途径，实现ESCO对用能单位群体的精准定位。SATU PÄTÄRI（2016）研究芬兰节能服务产业发展现状，发现ESCO的财务状况及居高不下的交易成本是节能服务企业发展的主要障碍，设置信息共享机制是改善现状的可行方式。NOLDEN（2016）认为节能服务合同条款设置欠完善是产生机会主义行为、提高交易成本的重要原因，基于此提出设置标准化合同以实现交易成本优化。

2.3.2 国外既有建筑节能改造市场运行实践特征

20世纪70年代，EPC模式的出现成为既有建筑节能改造市场步入规范发展期的重要标志，经历近50年积极的实践探索，在法律法规体系、合同能源管理、市场准入机制、专项资金补贴、融资渠道、技术研发等6个方面形成鲜明特点。

（1）以健全的法律法规体系规范市场主体行为。

为了规范既有建筑节能改造市场主体的行为，发达国家制定了一系列强制性法律条文，以确保市场有序运行。德国建筑节能改造法律法规体系层次分明，形成"一律+两规+多条例"的法律体系[2]，即以《建筑节能法》为基础法律，《建筑保温法规》《供暖设备法规》为辅助法规，《供热计量条例》和《生态建筑导则》等为补充条例的层次化的法律体系，促进市场依法运行。美国在既有建筑节能法律法规体系构建方面注重时效性，政府规定建筑节能相关法律法规必须在3~5年更新一次，规定具体条款的修改要随之进行相应修改，与时俱进的政策法规有效地限制市场主体改造及交易行为。欧盟建筑节能法律法规具有市场约束范围广泛的特征，目前欧盟地区把《建筑能效指导》（*Energy Performance of Building Directive*）作为最具权威的建筑节能改造指令性文件，以此为指导，对制定节能改造的相关激励政策、建筑能耗最低标准、建筑运行管理制度、建筑能效标识、节能改造监管制度等方面做了具体规定与指导，形成覆盖节能改造全过程、市场交易各环节的全面性政策，约束了主体交易行为，促进既有建筑节能改造市场规范化发展。

(2) 以合同能源管理模式完善市场机制。

发达国家采用不同手段积极推广合同能源管理模式，使既有建筑节能改造市场运行机制得到了完善，有助于进一步开拓既有建筑节能改造服务市场，促使市场健康发展。美国、日本采取制定法律法规的方式强制性推动 EPC 模式的应用。例如美国国会于 1992 年通过《能源政策法》（EPAct），要求各政府部门必须与 ESCO 合作，采用 EPC 模式进行节能改造。这一举措有效推动了 EPC 模式在市场中的应用，使美国节能服务产业以年平均 24% 的增速持续增长。日本《绿色采购法》规定政府机构、高耗能单位和大中型企业必须建立节能管理机制，其中对政府部门强制性要求与 ESCO 合作，应用 EPC 模式进行节能改造。与此同时，对应用 EPC 模式的项目予以投资总额 25%～35% 的财政补贴，法律效力与激励措施并举推广 EPC 模式，健全既有建筑节能改造市场机制，推动了节能服务产业发展。德国和加拿大在推广 EPC 模式方面采用激励引导的方式，对应用 EPC 模式进行既有建筑节能改造的项目提供税收优惠、贷款优惠、财政补贴等一系列经济激励，鼓励 ESCO 自主采取 EPC 模式，长期有效地实现了 EPC 模式在市场中的广泛应用，完善市场机制，促进市场健康发展。

(3) 以严格的市场准入机制改善市场要素。

发达国家通过设置严格的市场准入机制控制市场供给主体进入市场的程度和范围，改善市场主体要素，提升 ESCO 专业化水平，提高市场运行效率。美国国家节能服务公司协会（NAESCO）针对市场细化形成的多种服务类型提供全面的资质认证，包括能源效率承包商（EEC）、节能服务提供商（ESP）和节能服务公司（ESCO）三种认证等级类型。针对三种认证等级公司的要求依次递增且参与市场范围逐一扩大，EEC 等级的节能服务企业是仅能提供一类节能改造服务的企业；ESP 等级的节能服务企业具有能源供应能力；ESCO 等级的节能服务企业具有综合的技术和管理能力，可提供设计、实施照明、电机、暖通系统、能源控制系统改造和建筑外墙改造等服务。新加坡能源效率协会（Energy Efficiency Singapore）对 ESCO 资质认证具有时效性，协会提供充分认证和临时认证。充分认证有效期为 3 年，临时认证仅当年有效，且必须每年审核，保证了节能服务市场供给主体的专业程度，并促使 ESCO 不断提升自身能力。资质认证体系的专业化和时效性增强了市场供给主体的综合实力，同时也促使供给主体不断强化自身竞争能力，驱动市场形成良性循环。

(4) 以专项资金补贴为主要形式消除市场外部性。

既有建筑节能改造市场动力机制

发达国家采用专项资金补贴的形式促使外部经济内部化，减弱与消除了市场失灵问题，调动改造主体积极性，推动市场发展。美国、日本注重在技术研发方面投入专项资金以促进技术市场繁荣。如美国建立鼓励建筑节能技术研发的专项资金，每年投入的节能技术研发经费达30亿美元，为降低私人企业研发技术带来的风险及成本，政府对技术研发项目予以50%~80%的资金补助，有效降低了企业技术研发投资风险及外部成本，保证了技术研发活动的持续性，形成了充足的新技术及新产品储备。日本每年拨款360亿日元用于新能源技术开发[3]，对于实施节能改造技术研发的企业予以1/3~1/2的资金支持，推动了企业形成可持续性的技术研发工作。德国、英国重视建立综合性的节能专项资金补贴，保证了对市场补贴的全面性。如德国政府通过设立KFW基金来支持既有建筑节能改造。英国设立节能基金，帮助用能单位降低建筑能源消耗以及采用低碳的节能建筑，推动隐性需求显性化，促进既有建筑节能改造市场发展。

(5) 以多样化的融资渠道提供ESCO资金保障。

发达国家通过设立专项基金、发行债券、银行政策性贷款等方式为ESCO提供资金支持，有效优化了融资环境，提高了ESCO融资能力。美国联邦政府利用清洁能源房产评估债券为节能改造项目融资，并通过设立REEP专项基金支持合同能源管理项目。日本政府提供节能专项资金、银行政策性贷款、中小企业金融公库和国民金融公库等渠道为ESCO节能改造项目提供资金支持。德国复兴银行对节能建筑给予贴息贷款，联合银行利用国家担保和补贴建立节能专项基金，并通过重建信贷机构推出"CO_2减排项目"和"CO_2建筑改建项目"为节能改造项目提供低息贷款，此外，政府还在资金上鼓励个人和企业在既有居住建筑节能改造领域投资。欧洲复兴开发银行在对建筑节能改造项目有足够的专业知识的基础上为欧盟成员国保加利亚和罗马尼亚两国提供针对建筑节能项目的信贷业务，解决了两国节能服务项目融资难的问题。

(6) 以技术研发为基础提升节能服务质量。

发达国家ESCO注重节能技术创新研发，以节能技术为支撑形成企业自身竞争优势，驱动既有建筑节能改造市场高效运行。德国在外保温技术、建筑新风输送技术、外保温防火技术等方面形成独特优势。如德国主要外保温体系供应商STO股份公司研发推出掺加石墨等材质的EPS Neopor，导热系数达0.032W/(m·K)，综合性能更加。德国朗适通风技术有限公司主要产品为朗适新风装置，经实验数据对比，改造后无新风换气系统能耗为90kW·h/(m^2·a)，带热回收装置新风换气系统能耗为 60kW·h/(m²·a)，不带热回收装置为 65kW·h/(m²·a)，改善节能效果，提高节能水平。美国的热电冷联供、绿色照明、智能化能耗监测等技术创新提高了 ESCO 服务质量。如美国的 Carbon Lighthouse 利用自主研发的智能监测系统削减 30% 的建筑能耗，主要的作用机理在于通过监控将现场的能耗数据录入系统，通过成本分析调整设备的运行状况，进而实现节能改造目标，为用能单位提供节能量保障，提升 ESCO 市场竞争力。波兰 GMSA 公司采用地源热泵技术向区域内 500 套房屋供热，平均热指标 70W/m²，室温平均达到 23℃，能源价格为 58.2 波兰币/GJ，实现能耗及成本降低。以技术研发为基础实现的服务质量提升了 ESCO 的市场竞争力，并吸引用能单位采用节能服务，形成供需平衡，促使市场有序运行。

2.3.3 国内既有建筑节能改造市场运行理论研究概述

自 1995 年《建设部建筑节能"九五"计划和 2010 年规划》提出既有建筑节能改造规划以来，我国关于既有建筑节能改造理论的研究逐步发展起来，这些理论研究主要涉及市场主体行为博弈策略、激励机制、融资模式、契约关系治理、ESCO 核心竞争力等 5 个方面：

（1）既有建筑节能改造市场主体行为博弈策略研究。

既有建筑节能改造市场主体行为博弈策略选择影响既有建筑节能改造市场的运行效果。马兴能（2011）指出既有建筑节能改造市场信息不对称及业主对待风险态度的差异等因素导致其"有限理性"特征，在此基础上构建有政府干预与无政府干预情况下业主群体间博弈模型，提出采取多元化激励政策有助于提高业主改造积极性，激活市场潜在需求。刘晓君（2015）基于进化博弈理论，探析 ESCO 与用能单位的行为策略，并提出用能单位选择节能改造、ESCO 倾向提供合格服务的博弈策略有助于加快既有建筑节能改造市场发展。邓建英（2015）建立政府与 ESCO 之间的博弈模型，提出政府应通过持续不断激励的方式以达到市场资源配置的帕累托最优。赵倩倩（2016）通过分析无政府奖励与有政府奖励两种情况下的 ESCO 与业主的行为策略，提出市场发展前期，政府应以激励政策鼓励供需主体参与节能改造；市场发展后期，政府应探寻适度的奖励额度以提高 ESCO 服务质量，激活隐性需求。魏兴（2015）基于政府与业主不同利益诉求及经济人属性构建博弈模型，提出在政府与业主长期、多次的博弈过程中，政府应出台合理额度的激励政策以提高 ESCO 改造积极性，促进既有建筑节能改造市场发展。

（2）既有建筑节能改造市场激励机制研究。

激励机制是消除既有建筑节能改造市场外部性、激发市场主体主观能动性、激活潜在节能改造需求的有效措施。从主体激励视角出发，王星（2016）从既有建筑节能改造主体之间的利益需求矛盾入手，通过建立协同激励机制，优化协同路径等方式实现主体之间的利益协同，进而激发市场主体参与节能改造的积极性；赵倩倩（2016）通过对比分析国内外 ESCO 激励做法与特征，并结合我国自身发展特点，提出系统设计 ESCO 激励协同机制、实行以市场为导向的多元化激励措施的必要性。从政策激励视角出发，刘玉明（2012）提出由财政补贴、税收优惠等组成的经济激励手段应随市场发展不同阶段制定因时而异的激励政策，市场发展越成熟，财政补贴政策力度越弱，税收优惠与低息贷款政策力度越大；邓志坚（2011）以公共建筑为研究对象，提出经济激励政策是调动主体积极性的主要手段；王莉（2015）、牛犇（2011）提出建立激励与惩罚并行的财税制度、设置专项基金、健全能效标识制度、建立合理的能源价格体系等经济激励方式。

（3）既有建筑节能改造市场融资模式研究。

EPC 模式下既有建筑节能改造市场发展的瓶颈问题之一在于融资，创新融资模式是解决改造资金来源的基本渠道。高旭阔（2014）、于鲁平（2014）、李蕊（2016）认为在合同能源管理项目中引入融资租赁即形成"EPC + 融资租赁"模式，可有效改善 ESCO 融资困境，该模式具有增加用能企业及 ESCO 改造动力、程序便利灵活、优化企业财务状况的特点，对促进 ESCO 技术更新、增强用能单位改造意识有积极作用，进而促进节能服务产业长远发展。白彦锋（2015）基于中小节能服务企业融资困难的现状，提出供应链金融与互联网结合的思路，以核心企业与上下游中小企业为供应链整体进行融资贷款，并为解决信息归集问题在供应链融资中引入 O2O 模式，为构建银企之间的融资桥梁探寻解决途径。贺勇（2011）、詹朝曦（2012）认为"BOT + EMC"融资模式具有融资能力强、有限追索及风险分担、税收优势、无须第三方认证以及促进 ESCO 快速成长五大优点，并通过案例探讨"BOT + EMC"融资模式实施的可行性。

（4）既有建筑节能改造市场契约关系治理研究。

EPC 模式运行的本质是以契约为纽带连接供需主体实施既有建筑节能改造

项目，契约关系治理是规定与平衡市场各方主体利益关系的基础。瞿焱（2012）以节能量保证为依托，研究业主与ESCO在仅存在道德风险和道德风险与逆向选择并存两种情况下的契约关系。王晛（2016）在EPC中建立质量保证契约，将EPC从节能数量维度拓宽至节能质量维度，以此约束ESCO与用能单位行为。黄志烨（2016）通过建立一种基于信任和合作的非正式契约——关系契约，构建一种新的银企关系，一方面，解决ESCO融资困境；另一方面，增加银行投资效益，实现银企双赢局面。韩贯芳（2010）提出ESCO与用能方契约关系具有交易标的难以量化且持续时间长、交易环境具有较高不确定性、交易双方面临高风险性、交易具有资产专用性高的特性、交易效果具有社会公益性五大特殊性，并基于ESCO与用能方契约关系的特殊性提出两种契约关系治理模式：双边治理模式和统一治理模式。

（5）ESCO核心竞争力构建研究。

ESCO核心竞争能力是提升既有建筑节能改造市场内在驱动力的根基。刘晓君等（2015）从价值链的视角出发，构建影响建筑ESCO核心竞争力的指标体系，并在此基础上提出优化资金运作能力、提升运营管理能力、增强技术创新能力、提高整合实施能力、增强风险防控能力等提升策略，为建筑节能服务公司提升核心竞争力提供参考。陈剑（2015）基于生态位理论研究ESCO成长绩效影响因素，基于ESCO生态位因子及其成长绩效关系的实证研究，提出ESCO成长绩效作用程度由高到低依次为制度因子、资源因子、需求因子、技术因子。吕荣胜（2016）结合节能服务产业发展特点与官产学研利益共同点，提出构建官产学研协同创新平台，实现信息、技术等资源整合，促进ESCO长远发展。葛继红（2009）基于"一般到特殊"的思想，在研究一般企业竞争力构建的基础上，结合ESCO的企业特性，提出ESCO应在融资能力、技术创新能力、关系管理能力和风险管理能力四方面构建竞争优势。

2.3.4 我国既有建筑节能改造市场运行实践剖析

2001年《既有采暖居住建筑节能改造技术规程》的颁布与实施，标志着我国既有建筑节能改造有序实践的开端[3]。在18年的既有建筑节能改造实践进程中，主要展开了以经济激励政策提高主观能动性、以政府投资为主导方式推进既有建筑节能改造工作、以试点示范工程带动既有建筑节能改造市场发展、以标准体系建设指导改造实践等4个方面工作，取得一定成效，但距离完成我国

既有建筑节能改造市场动力机制

600亿 m² 既有建筑节能改造的目标仍存在较大差距。

（1）以经济激励政策提高主观能动性。

随着我国对既有建筑节能改造事业扶持力度的不断加强，各级政府及相关部门构建了立体化的经济激励政策体系，提升了主体改造积极性，推动既有建筑节能改造市场发展。从中央层面出发，政府主要采取财政补贴、专项资金、贴息贷款等激励政策。2007年、2012年相继发布的《北方采暖区既有居住建筑供热计量及节能改造奖励资金管理暂行办法》和《夏热冬冷地区既有居住建筑节能改造补助资金管理暂行办法》，规定了中央财政安排专项资金用于奖励开展既有居住建筑供热计量及按面积进行补贴，并按地区规定了具体补助基准。2007年财政部颁布《国家机关办公建筑和大型公共建筑节能专项资金管理暂行办法》，明确了专项资金的使用范围涵盖建立建筑节能监管体系支出、建筑节能改造贴息支出以及财政部批准的国家机关办公建筑和大型公共建筑节能相关的其他支出等。从地方政府层面出发，多数省市依据中央政策制定并落实地方激励政策，主要是按照中央财政补贴标准1:1进行补贴。中央与地方的经济激励政策形成联动效应，调动既有建筑节能改造主体积极性，促进市场发展。

（2）以政府投资为主导方式推进既有建筑节能改造工作。

既有建筑节能改造工作开展至今，以政府投资为主的改造模式一直是推动既有建筑节能改造工作持续进行的主导方式。中央政府就不同气候区域既有建筑节能改造项目采取不同的投资额度，并在财政部颁发的《北方采暖区既有居住建筑供热计量及节能改造奖励资金管理暂行办法》和《夏热冬冷地区既有居住建筑节能改造补助资金管理暂行办法》文件中规定具体投资额度的核算方法。在中央财政投资的基础上，地方政府依据中央文件制定符合地方区域及经济特性的文件，规定了地方政府对既有建筑节能改造项目的投资额度。以天津市为例，2008年天津市人民政府发布《天津市1300万平方米既有居住建筑供热计量与节能改造实施方案》，由市财政局、市建委领导，各区县建立既有居住建筑节能改造领导小组、区县财政、供热等部门共同实施。当年，中央和天津财政投入1.5亿元，按照45元/m²标准补助，完成200万 m²改造项目。近几年，天津市加大对既有建筑节能改造投资力度，于2016年投入3.3亿元对环城四区以及远郊区近750万 m²老旧小区进行节能改造，实现居民"零投入"的民心工程。在政府投资模式下，截至2016年年底，天津市既有建筑三步节能以上居住建筑已达60%以上。中央财政与地方政府联合投资既有建筑节能改造的举措惠及民众，促使既有建筑节能改造工作实施。

（3）以试点示范工程带动既有建筑节能改造市场发展。

为带动既有建筑节能改造工作的开展，我国以国际合作的试点示范工程为切入点，以点带面，采用示范工程引领市场发展。自1996年以来，我国分别在常州、北京、天津和哈尔滨等这些夏热冬冷及严寒地区开展既有建筑节能改造试点示范工程，依据不同的气候条件及地理因素探索符合区域条件的节能改造技术及改造模式，推动各地区节能改造工作实施[3]。北京朝阳区惠新西街试点项目中，分两批对其外墙外保温、外门窗、室内新风换气系统、采暖系统等进行节能改造，改造后居住建筑室内热舒适性明显提升，采暖能耗明显降低，达到北京市65%的节能标准，该项目的成功充分提高了社会对于既有建筑节能改造的信任度。天津市塘沽区住宅改造项目中，以"谁投资、谁受益"和不让业主承担经济负担为原则，以供热企业投资为主、政府投资为辅的方式进行既有建筑节能改造，通过一系列的改造措施，实现室内平均温度由14℃提高到20℃，新的改造模式的应用对市场形成示范效应，带动市场主体节能改造。通过与发达国家合作进行试点示范工程，我国在改造技术、管理、政策标准制定等方面取得经验，为全面推广既有建筑节能改造市场发挥了示范带动作用。

（4）以标准体系建设规范改造实践。

我国在积极推进既有建筑节能改造实践的进程中不断完善标准体系，有力规范了主体市场行为，保障改造实践有序开展。在节能改造检测方面，我国出台《公共建筑节能监测标准》和《居住建筑节能监测标准》，通过对采暖与空调水等系统进行标准化的性能检测为既有建筑节能改造实践提供依据。在节能改造设计方面，我国制定《严寒和寒冷地区居住建筑节能设计标准》和《夏热冬冷地区居住建筑节能设计标准》，根据不同气候地区实行差异化的设计标准，使节能改造设计在强制性标准下实施，严控设计流程，提高改造效率。在节能改造技术方面，我国发布《公共建筑节能改造技术规范》和《既有居住建筑节能改造技术规程》，就维护结构、采暖供热系统等方面做出具体技术规范，并添加节能改造验收标准，严格控制了改造主体的技术应用，使改造效果得到保证。既有建筑节能改造标准体系对改造实践全过程做出强制性要求，促使改造实践规范化进行。

2.3.5 既有建筑节能改造市场发展中 ESCO 驱动力作用机理研究评述

我国既有建筑存量大、能耗高，节能改造市场潜力巨大，加速既有建筑节能改造市场发展势在必行。就实践而言，国外在法律法规体系、合同能源管理模式、专项资金补贴及多样化融资渠道等方面开展了积极实践，取得了显著效果。我国过多地采取以政府主导为主的市场运行机制，制约了其他主体的能动性，改造市场运行乏力，实践进展缓慢。从理论研究来看，国内外多基于市场运行过程来探讨既有建筑节能改造市场激励机制、行为博弈策略、契约关系治理等，基于市场治理视角的多元市场主体动力形成机理的探索尚属鲜见。因此，基于市场治理视角，从既有建筑节能改造市场运行的多元主体动力定位分析入手，剖析不同发展阶段既有建筑节能改造市场核心供给主体 ESCO 需求与行为演变规律，探讨既有建筑节能改造市场发展中 ESCO 驱动力运行影响因素及其反馈机理，解析既有建筑节能改造市场运行中的主体动力关联关系，探析既有建筑节能改造市场发展过程 ESCO 行为博弈策略以及与其他主体行为的对策过程，研究既有建筑节能改造 ESCO 驱动力发展过程与优化实施，揭示既有建筑节能改造核心供给主体 ESCO 对既有建筑节能改造市场发展的驱动力及其优化路径具有重要的理论与实践意义，形成以主体合力促进既有建筑节能改造市场有序运行，推动既有建筑节能改造市场健康发展。

2.3.6 ESCO 驱动力作用机理研究架构

基于研究内容的内在要求，ESCO 驱动力作用机理架构可分为 7 个阶段：

1）梳理国内外相关理论和实践成果，细化研究问题，确立论文的研究目标、研究方法与研究内容。

2）分析既有建筑节能改造市场发展与市场特性，探索市场主体构成及主体动力定位。

3）基于马斯洛需求层次理论，结合行为动机理论，阐述 ESCO 在发展过程中的需求与行为演变规律，剖析行为驱动过程及 ESCO 行为驱动乏力制因。

4）基于扎根理论，分析既有建筑节能改造市场发展中 ESCO 驱动力作用影响因素；运用社会网络分析方法，探索 ESCO 驱动力运行影响因素间关联关系及作用路径。

5）构建既有建筑节能改造市场发展中 ESCO 效用函数；分别建立 ESCO 与政府、ESCO 与业主的博弈策略模型，确定 ESCO 驱动力实现的最优稳定策略。

6）构建既有建筑节能改造市场发展中 ESCO 驱动力作用效益评价模型，运用模糊综合评价法结合算例实施量化评价过程。

7）总结国外既有建筑节能改造市场发展中 ESCO 驱动力运行实践特征与启示，分析我国 ESCO 驱动力作用实践问题；提出既有建筑节能改造市场发展中 ESCO 驱动力作用优化策略与实施对策。

ESCO 驱动力作用机理架构如图 2-4 所示。

2.4 既有建筑节能改造市场发展中 ESCO 需求与行为演变规律

2.4.1 既有建筑节能改造市场发展中 ESCO 需求演变规律

ESCO 需求指的是在企业发展进程中对外部物质和精神回报的需求。根据马斯洛需求层次理论，ESCO 需求也会在其发展的过程中不断变化。最初，ESCO 选择进入既有建筑节能改造市场是基于对生存及发展的考虑，希望在市场中收获利益，完成企业利润的最大化，但是随着 ESCO 在市场中的不断发展，其需求会逐渐上升为对企业自身价值的考虑。因此，这里将 ESCO 在既有建筑节能改造市场发展中的需求演变划分为生存需求、发展需求和价值需求，如图 2-5 所示。

（1）生存需求。

不论是什么企业，生存是首位的。而技术、信息、资金、人才是企业生存的前提，ESCO 也不例外，为了满足既有建筑节能改造市场中业主的需求，ESCO 需要令自己具有一定的竞争力，这样才可能得到业主的青睐，获得生存下来的资本。

（2）发展需求。

当 ESCO 满足自身生存需求后，此时 ESCO 需求会提升至发展需求。在这一阶段，ESCO 开始重视自身的技术创新能力、产品研发能力、企业管理能力等一系列企业竞争优势提升要素，通过在这些方面发展以促进企业在既有建筑节能改造市场竞争环境中脱颖而出。

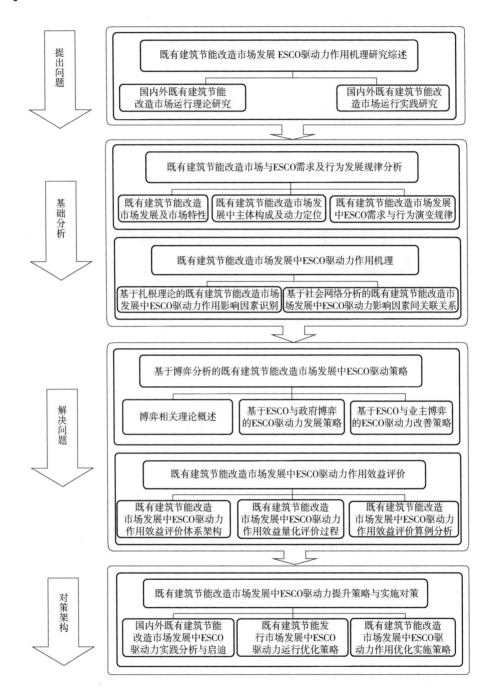

图 2-4　ESCO 驱动力作用机理架构

图 2-5 ESCO 需求层次分析

（3）价值需求。

伴随 ESCO 在既有建筑节能改造市场中的主导地位逐渐明显，企业开始重视自身可持续发展能力的提升，这也意味着企业需求由发展需求提升至价值需求。在这一阶段，企业进行市场活动更加关注自身形象的建立，社会信誉的提升、社会责任的履行等方面，归根到底是希望自身能够获得持续性的发展。

2.4.2 既有建筑节能改造市场发展中 ESCO 行为动机

根据组织行为学相关理论，企业动机源于企业尚未达到的某种需求层次，企业动机促使企业采取各种经营行为去完成企业需求。概括来讲，ESCO 的行为动机由其内在需求决定，这种行为动机外在反映为个体行为，企业需求、动机与行为的逻辑关系如图 2-6 所示。

图 2-6 企业需求、企业动机和企业行为关系

由此可知，ESCO 内在需求的动态演化是 ESCO 行为动机改变的基础，对 ESCO 行为效应产生影响，并表现为一定的行为规律。现结合马斯洛需求层次分析与组织行为学相关理论，对既有建筑节能改造市场发展中 ESCO 不同需求下的行为动机进行分析，得到 ESCO 不同阶段 ESCO 行为动机构成，如图 2-7 所示。

1）生存需求状态下，ESCO 最可能出现求生动机，这种动机源自企业对在市场中求得生存的需求。正因为存在这种需求，企业才会产生求生动机以寻求

图 2-7　ESCO 需求阶段行为动机构成

在市场中的一席之地,当这种动机在企业内部形成后,企业便会采取一系列行动去实现需求。

2)发展需求状态下,ESCO 最可能出现稳步发展动机与高速成长动机。以发展为需求的企业,会衡量外部生态环境与内部生存条件,对未来企业的发展方向做出理性判断。在某个时点上究竟选择渐进式发展(稳步发展动机)还是选择跳跃式发展(高速成长动机),取决于企业所拥有的资源以及企业配置资源的能力。

3)价值需求状态下,ESCO 最可能出现社会责任动机、预防动机和革新动机。企业希望通过主动承担相应的社会责任来获得社会形象和社会地位的提升,这不仅不会对自己产生大的损失,相反还会因此获得合作伙伴的信任以及行业认可,此时即为社会责任动机。从经济角度出发,企业进入成熟发展时期,此时企业规模扩张已经并非是企业最迫切的需求,企业更希望维持现有地位,由此便产生预防动机。另外,企业为防止进入衰退期,迫切需要寻找新的利润增长点,由此便产生革新动机。

将企业需求与企业动机同时放置于企业生命周期图上,可以发现企业动机大致围绕企业需求而发生变化,ESCO 行为动机演化如图 2-8 所示。

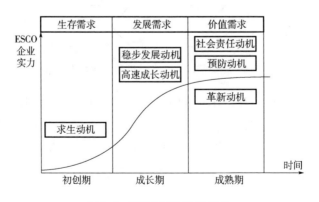

图 2-8　ESCO 行为动机演化

1)初创期。生存需求是主导地位的企业需求,企业动机主要表现为求生动机,待企业解决了自身的温饱问题之后,迫切需要做的就是进一步发展,此时,生存需求转变为发展需求,企业动机的内容也向谋求发展过渡。

2) 成长期。企业主导需求是发展需求,因此稳步发展动机和高速成长动机成为主导企业发展的内在动机。

3) 成熟期。企业并不完全注重经济利益,其社会需求逐渐变得重要,与此同时,企业便产生了社会责任动机,伴随企业发展速度的放缓与市场饱和度提升,企业便逐渐产生预防动机和革新动机,以寻求新的利润增长点。

2.4.3 既有建筑节能改造市场发展中 ESCO 行为演变规律

企业行为是企业产生动机后,为达成动机,根据外部环境与自身条件所采取的一系列经营行为。事实上,企业行为多种多样,如吸收兼并、市场拓展、规模扩张、创新投入、企业联盟等。随着企业进入不同的发展阶段,企业的需求不断增加,企业的动力不断变化,企业行为也随之呈现逐步发展的态势。综合以上对 ESCO 需求、动机的探讨,结合既有建筑节能改造市场的特殊性,梳理出 ESCO 行为发展规律如图 2-9 所示。

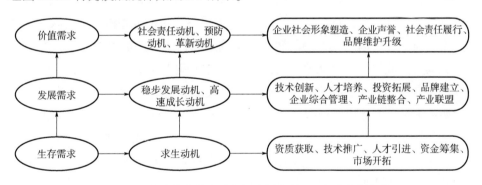

图 2-9 既有建筑节能改造市场发展中 ESCO 行为发展规律

ESCO 进入既有建筑节能改造市场初期,企业处于初创时期,此时生存需求为企业主导性需求,由此产生求生动机,并由该动机触发资质获取、技术推广、人才引进、资金筹集、市场开拓等经营行为,以寻求在既有建筑节能改造市场立足的根本。

伴随产业内部的优胜劣汰以及既有建筑节能改造市场演进,部分 ESCO 进入企业的发展时期,此时发展需求成为企业的主导性需求,由此产生稳步发展动机与高速成长动机,并由这些动机触发技术创新、人才培养、投资拓展、品牌建立、企业综合管理、产业链整合、产业联盟等经营行为，以促进企业不断发展，在激烈的市场竞争中时刻占据主导地位。

ESCO 达到一定规模后进入企业发展成熟期，此时企业需求过渡至价值需求，由此产生社会责任动机、预防动机与革新动机，并由这些动机触发企业社会形象塑造、企业声誉、社会责任履行、品牌维护升级等经营行为，以保证企业在产业内部的核心地位并寻求新的利润增长点，使企业变革进入新的成长周期，保持企业优势地位。

2.5 既有建筑节能改造市场发展中 ESCO 行为驱动过程探析

2.5.1 既有建筑节能改造市场发展中 ESCO 驱动力内涵解析

ESCO 驱动力是指能够带动既有建筑节能改造市场发展的、由 ESCO 内部要素构成的各种动力的集合。ESCO 驱动力确保既有建筑节能改造市场持续发展的关键动力，尤其是在市场培育期，ESCO 需要投入大量的成本做出节能改造方面的技术创新，并且风险较大，利润具有不确定性，此时市场内部的企业数量较少，驱动力实施主要依赖大型央企和国企，这一时期，是潜在利润驱动 ESCO 进入市场，从而推动既有建筑节能改造市场发展，与此同时，这一时期参与市场竞争的 ESCO 主体数量减少。待市场进入成熟发展期时，市场受价格波动影响作用明显加剧，原因在于此时市场中出现同类型的替代品，ESCO 只有不断提升自身实力，才能在激烈的竞争中立于不败之地，争取更大的利润，就会通过团队建设、技术研发、人才培养等方面进行企业竞争优势的提升，与此同时也形成了 ESCO 对既有建筑节能改造市场发展的驱动力作用。

2.5.2 既有建筑节能改造市场发展中 ESCO 行为驱动过程

美国经济学家科斯在《企业的性质》中提出，企业与市场的共同特点在于都能通过自身行为实现资源配置，但二者的出发点不同，市场是从资源效率的提高出发，希望通过自身行为实现资源的合理配置，企业则是从获利的角度出发，希望通过一定的经营行为换取利益，企业作为市场的主体，既为市场的形成做出贡献，同时也因为市场的存在而获得收益，市场需要依托企业完成资源

第2章　既有建筑节能改造市场运行实践与 ESCO 行为规律分析

的合理配置。因此，企业和市场是不可分割的、相互促进的。

　　既有建筑节能改造市场不同于一般市场，其发展离不开 ESCO 这一核心供给主体的参与，ESCO 主体需要以市场为依托完成相应的交易关系，二者在彼此的发展中均扮演重要角色，彼此影响，相互促进。就 ESCO 对既有建筑节能改造市场发展的促进作用来看，其本质在于 ESCO 在利润驱使下在市场范围内实施的一系列经营行为对市场发展产生了驱动作用。

第3章 既有建筑节能改造市场发展中 ESCO 驱动力作用影响机理

既有建筑节能改造市场发展中 ESCO 驱动力运行建立在系统内外各影响因素交互联系的基础上。因此，结合第2章的既有建筑节能改造市场特性及主体构成与 ESCO 需求及行为发展规律，探讨分析既有建筑节能改造市场发展中 ESCO驱动力运行影响因素以及因素间关联关系，提炼出关键性影响因素，将有利于进一步探索 ESCO 驱动力运行机理，实现以主体动力促进既有建筑节能改造市场发展。

3.1 既有建筑节能改造市场发展中 ESCO 驱动力影响因素识别

3.1.1 扎根理论基本原理

社会学者 GLASER 等[4]于1967年出版的《扎根理论之发现：质化研究的策略》首次提出扎根理论研究方法。该方法是一种通过系统化的资料收集与分析构建理论并深入探索的科学研究方法，适用于在研究课题尚未成熟的背景下，对原始资料进行自上而下的归纳式质化研究，进而建立实质性理论的一种研究方法。

扎根理论方法是一种定性研究方法，其核心在于以经验资料分析整合为基础建立理论架构。研究之初，研究者并不提出理论假设，而是在研究范围界定之后，在连续循环的资料收集与分析过程中总结经验，逐步提炼出原始概念，在进一步将概念抽象、提升并发展成为范畴以及范畴间关联关系，最终将范畴间复杂交错的本质关系提升为系统理论。通过对文献资料的整理归纳得出较为规范的扎根理论研究流程，如图3-1所示。

第 3 章 既有建筑节能改造市场发展中 ESCO 驱动力作用影响机理

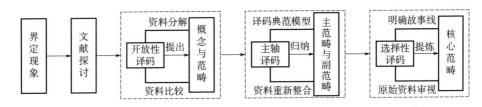

图 3-1 扎根理论研究流程

3.1.2 ESCO 驱动力影响因素识别

1. 资料来源

运用扎根理论进行探索性研究的过程需要广泛深入的信息来源，本研究采用访谈与文本分析两种方式进行资料收集。

（1）访谈。

访谈要求受访者具有丰富的既有建筑节能改造项目实践经验或理论基础，因此研究者联系了若干从事既有建筑节能改造项目的 ESCO 及科研机构，最终确定 42 名受访者，其中来自国内知名 ESCO 的中高层管理者 20 人，占比 47.62%；来自高等院校从事既有建筑节能改造相关研究的科研工作者 15 人，占比 35.71%；政府相关部门工作人员 7 人，占比 16.67%。每次访谈时间为 30~90 分钟，在访谈过程中，受访者依据自身经验，围绕以下几个问题进行访谈：

1）您认为现阶段在既有建筑节能改造市场中 ESCO 在市场环境中担任什么角色？ESCO 对既有建筑节能改造市场发展的贡献如何？

2）您认为 ESCO 怎样才能承担起对既有建筑节能改造市场发展的动力作用？

3）您认为哪些因素制约（推动）ESCO 对既有建筑节能改造市场发展的动力作用？

为保证记录内容的完整性，在征得受访者同意后在访谈过程中进行录音；访谈结束后对录音资料整理成电脑文本文件，整理内容完全忠实于录音资料以保证研究过程的严谨性和研究结论的可靠性。

（2）文本分析。

文本资料主要来源于企业网站信息。企业网站具有信息含量大、涉及内容广泛、时效性强等优势，信息内蕴含影响既有建筑节能改造市场发展中 ESCO

动力的各类现实因素。首先，本书选取 2 家国企、5 家合资企业、15 家民营企业共 22 家主营节能服务的企业。以这些样本企业网站 2001—2017 年所有关于企业市场活动、企业技术创新、既有建筑节能改造项目等关键词相关的标题所揭示的具体信息作为资料来源；其次，通过网络媒体、学术期刊等渠道获取样本企业的发展历程、管理制度、运营环境等相关信息，丰富并扩充所获取信息。

访谈与文本分析共获得 65 份样本数据，其中 45 份样本数据用于扎根理论研究，剩余 20 份样本数据用于饱和度检验。为保证资料真实准确地反映既有建筑节能改造市场发展中 ESCO 动力影响因素，本研究对以上 45 份样本数据构成的原始资料进行整理，并将待分析的资料整理为"既有建筑节能改造市场发展中 ESCO 动力影响因素资料集"。以下将基于扎根理论研究方法，应用 NVIVO 10 软件对"既有建筑节能改造市场发展中 ESCO 动力影响因素资料集"中的信息进行深入分析。

2. 数据分析与模型构建

扎根理论研究方法将资料分析过程分为开放性编码、主轴编码及选择性编码 3 个阶段，依据该研究思路对资料进行层层编码，从而析出影响既有建筑节能改造市场发展中 ESCO 动力的概念和范畴。

（1）开放性编码。

开放性编码（Open Coding）是对原始资料进行逐词逐句的分析、标签和编码的过程，该过程将根据一定原则对大量资料进行归纳整理，并将从中发现的类似现象加以概念化，进而产生初始概念，再汇集初始概念中的相似概念集中概括，并提炼出新的概念，即范畴，从而完成原始资料的概念化与范畴化工作。并对访谈资料及文本资料进行开放性编码分析，最终从资料中抽象出 62 个概念，并将内涵相近或具有相同特征的概念划入相应范畴，最终得到 17 个初始范畴，如表 3-1 所示。

表 3-1 开放式编码分析

编号	初始概念（出现频次）	初始范畴
1	技术突破能力（8），技术认可度（11），专利（21），自主知识产权（16），科研成果转化（13），技术研发能力（26），技术投入资金（28）	技术创新
2	人才引进（11），提供学习机会（9），人才培养专项资金（13），技术培训（7）	人才培养

第3章 既有建筑节能改造市场发展中 ESCO 驱动力作用影响机理

（续）

编号	初始概念（出现频次）	初始范畴
3	与国内外同行企业交流合作（25），与科研机构建立创新联盟（30），产学研金合作（29），信息交互平台建设（27）	ESCO 关系网络
4	宣传设计（19），品牌战略（16），企业形象（9），争创自己的品牌（7）	ESCO 的企业品牌建设
5	ESCO 评级（23），ESCO 信用等级（19），合同能源管理服务认证（17）	资质认证
6	ESCO 发展目标（14），可持续发展（37），战略联盟（29）	ESCO 发展战略
7	组织架构（14），管理经验（11），管理制度（19）	ESCO 管理体系
8	企业精神（19），企业宗旨（5），企业文化内核（14）	ESCO 经营理念
9	ESCO 积极参与改造市场（17），提升服务能力（17），拓展业务范围（12）	ESCO 市场拓展
10	承担对股东与员工的责任（15），承担对业主和环境责任（19），对社会产生贡献（25）	ESCO 履行社会责任
11	法律法规制定与执行（28），市场准入机制设置（20）	法律法规
12	资金补贴（37），贷款贴息（29），税收优惠（27）	激励体系
13	担保制度（22），提升金融市场透明度（20），金融产品及服务创新（24），强化可持续投资评估能力（14）	金融体系
14	加强宣传（39），鼓励社会资本参与（27）	政府宣传
15	建立产业园区及示范基地集中治理（14），试点示范工程（22），培养及留住人才（31），环保部门监管并规划（15），地方财政补贴（28）	地方政府协同推进
16	信息共享平台搭建（16），产业联盟（28），建立行业协会（23），政产学研合作水平（29），技术扩散（11）	产业合作
17	产业内部企业数量（21），产品差异性（18）	产业内部竞争环境

（2）主轴编码。

主轴编码（Axial Coding）又称二级编码，其主要任务是将开放性编码中被分割的资料通过聚类分析，建立初始范畴之间的逻辑关系，并通过对初始范畴的反复思考，整合并发展成为更高抽象层次的主要范畴[5]。范畴之间常见的关系包括：先后关系，如 ESCO 经营理念和 ESCO 发展战略；因果关系，如技术创新和市场开拓能力；过程关系，如法律法规与地方政府协同推进；此外，还有情景关系、语义关系、结构关系等。在主轴编码过程中，研究者应用"因果条件—现象—脉络—中介条件—行动策略—结果"这个典型范式（Paradigm Model）寻找各初始范畴之间的关联关系。其中，"条件"指某一现象发生的环境；"行动策略"指研究对象针对该环境所做出的策略反应；"结果"指行动带来的实际后果。

在开放性编码过程中形成的"技术创新""人才培养""ESCO 市场开拓能力"等初始范畴，可在典型范式下整合为一条"轴线"：既有建筑节能改造市场中有效需求有限，市场内部竞争激烈（条件和背景）；ESCO 通过人才培养、技术创新、资本投入不断提高自身实力，构建企业竞争优势（行动策略）；逐步实现 ESCO 关系网络构建、品牌推广、资质认证（结果）。因此，以上初始范畴被重新整合并纳入一个主范畴——"企业资源"，成为说明该主范畴的副范畴。

遵循以上范式进行探索直至初始范畴达到饱和，最终确定了 ESCO 的企业资源、ESCO 的企业管理制度、ESCO 的企业积极行为、政策法规、地方规制与产业环境 6 个主范畴如表 3-2 所示。

表 3-2 主轴编码

副范畴	主范畴
人才培养、技术创新、ESCO 关系网络、ESCO 的企业品牌建设、资质认证	ESCO 的企业资源
ESCO 发展战略、ESCO 管理体系、ESCO 经营理念	ESCO 的企业管理制度
ESCO 市场拓展、ESCO 履行社会责任	ESCO 的企业积极行为
法律法规、激励体系、金融体系、政府宣传	政策法规
地方政府协同推进	地方规制
产业合作、产业内部竞争环境	产业环境

（3）选择性译码。

选择性编码（Selective Coding）指探寻核心范畴与主范畴之间关联关系，并围绕核心范畴以"故事线"形式呈现研究对象的内在联系及因果脉络，进而产生新的理论框架。本研究的核心范畴是"既有建筑节能改造市场发展中ESCO 动力影响因素"，运用"因果条件—现象—脉络—中介条件—行动策略—结果"梳理范畴间故事线[6]。通过探索分析发现，6 个主范畴均是既有建筑节能改造市场发展中 ESCO 动力影响因素，但其影响路径与方式有所不同。政策法规、地方规制和产业环境是外驱因素；ESCO 的企业资源和企业管理制度是内驱因素；ESCO 的企业积极行为是中介因素。外驱因素和内驱因素通过影响中介因素，进而对既有建筑节能改造市场发展中 ESCO 动力形成与作用产生影响。

政策法规与产业环境等外部环境的支持是强化 ESCO 对既有建筑节能改造市场发展的外驱动力，使 ESCO 对市场发展的驱动力不断加强；ESCO 的企业管理制度和企业资源是强化其对既有建筑节能改造市场发展的内驱动力；政策法规与产业环境所构成的外驱动力因素在一定程度上影响企业竞争优势的形成；外驱动力因素与内驱动力因素均通过中介因素 ESCO 的企业积极行为产生作用；ESCO 的企业行为越积极，既有建筑节能改造市场发展中 ESCO 的驱动力强度越大。既有建筑节能改造市场发展中 ESCO 驱动力影响因素理论模型如图 3-2 所示。

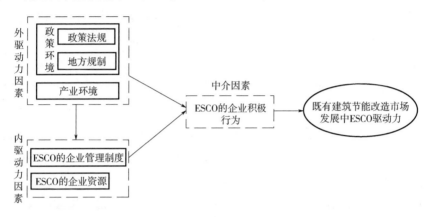

图 3-2 既有建筑节能改造市场发展中 ESCO 驱动力影响因素理论模型

（4）理论饱和度检验。

为检验理论模型的饱和度，研究将未录入的 20 份样本数据进行扎根理论研究，并且在研究过程中未发现存在实质性分歧的概念、范畴和逻辑关系，所得结果仍然符合"既有建筑节能改造市场发展中 ESCO 驱动力影响因素理论模型"的研究脉络。因此，本研究的理论模型基本达到理论饱和。

3.2 既有建筑节能改造市场发展中 ESCO 驱动力影响因素关联反馈分析

3.2.1 社会网络分析基本原理

社会网络分析（Social Network Analysis，SNA）最早是应用于社会学，也是起源于社会学的。由于社会学的发展，人们意识到研究个体的行动不再具有重要性，它仅仅是整个社会结构的派生而已，学者们逐渐将社会的结构以及社会中的互动关系作为研究的重点。社会网络分析是一种基于图论、数学模型综合的理论来分析行动者及行动者、行动者及其所在的社会网络，以及社会网络与社会网络之间产生的相互关系的结构分析方法，其本质在于以关系数据为基础，通过分析行动者之间的相互联系，研究社会结构及社会关系。在这个定义中的"行动者"，或称"节点"，可以是一个个体，也可以是一个群体、一个组织，甚至是一个国家。这些行动者及其之间的关系构成了社会网络。该理论认为，个人与群体在互动过程中形成了特定的网络结构，而社会网络分析方法分析重点在于网络结构形成过程，即行动者与群体之间的互动过程与联结关系。

与单纯的网络分析相比，社会网络分析理论侧重于构建社会行动者和行动者之间相互影响和作用的集合。网络仅仅是指各种关联，而社会网络可以理解为行动者相互关联所构成的结构。社会网络分析是研究网络中行动者之间的相互关系、网络本身的结构以及它们的属性的方法。1934 年，MORENO 提出了社会网络分析方法，认为该法可以用来研究种群之间的相互影响关系。通过对网络自身的结构进行分析，将行动者间关系以及它们构成的复杂的系统网络相结合，探索在复杂的网络之中深藏的网络机制和机理。MITCHELL 也在《社会网络应用和概念》一书中提出，社会网络分析应用在社会学中就是用来分析社会的结构以及社会中个体之间的关系。由于个体的行为并不是孤立的，在与之相关的网络中与其他个体是相互关联的，在这个网络中，信息以及资源也就是将它们之间的关系作为渠道进行传输，用点和线来表示的网络能够描述出它们的群体关系，还能进一步研究网络结构对群体或者网络中个体的影响情况。

3.2.2　ESCO 驱动力影响因素的社会网络分析

ESCO 对既有建筑节能改造市场发展的驱动力作用受多因素影响，并且各个因素之间并不是孤立存在的，而是具有密切的相互影响与联动关系，进而导致 ESCO 对既有建筑节能改造市场发展的驱动力作用产生变化，把握既有建筑节能改造市场发展中 ESCO 驱动力的不同影响因素的重要性以及关联关系，对于提升 ESCO 对既有建筑节能改造市场发展驱动力具有重要意义。本书 3.1 基于扎根理论识别出既有建筑节能改造市场发展中 ESCO 驱动力影响因素，并在此基

第3章 既有建筑节能改造市场发展中ESCO驱动力作用影响机理

础上构建了既有建筑节能改造市场发展中ESCO驱动力影响因素理论模型，本节的社会网络分析主要对3.1.2的主轴编码阶段识别出的17个副范畴所代表的影响因素间的相互关系进行系统分析，将以上17个影响因素作为网络节点，将各个因素之间的关联关系定义为网络的连线或边，并基于社会网络分析方法对既有建筑节能改造市场发展中ESCO驱动力运行影响因素展开分析，探索影响因素之间的内在联结关系。

1. 数据搜集

本书在识别影响既有建筑节能改造市场发展中ESCO驱动力运行的17个因素基础上，选择12位学术界与企业界相关领域专家对各因素之间的关联程度进行打分。将关系强度分为：强相关（4分）、中等相关（3分）、弱相关（2分）、基本不相关（1分）、不相关（0分）。并依据打分结果求取平均数，从而得到既有建筑节能改造市场发展中ESCO驱动力运行影响因素邻接矩阵。由于17×17的矩阵涉及数据较多，因此，仅给出前8个影响因素之间的邻接矩阵作为示例，如表3-3所示。

表3-3 既有建筑节能改造市场发展中ESCO驱动力运行影响因素邻接矩阵

	技术创新	人才培养	ESCO关系网络	ESCO的企业品牌建设	资质认证	ESCO发展战略	ESCO管理体系	ESCO经营理念
技术创新	0	0	1	3	2	2	1	2
人才培养	2	0	2	2	3	3	2	2
ESCO关系网络	2	3	0	2	2	2	3	2
ESCO的企业品牌建设	2	2	1	0	3	3	2	3
资质认证	2	2	1	1	0	2	2	3
ESCO发展战略	1	1	1	2	0	0	2	3
ESCO管理体系	0	2	1	1	0	1	0	2
ESCO经营理念	0	2	1	1	0	1	1	0

2. 关键因素识别

利用UCINET6软件对邻接矩阵进行处理，得到既有建筑节能改造市场发展中ESCO驱动力运行影响因素关系网络图，如图3-3所示。由关系网络图可以发现，既有建筑节能改造市场发展中ESCO驱动力运行的17个影响因素之间均存在关联关系，但仅凭关系网络图并不能判断关键因素及因素间的作用关系。因此，需要进一步处理关系网络图以得出点度中心度（Degree Centrality）、中间中

既有建筑节能改造市场动力机制

心度（Betweenness Centrality）等指标并做进一步分析，如表3-4所示。

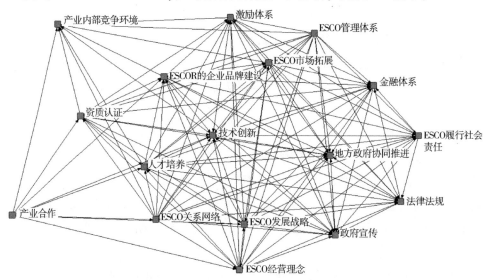

图 3-3 既有建筑节能改造市场发展中 ESCO 驱动力影响因素关系网络

表 3-4 既有建筑节能改造市场发展中 ESCO 驱动力影响因素中心性分析结果

维度	Degree Centrality	Betweenness Centrality
技术创新	31	1.233
人才培养	28	1.167
ESCO 关系网络	31	2.100
ESCO 的企业品牌建设	27	1.167
资质认证	32	2.100
ESCO 发展战略	36	1.733
ESCO 管理体系	21	0.867
ESCO 经营理念	20	0.333
ESCO 市场拓展	32	1.833
ESCO 履行社会责任	30	1.733
法律法规	36	1.167
激励体系	24	0.867
金融体系	20	0.333
政府宣传	26	0.733
地方政府协同推进	27	2.373
产业合作	16	0.333

第3章 既有建筑节能改造市场发展中 ESCO 驱动力作用影响机理

（续）

维度	Degree Centrality	Betweenness Centrality
产业内部竞争环境	28	3.167
平均数	27.353	1.176
中间势	18.06%	1.52%

（1）点度中心度分析。

点度中心度指标用于测量网络中与某个点直接相连的节点数量，其数值越大，表明与该点相连的节点数量越多，即该点在关系网络图中处于中心性位置的可能性越大。由表3-4可知，技术创新、人才培养、ESCO关系网络、资质认证、ESCO发展战略、ESCO市场拓展、ESCO履行社会责任、法律法规、产业内部竞争环境等9个因素的点度中心度值大于点度中心度平均值，说明这些因素与其他节点直接相连，处于社会关系网络图战略性中心位置，是既有建筑节能改造市场发展中ESCO驱动力的重要影响因素。但是，点度中心度指标的局限性在于它仅能说明因素的重要性，无法描述因素间的作用关系。因此，还需要对各因素的中间中心度指标与接近中心度指标进行分析。

（2）中间中心度分析。

中间中心度指标用于测量关系网络中的节点对其他点对⊖之间作用的控制程度，其数值越大，表明该节点成为连接其他点对的中介可能性越高，即该节点对其他点对间作用控制程度越高。由表3-4可知，关系网络图的中间中心势值为1.52%，表明网络中存在能够有效控制ESCO驱动力作用的因素。但总体而言，各个因素对ESCO驱动力作用的影响程度相当。但是，技术创新、ESCO关系网络、资质认证、ESCO发展战略、ESCO市场拓展、ESCO履行社会责任、地方政府协同推进、产业内部竞争环境等8个因素的中间中心度值超过平均值，说明这些因素在一定程度上对其他因素起调节作用。

通过对以上两个指标进行分析，将具有较高中心度的既有建筑节能改造市场发展中ESCO驱动力影响因素进行整理得到表3-5。可以看出，技术创新、ESCO关系网络、资质认证、ESCO发展战略、ESCO市场拓展、ESCO履行社会责任、产业内部竞争环境等7个因素在既有建筑节能改造市场发展中ESCO驱动力影响因素重要性分析中出现频次最高，并且与其他因素之间的作用关系较强，是影响

⊖ 点对指的是关系网络中的两个相互作用的点，节点对这两个点（点对）之间的关系具有控制作用。

既有建筑节能改造市场发展中 ESCO 驱动力作用的关键因素。

表 3-5 既有建筑节能改造市场发展中 ESCO 驱动力影响因素重要性分析

维度	政策环境	产业环境	企业内部环境	企业积极行为
点度中心度	法律法规	产业内部竞争环境	技术创新 人才培养 ESCO 关系网络 资质认证 ESCO 发展战略	ESCO 市场拓展 ESCO 履行社会责任
中间中心度	地方政府协同推进	产业内部竞争环境	技术创新 资质认证 ESCO 关系网络 ESCO 发展战略	ESCO 市场拓展 ESCO 履行社会责任

3. 关键路径识别

线的点度中心度指标用于测度一条线位于途中其他线的"中间"的可能性,若某一条线在网络中的中间中心度越大,表明其对该影响路径的控制能力越强。利用 UCINET 进行线的点度中心度测算,得到 17×17 的矩阵,其中大于 0 的数值有 216 个,选取排名前 10% 的关系作为关键关系,如表 3-6 所示。

表 3-6 影响因素关系网络中关键关系识别

排名	关系	线的点度中心度	排名	关系	线的点度中心度	排名	关系	线的点度中心度
1	产业内部竞争环境→ESCO 发展战略	6.833	8	人才培养→ESCO 关系网络	3.367	15	法律法规→ESCO 管理体系	2.500
2	ESCO 的企业品牌建设→ESCO 市场拓展	6.500	9	ESCO 发展战略→人才培养	3.333	16	法律法规→ESCO 经营理念	2.500
3	ESCO 发展战略→技术创新	5.333	10	ESCO 关系网络→ESCO 的企业品牌建设	3.167	17	法律法规→ESCO 发展战略	2.500

第3章 既有建筑节能改造市场发展中 ESCO 驱动力作用影响机理

（续）

排名	关系	线的点度中心度	排名	关系	线的点度中心度	排名	关系	线的点度中心度
4	法律法规→地方政府协同推进	5.167	11	激励体系→产业合作	3.167	18	金融体系→ESCO的企业品牌建设	2.167
5	ESCO市场开拓能力→ESCO市场拓展	4.500	12	地方政府协同推进→ESCO履行社会责任	3.167	19	金融体系→产业合作	1.833
6	技术创新→资质认证	4.333	13	人才培养→资质认证	2.833	20	金融体系→产业内部竞争环境	1.833
7	资质认证→ESCO的企业品牌建设	4.333	14	人才培养→ESCO市场拓展	2.833			

提取表 3-6 中关联关系较大的路径，并将具有传导可能的路径串联，得到以下三条关键影响路径：

1）产业内部竞争环境→ESCO 发展战略→技术创新→资质认证→ESCO 的企业品牌建设→ESCO 市场拓展。

该影响路径表明，伴随产业内部竞争环境激烈，ESCO 将动态调整发展战略，并进行持续技术创新、资质认证，从而不断强化 ESCO 的企业品牌效应，并在既有建筑节能改造市场中进行积极的市场拓展。

2）产业内部竞争环境→ESCO 发展战略→人才培养→ESCO 关系网络→ESCO 的企业品牌建设→ESCO 市场拓展。

该影响路径表明，伴随产业内部激烈的竞争，ESCO 将动态调整发展战略，并进行专业人才培养，对 ESCO 关系网络构建产生正向作用，伴随 ESCO 自身逐步发展，品牌效应增强，市场拓展能力增强。

3）法律法规→地方政府协同推进→ESCO 履行社会责任。

该影响路径表明，对于既有建筑节能改造市场发展宏观层面的法律法规构建会影响地方政府协同推进节能改造事业的积极性，随着地方政府监管、激励措施等地方规制行为的实施，会对ESCO履行社会责任的意愿产生正向影响。

3.2.3 基于ESCO驱动力关键影响因素的运行优化路径

以既有建筑节能改造市场发展中ESCO驱动力运行为研究目标，通过社会网络分析方法探讨影响既有建筑节能改造市场发展中ESCO驱动力运行的17个影响因素中的关键影响因素及关键影响路径，并由此得出，产业内部竞争环境、ESCO发展战略、法律法规及ESCO的企业积极行为是影响既有建筑节能改造市场发展中ESCO驱动力运行的关键影响因素，"产业内部竞争环境→ESCO发展战略→技术创新→资质认证→ESCO的企业品牌建设→ESCO市场拓展""产业内部竞争环境→ESCO发展战略→人才培养→ESCO关系网络→ESCO的企业品牌建设→ESCO市场拓展""法律法规→地方政府协同推进→ESCO履行社会责任"是既有建筑节能改造市场发展中ESCO驱动力运行社会网络中的关键影响路径。综合以上研究结果，为改善既有建筑节能改造市场发展中ESCO驱动力运行效果，提出以下建议：

（1）完善法律法规建设，规范ESCO行为。

通过设置市场准入机制、完善既有建筑节能改造市场发展相关法律法规体系，使ESCO在实施既有建筑节能改造项目过程中有法可循，对ESCO行为形成约束作用，促使ESCO在实施既有建筑节能改造项目过程中提供优质服务，从而提升ESCO对市场发展的驱动力作用，加速市场发展并形成良性循环作用。

（2）优化节能服务产业组织结构，改善产业内部竞争环境。

构建节能服务企业间良性竞争、合作共赢的市场秩序，避免过度竞争导致的资源浪费，防止垄断竞争造成的资源低效率，形成产业内部分层化的竞争格局，提高产业集中度，发挥规模经济效应，增强产业内部分工协作，推动我国既有建筑节能改造市场发展。

（3）提升企业管理能力，优化ESCO的企业发展战略。

ESCO驱动力运行建立在ESCO持续高效发展基础上，而ESCO的持续高效发展基于企业发展战略的合理制定。因此，有必要从ESCO内部出发不断提升企业管理能力，以形成ESCO的企业竞争优势及可持续发展能力，从而提升ESCO对既有建筑节能改造市场发展的驱动力作用。

（4）强化宏微观管理，引导ESCO的积极行为。

从宏观管理层面出发，一方面，国家在大力推动经济发展的同时应重视经济发展质量,重视经济发展方式向绿色化发展方向转变,从源头提高社会节能环保意识,激活节能市场潜在需求,提升 ESCO 积极性;另一方面,放宽节能服务产业相关政策,有针对性地实行税收优惠、贷款优惠、资金补贴等优惠政策,鼓励并引导企业进入节能服务市场以及相关行业领域,促进我国节能服务产业集群化发展以发挥 ESCO 对既有建筑节能改造市场发展的驱动力作用。从微观管理层面出发,ESCO 应积极开拓市场、提升自身技术创新等核心能力、积极参与产学研联盟,一方面,可以提升企业自身能力;另一方面,通过积极行为对既有建筑节能改造市场发展产生驱动作用。

第4章 基于博弈分析的既有建筑节能改造市场发展中 ESCO 驱动策略

ESCO 对既有建筑节能改造市场发展驱动力实现的过程必然伴随多主体行为选择的交互影响,存在着主体间由于利益诉求差异性产生的博弈关系。本章分别分析 ESCO 驱动过程中 ESCO 与政府及 ESCO 与业主的行为博弈,以探求 ESCO 驱动过程中各主体行为路径选择,进而得到 ESCO 驱动力实现的最优策略。为分析既有建筑节能改造市场发展中 ESCO 驱动力运行优化设计提供基础。

4.1 博弈相关理论概述

4.1.1 演化博弈理论与有限理性

传统博弈理论要求行为主体具有完全理性,一方面,要求行为主体以自身利益最大化为最终目标,具有在任何环境下都能够实现自身利益最大化决策的能力;另一方面,要求行为主体具有预测能力,能够准确把握整个博弈过程,并能够通过一次博弈实现最优策略。这种博弈论显然是具有一定局限性的,原因在于,在现实情境中,主体行为策略受多因素影响,其学习能力、信息获取能力等都会随着环境的不同而产生变化,难以通过一次博弈实现均衡。

演化博弈论(Evolutionary Games Theory)的产生是解决传统博弈理论局限性的有效办法,它产生于 20 世纪 80 年代,是将非合作博弈理论与生物界演化思想的精华相结合所形成的一种理论。该理论认为主体是"有限理性"的,这一假设前提使研究结果更加趋近于现实情境。具体而言,"有限理性"指行为主体不会在博弈开始即选择最优策略,而是在博弈过程中,通过演化机制与模仿学习机制不断调整自身策略,从而实现策略均衡状态。

4.1.2 复杂动态方程与演化稳定策略

建立演化博弈模型的前提假设包括两个方面：

1) 假设每个博弈参与主体均能够通过与其他行为主体的博弈过程调整自身行为策略，并有能力运用特定方式修正自身对其他主体的行为预期。

2) 假设博弈参与主体没有特定的博弈对象，该过程是通过随机匹配进行博弈的。演化博弈理论主要包括两种基本方法，一种是复制动态，另一种是演化稳定策略（ESS）。其中，复制动态描绘了一种动态轨迹，呈现了策略的演化轨迹。此外，复制动态方程可以描述在博弈过程中某一个特定的策略在群体中被采纳的比例。

假设 i 为博弈方选择的策略，则 x_i 为群体中选择策略 i 的比例，$U(x_i, x)$ 表示群体中选择策略 i 获得的收益，则相应的群体平均收益为 $\overline{U}$，复制动态方程可表述如下

$$\frac{\mathrm{d}x_i}{\mathrm{d}t} = x_i [U(x_i, x) - \overline{U}]$$

从上述复制动态方程中可以看出，当选择某一策略所获得的收益高于群体平均收益时，该策略在博弈群体中将被模仿。

根据复制动态方程可求得多项抗干扰能力不同的稳定状态，作为演化博弈分析的核心概念的是"演化稳定策略"，其特点是处于相对稳定状态时的抗干扰能力较强。

设群体中的个体选择策略 x_i，博弈对手选择的策略为 x_j，此时相应收益为 $U(x_i, x_j)$，如果 x_i 能满足下面条件之一，则称 x_i 为演化稳定策略：

1) 若 $U(x_i, x_i) > U(x_i, x_j)$，则此时就 x_i 本身而言，将会是一个最佳的策略。

2) 当 $U(x_i, x_i) = U(x_i, x_j)$，且 $U(x_i, x_j) > U(x_j, x_i)$ 时，如果 x_i 与 x_j 属于相同策略，此时二者均可以被等价选取，但 x_i 与 x_j 本身相比较，将会是一个相对最佳的选择策略。

4.2 基于 ESCO 与政府博弈的 ESCO 驱动策略

既有建筑节能改造市场发展是多主体动力协同作用的结果，因此，在 ESCO

驱动力运行过程中，政府必然会影响其行为选择。为探索市场发展中ESCO驱动力运行过程，提升ESCO对既有建筑节能改造市场发展的驱动作用，有必要分析ESCO与政府的行为博弈过程，以明晰ESCO驱动力实现策略。

4.2.1 基本假设与模型构建

从既有建筑节能改造市场参与主体行为策略选择视角出发，研究既有建筑节能改造市场发展中ESCO驱动力实现策略的演化博弈过程。将ESCO与政府作为研究的对象，主要围绕二者自身的利益进行博弈分析。本研究的基本假设如下：

1) 作为博弈双方的ESCO与政府均具有有限理性，且存在信息不完全。

2) 政府在制定国家发展策略时，需要综合考虑各个产业、市场的发展潜力，以实现收益最大化，因此政府对于既有建筑节能改造市场发展采取的策略，包括积极与消极，其策略选择主要受到综合收益、成本投入、市场潜力预估等因素综合影响。

3) ESCO具有追求利润最大化的经济人特性，在既有建筑节能改造市场发展策略选择方面需要综合考虑成本与收益情况。一方面，ESCO衡量自身经营目标与现阶段生产成本和销售利润以及目标客户的消费趋势；另一方面，是政府提出的激励政策的作用，一定的资金补贴措施会大大加强ESCO参与节能改造行为的积极性。

4) ESCO的成本和收益。ESCO对既有建筑节能改造市场发展采取驱动策略，意味着需要采取投入生产要素进行技术改进、市场拓展等行为，将ESCO产生的驱动成本合计为C_1；ESCO驱动既有建筑节能改造市场发展带来收益为R_1，主要包括：社会声誉提升、技术创新降低生产成本等。此时，若政府采取积极策略，则ESCO可获得政府的补贴资金R_2。

5) 政府的成本和收益。如果政府选择采取积极策略，离不开政策制定及后期的推广宣传等环节，在此过程中耗费的成本记为C_2，获得收益为R_3，主要包括：政府公信力提升、社会总能耗下降、社会满意度提升等；当ESCO采取驱动策略，而政府采取消极策略时，政府获得外部性收益为R_4。

6) 分别将政府选择"积极"策略及"不积极"的策略的比例记为y和$1-y$；同时，分别将ESCO是否选择"对既有建筑节能改造市场发展实施驱动力"策略的比例记为x和$1-x$。

由以上基本假设，可构建政府与 ESCO 的支付矩阵，如表 4-1 所示。

表 4-1　ESCO 与政府的收益矩阵

政府＼ESCO	驱动	不驱动
积极	$R_3 - R_2 - C_2$ $R_2 - C_1 + R_1$	$-C_2$ 0
消极	R_4 $-C_1 + R_1$	0 0

4.2.2　ESCO 与政府行为博弈分析

据假设 6 可知，分别将 ESCO 是否选择"对既有建筑节能改造市场发展实施驱动力"策略的比例记为 x 和 $1-x$。就 ESCO 群体来看，分别计算采取驱动策略（U_1）和不驱动策略（U_2）的期望收益和 ESCO 群体的平均期望收益（$\overline{U}$），公式表示如下

$$U_1 = y(R_2 - C_1 + R_1) + (1-y)(-C_1 + R_1) = yR_2 - C_1 + R_1$$
$$U_2 = 0$$
$$\overline{U} = x(yR_2 - C_1 + R_1)$$

根据演化博弈基本原理，可得 ESCO 选择驱动策略的复制动态方程为

$$F(x) = x(1-x)(U_1 - U_2) = x(1-x)(yR_2 - C_1 + R_1)$$

（1）ESCO 复制动态方程分析。

令 $F(x) = 0$，得到系统中三个稳定状态点，分别为 $x_1^* = 0$，$x_2^* = 1$，$y^* = (C_1 - R_1)/R_2$。

演化稳定策略要求稳定状态，必须对微小扰动具有稳定性。也就是说，需要令 $F'(x^*)$ 满足小于 0，即 $F'(x^*) = (1-2x)(yR_2 - C_1 + R_1) < 0$。

由假设可知，当 ESCO 选择驱动策略时，其利润为 $R_1 - C_1$，此时不确定利润的正负。如果 $R_1 - C_1 > 0$，在 $x^* = 0$ 时，$F'(x^*)$ 大于 0；在 $x^* = 1$ 时，$F'(x^*)$ 小于 0。此时 $x_2^* = 1$ 是演化稳定策略，显然，ESCO 会选择驱动策略。当 $R_1 - C_1 < 0$ 时，此时需要考虑以下两种情况：

1）情况一：$y > y^* = (C_1 - R_1)/R_2$，此时 $F'(1) < 0$，$F'(0) > 0$，$x_2^* = 1$ 是演化稳定策略，即 ESCO 采取驱动策略，与此同时，政府选择积极态

度策略，此时达到帕累托最优状态。

2）情况二：$y < y^* = (C_1 - R_1)/R_2$，此时 $F'(1) > 0$、$F'(0) < 0$，$x_1^* = 0$ 是演化稳定策略，即政府对发展既有建筑节能改造市场采取消极策略，ESCO 对既有建筑节能改造市场的驱动力会渐渐趋于消失。

综合以上两种情况，可绘制 ESCO 群体的复制动态相位图，如图 4-1 所示。

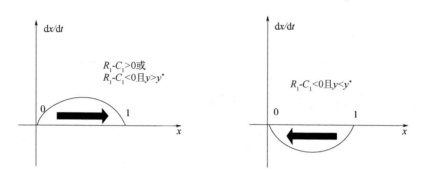

图 4-1　ESCO 群体复制动态相位图

同样，分别将政府是否选择"积极"策略的比例记为 y 和 1 - y。对于政府而言，选择积极策略（U_3）和消极策略（U_4）的期望收益以及 ESCO 群体的平均期望收益（$\overline{U}^*$）分别为

$$U_3 = x(R_3 - R_2 - C_2) + (1 - x)(-C_2)$$
$$U_4 = xR_4$$
$$\overline{U}^* = xyR_3 - xyR_2 - xyR_4 - yC_2 + xR_4$$

根据演化博弈基本原理，可得政府选择积极策略的复制动态方程为

$F(y) = y(1-y)(U_3 - U_4) = y(1-y)(xR_3 - xR_2 - C_2 - xR_4)$

（2）政府复制动态方程分析。

令 $F(y) = 0$，分别在 $y_1^* = 0$，$y_2^* = 1$，$x^* = C_2/R_3 - R_2 - R_4$，三个位置取到稳定状态点，演化稳定策略要求稳定状态必须对微小扰动具有稳定性。$F'(y^*)$ 需要满足小于 0，即 $F'(y^*) = (1-2y)(xR_3 - xR_2 - C_2 + xR_4) < 0$。

1）当 $x = x^* = C_2/R_3 - R_2 - R_4$ 时，$F'(y)$ 恒等于 0，此时，所有 y 均为稳定状态，不属于演化稳定策略。

2）当 $x > x^* = C_2/R_3 - R_2 - R_4$ 时，此时 $F'(1) < 0$、$F'(0) > 0$，$y_2^* = 1$ 是演化稳定策略，此时，政府采取积极策略。

3）当 $x < x^* = (C_1 - R_1)/R_2$ 时，此时 $F'(1) > 0$、$F'(0) < 0$，$y_1^* = 0$

是演化稳定策略，此时，ESCO 采取不驱动策略，政府采取消极策略。

政府的复制动态相位图如图 4-2 所示。

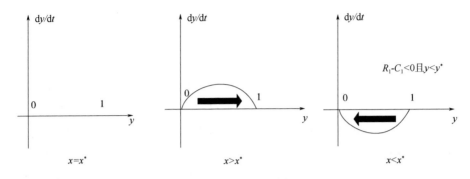

图 4-2　政府复制动态相位图

（3）ESCO 与政府行为状态分析。

通过以上分析，绘制 ESCO 与政府的系统演化稳定相位图，如图 4-3 所示。

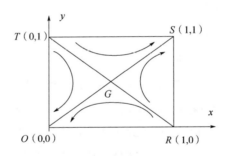

图 4-3　ESCO 与政府系统演化相位图

ESCO 与政府博弈的演化稳定策略是 O （0，0）和 S （1，1），两种情况均与系统的初始状态密切相关，同时，T （0，1）、R （1，0）和 G （x^*，y^*）缺乏一定的收敛性和抗干扰能力，因此，他们不是演化博弈中的稳定点。其中 G （x^*，y^*）是鞍点，将复制动态相位图分成区域 $ORGT$ 和区域 $SRGT$ 两部分，$SRGT$ 区域表示最终结果将收敛于 S 点，即 ESCO 选择驱动策略并且政府选择积极策略；$ORGT$ 区域表示最终结果将收敛于 O 点，即 ESCO 选择不驱动策略并且政府选择消极态度。两部分区域的面积表示最终结果趋向的比例。

$x^* = C_2/R_3 - R_2 - R_4$ 和 $y^* = (C_1 - R_1)/R_2$ 是该博弈模型中的阈值，当系统的初始状态落在（x^*，y^*）附近时，即使是初始状态的微小变动，也会对整个博弈过程的最终结果造成影响，充分反映了演化博弈对初始状态的敏感性。

政府在制定既有建筑节能改造市场发展策略时，应考虑这一特性，比如提高激励强度，并结合监管机制，最终实现帕累托最优。

根据图 4-3 可知，关于 $x^* = C_2/R_3 - R_2 - R_4$，当政府投入成本 C_2 增加时，x^* 随之增大，G 点向右移动，即系统最终趋向于 S 点的比例减小，趋向于 O 点的比例增加，表明 ESCO 最终会采取不驱动策略。当政府的综合收益 $R_3 - R_2 - R_4$ 增加时，G 点向左移动，即系统最终趋向于 S 点的比例增大，表明 ESCO 最终倾向于选择驱动策略。关于 $y^* = (C_1 - R_1)/R_2$，当 ESCO 驱动收益大于驱动成本时，即 $C_1 - R_1$ 小于 0，无论政府是否积极推进既有建筑节能改造市场发展，ESCO 一定会选择驱动策略。当 $C_1 - R_1$ 大于零且增大时，G 点向右移动，$SRGT$ 区域面积减小，即系统趋向 S 点的比例减小，表明选择驱动策略的 ESCO 数量降低。当 R_2 增大时，G 点向左移动，$SRGT$ 面积增大，系统演化趋向于 S 点，即 ESCO 倾向于选择驱动策略。

4.2.3 演化博弈结果分析

构建 ESCO 与政府群体间的行为博弈模型，分析了 ESCO 与政府间策略选择的稳定条件及策略演变轨迹，结果如下：

1）根据 ESCO 演化稳定策略可知，ESCO 是否采取驱动策略，受驱动收益和政府补贴两个因素的直接影响。然而，在既有建筑节能改造市场发展初期，既有建筑改造成本较高，ESCO 技术改进成本较高，短期内 ESCO 驱动收益难以补偿成本，致使 $C_1 - R_1 > 0$，此时 ESCO 可选驱动策略或不驱动策略，因此政府应提高补贴力度，降低 ESCO 驱动成本，提高其综合收益，使 ESCO 积极性提升以采取驱动策略。

2）政府对发展既有建筑节能改造市场采取积极态度与否取决于成本投入，增量收益与 ESCO 选择驱动的比例，为使政府采取积极策略，应尽量降低政府积极策略下的成本投入，增加政府的增量收益。然而，为提高 ESCO 驱动积极性，政府投入成本不断增大，将会出现 $x^* = C_2/R_3 - R_2 - R_4 > 1$，此时 $y_1^* = 0$，这种情况说明了既有建筑节能改造市场发展已经趋于完善，政府可以逐渐降低市场成本投入，直至为零。

4.2.4 ESCO 驱动力发展策略

由以上博弈结果可知，为使既有建筑节能改造市场发展中 ESCO 驱动力实现，政府和 ESCO 均需要有投入产出方面的回报才能实现 ESCO 对市场发展的驱动力，既要减少政府成本投入、提高增量收益，也要增加 ESCO 驱动收益，看似矛盾，实则可以通过改善主体行为及互动关系在不增加成本投入的前提下，提高 ESCO 驱动力作用效果。根据以上博弈结论可得 ESCO 驱动力发展策略如下：

1）强化政策法规制定与执行，约束 ESCO 市场行为，为 ESCO 驱动力发展提供环境支撑。首先，放宽既有建筑节能改造市场相关政策，有针对性地实行税收优惠、资金补贴等优惠政策，并强化法律法规建设保障市场有序运行；其次，地方政府依据中央政府指导意见制定因地制宜的地方政策，形成中央与地方联动，改善既有建筑节能改造市场环境，促进 ESCO 发展；最后，针对既有建筑节能改造相关知识采取宣传教育，并对用能单位辅以一定的资金支持，激活市场需求，加强 ESCO 改造动力。

2）加强产业合作，提升 ESCO 实力。构建 ESCO 间合作共赢的市场秩序，避免垄断竞争导致的资源低效，形成产业内部分层化竞争格局，提高产业集中度。基于产业环境改善与产业内部企业共赢发展，有效降低 ESCO 驱动成本 C_1，促使 ESCO 策略向驱动策略方向演化，从而形成 ESCO 对既有建筑节能改造市场发展驱动作用。

3）ESCO 优化资源配置，提升企业竞争力。ESCO 需不断重视自身资源的整合能力，从技术创新、人才培养、资金来源等方面强化自身实力。另外，ESCO 需根据产业结构及市场变化对企业管理制度进行调整，以匹配市场发展需求，产生对既有建筑节能改造市场发展的推动作用。基于个体 ESCO 的实力增强，可提高 ESCO 驱动收益 R_1，促使 ESCO 行为选择向驱动策略方向演化。

4.3 基于 ESCO 与业主博弈的 ESCO 驱动策略

既有建筑节能改造市场高效运行依赖于市场多主体动力协同作用，而多主体动力协同的基础在于单一主体动力的实现，从既有建筑节能改造市场核心供给主体 ESCO 视角出发，它在市场发展的驱动力运行过程中的行为选择必然受到需求主体业主行为策略的影响。因此，分析 ESCO 与业主的行为博弈过程，对于实现既有建筑节能改造市场发展中 ESCO 驱动力具有理论和现实意义。

4.3.1 基本假设与模型构建

从既有建筑节能改造市场参与主体行为策略选择视角出发,研究既有建筑节能改造市场发展中 ESCO 驱动力实现策略的演化博弈过程。将 ESCO 与业主作为研究对象,二者以自身利益为出发点进行博弈。本研究的基本假设如下:

1) 博弈局中人既有建筑节能改造市场需求主体业主与供给主体 ESCO,双方均具有有限理性且信息不完全。

2) 博弈双方在节能改造服务过程中各有两种不同的选择,业主的策略选择是(实施节能改造,不实施节能改造),以下简称为(节能改造,不节能改造); ESCO 的策略选择为(对既有建筑节能改造市场发展实施驱动力,不对既有建筑节能改造市场发展实施驱动力),以下简称为(驱动,不驱动)。

3) 如果将业主中"选择节能改造"这一方案的比例记为 x,则可将不实施该方案的比例记为 $(1-x)$。同理,支持对既有建筑节能改造市场发展实施驱动力的比例可记为 y;反之,记为 $1-y$。

4) 业主的成本和收益。为了便于计算,假设无论 ESCO 做出何种选择,业主"不节能改造"策略的收益均为 0;当业主选择"改造",ESCO 选择"驱动"时,业主会因为实施既有建筑节能改造后能耗费用减少、居住舒适度提高,以及 ESCO 因自身长期驱动作用促使产业规模化发展后降低业主服务成本等因素带来的收益为 R_1;当业主选择"节能改造",ESCO 选择"不驱动"既有建筑节能改造市场发展时,业主会因 ESCO 不驱动而损失其节省的部分成本,从而降低所带来的收益 ΔR,此时业主收益为 $R_1 - \Delta R$。

5) ESCO 的成本和收益。如果只有业主实施节能改造的方案,而 ESCO 不愿实施驱动策略,此时,ESCO 必然也只能得到改造收益 R_2;若此时 ESCO 选择"驱动"策略时,ESCO 需支付对既有建筑节能改造市场发展采取驱动策略而产生的生产要素投入即驱动成本 C_1;此外,由于 ESCO 长期驱动既有建筑节能改造市场发展,促使节能服务产业规模化发展,进而形成规模经济,降低服务成本,并促进需求增加,这部分收益记为 S_1,此时 ESCO 的收益为 $R_2 + S_1 - C_1$。当业主"不节能改造",ESCO"不驱动"时,ESCO 收益为 0;若此时 ESCO 选择"驱动"策略时,ESCO 需支付驱动成本,此时 ESCO 收益为 $-C_1$。

由以上基本假设,可构建政府与 ESCO 的支付矩阵,如表 4-2 所示。

表 4-2 既有建筑节能改造业主与 ESCO 博弈的收益矩阵

业主＼ESCO	驱动	不驱动
节能改造	R_1 $R_2 - C_1 + S_1$	$R_1 - \Delta R$ R_2
不节能改造	0 $-C_1$	0 0

4.3.2 ESCO 与业主行为博弈分析

根据 4.3.1 假设 3，分别将实施节能改造和不实施节能改造的比例设为 x 和 $(1-x)$；同样将 ESCO 选择是否实施"驱动"策略的比例记为 y 和 $(1-y)$。对于政府而言，选择积极策略（E_{11}）和消极策略（E_{12}）的期望收益以及 ESCO 群体的平均期望收益（E_1）分别为

$$E_{11} = R_1 - \Delta R + y\Delta R$$
$$E_{12} = 0$$
$$E_1 = x(y\Delta R + R_1)$$

根据演化博弈基本原理，可得政府选择积极策略的复制动态方程为

$$F(x) = x(1-x)(E_{11} - E_{12}) = x(1-x)(R_1 - \Delta R + y\Delta R)$$

对于 ESCO 群体而言，选择驱动策略（E_{21}）和不驱动策略（E_{22}）的期望收益以及 ESCO 群体的平均期望收益（E_2）分别为

$$E_{21} = x(R_2 - C_1 + S_1) + (1-x)(-C_1) = xR_2 + xS_1 - C_1$$
$$E_{22} = xR_2$$
$$E_2 = xyS_1 - yC_1 + xR_2$$

根据演化博弈基本原理，可得 ESCO 选择驱动策略的复制动态方程为

$$F(y) = y(1-y)(E_{21} - E_{22}) = y(1-y)(xS_1 - C_1)$$

（1）业主的复制动态方程分析。

当 $F(x) = 0$ 时，可在 $x_1^* = 0$，$x_2^* = 1$，$y^* = (\Delta R - R_1)/\Delta R$ 三个位置获得系统的稳定状态点。

演化稳定策略要求稳定状态必须对微小扰动具有稳定性。具体来说，此时需满足 $F'(x^*) < 0$，即 $F'(x^*) = (1-2x)(R_1 - \Delta R + y\Delta R) < 0$。

按照 y 与 y^* 的大小对比结果，可分为以下三种情况：

1）情况一：$y = y^*$。此时 $F'(x)$ 与 $F(x)$ 恒等于 0，即与 x 的取值无关。也就是说，当选择"驱动"策略的 ESCO 比例达到 y^* 时，业主策略达到均衡状态。

2）情况二：$y > y^*$。不难看出，$x = 1$ 时，$F'(x)$ 小于 0；$x = 0$ 时，$F'(x)$ 大于 0。显然，$x_2^* = 1$ 是演化稳定策略，此时选择"驱动"策略的 ESCO 比例超过 y^* 时，说明业主很可能会选择实施"节能改造"策略。

3）情况三：$y < y^*$。$x = 1$ 时，$F'(x)$ 大于 0；$x = 0$ 时，$F'(x)$ 小于 0。显然，$x_1^* = 0$ 是演化稳定策略，此时选择"驱动"策略比例小于 y^*，业主很可能不会选择实施"节能改造"策略。

综合以上三种情况，绘制 ESCO 群体的复制动态相位图，如图 4-4 所示。

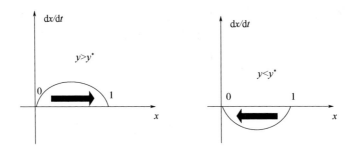

图 4-4　业主群体复制动态相位图

（2）ESCO 的复制动态方程分析。

令 $F(y) = 0$，得到系统中三个稳定状态点，分别为 $y_1^* = 0$，$y_2^* = 1$，$x^* = C_1/S_1$。

演化稳定策略要求稳定状态必须对微小扰动具有稳定性。具体来说，此时需满足 $F'(y^*) < 0$，即 $F'(y^*) = (1-2y)(xS_1 - C_1) < 0$。

按照 x 与 x^* 的大小对比结果，可分为以下三种情况：

1）情况一：$x = x^*$。无论 y 取何值 $F'(y)$ 与 $F(y)$ 恒等于 0，即所有 y 均为稳定状态，不属于演化稳定策略。

2）情况二：$x > x^*$。不难看出，$y = 1$ 时，$F'(y)$ 小于 0；$y = 0$ 时，$F'(y)$ 大于 0；显然，$y_2^* = 1$ 是演化稳定策略，此时 ESCO 会因为业主选择"改造"的比例大于 x^* 而实施"驱动"策略。

3）情况三：$x < x^*$，$y = 1$ 时，$F'(y)$ 大于 0；$y = 0$ 时，$F'(y)$ 小于 0。显然，$y_1^* = 0$ 是演化稳定策略，此时 ESCO 会因为业主选择"改造"的比例小

于 x^* 而放弃实施"驱动"策略。

综合以上三种情况，可绘制政府的复制动态相位图，如图 4-5 所示。

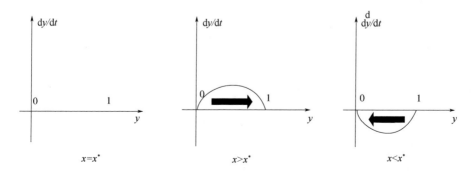

图 4-5　ESCO 群体复制动态相位图

（3）ESCO 与业主行为状态分析。

将上述结果建立坐标轴共同表示并进行对比分析，如图 4-6 所示。该相位图清晰地表达了 ESCO 与业主间行为博弈的动态演化过程。

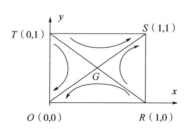

图 4-6　ESCO 与政府系统演化相位图

由图 4-6 可知，O 和 S 是博弈过程中的两个演化稳定策略，T 和 R 是两个不稳定点，G 是改变稳定区域面积的阈值点，稳定区域面积将随着 G 点的移动而发生变化，$SRGT$ 的面积表示趋向于（节能改造，驱动）策略的比例，在此区域内业主收敛于 $x=1$ 的速率快于 ESCO 收敛于 $y=0$ 的速率或者 ESCO 收敛于 $y=1$ 的速率高于业主收敛于 $x=0$ 的速率时，演化稳定策略将最终收敛于 $(1，1)$；否则，反之。

由图 4-6 可知，系统的演化均衡受博弈收益的影响，系统达到稳定状态的收敛点与博弈初始状态密切相关，收敛的趋势很容易受到系统初始状态的影响，鞍点位置的改变将直接影响最终博弈结果。为使（节能改造，驱动）策略比例增大，调整鞍点 x 轴方向位置可以采取增加激励措施降低 ESCO 驱动成本、加大宣传力度，使 x^* 向（0，0）方向移动；调整鞍点 y 轴方向位置可以采取相应的经济激励政策降低业主实施节能改造成本，实施强制政策要求业主进行节能改造，并且扶持节能服务产业发展，促使改造成本降低，通过市场价格调控，降低业主改造成本，提高业主改造积极性，使 y^* 向（0，0）方向移动，最终使得结果达到帕累托最优状态。

4.3.3 演化博弈结果分析

通过有限理性的业主与节能服务公司间的非对称进化博弈行为分析，可得出结论如下：

1）通过对业主的进化稳定策略进行分析可知，业主是否选择节能改造取决于其能否在改造后获得收益，同时业主还会受到 ESCO 选择"驱动"策略比例的影响，因为这可增加业主节能改造后的收益，当 $y>y^*$ 时，业主选择"节能改造"的速率大于 ESCO 选择"不驱动"的速率，使初始状态处于收敛于（1，1）的区域。

2）由 ESCO 的进化稳定策略分析可知，ESCO 选择"驱动"策略的意愿受两个因素影响：一是驱动成本，二是长期驱动市场发展形成规模效益后降低改造成本带来的收益。此外，ESCO 策略与业主是否选择"节能改造"息息相关。从 ESCO 自身角度出发，ESCO 应加快技术创新，提高资源整合能力，从而降低其驱动成本；从政府角度出发，各级政府应出台相应的激励与扶持政策、构建政产学研平台以促进节能服务产业持续发展，促使 ESCO 形成对既有建筑节能改造市场发展的驱动作用，并提升业主需求，由此降低改造成本，进而增大 S_1 的值，减小 x^* 的值，当且仅当 $x>x^*$ 时，会有 ESCO 选择"驱动"策略的速率高于业主选择"不节能改造"策略的速率。该情况下，鞍点 G 向（0，0）反向移动，使 $SRGT$ 面积增大，整体收敛于（1，1）区域。

4.3.4 ESCO 驱动力改善策略

由以上博弈结果可知，为使既有建筑节能改造市场发展中 ESCO 驱动力得以实现，业主和 ESCO 均需要有投入产出方面的回报，才能实现 ESCO 对市场发展的驱动力。也就是说，既要提高业主的改造收益，也要降低 ESCO 改造成本，并增加其长期驱动后的预期收益。根据以上博弈结论可得以下驱动力发展策略启示：

第4章 基于博弈分析的既有建筑节能改造市场发展中 ESCO 驱动策略

1)提升 ESCO 改造质量,提高业主改造收益,增强合作意愿。ESCO 应提升自身供给能力,从技术、专业人才、服务能力等方面入手,提高节能改造项目节能率,一方面可有效拓展市场;另一方面也促使业主改造收益 R_1 增加,进而减小 y^* 值,使业主选择"节能改造"的速率大于 ESCO 选择"不驱动"的速率,使 ESCO 最终趋向于选择"驱动"策略。

2)加强专业技术创新,降低改造成本,提升改造效率。通过加强技术研发资金投入、促进产学研平台建设、采取产业联盟构建等方式,促进 ESCO 技术改进,从长远来看,既可提高项目实施效果,也可降低改造成本,进而降低 ESCO 驱动成本 C_1,促使 ESCO 行为策略选择最终趋向于"驱动",形成 ESCO 对既有建筑节能改造市场的驱动力作用。

第 5 章 既有建筑节能改造市场发展中 ESCO 驱动力作用效益评价与优化策略

既有建筑节能改造市场高效运行的核心在于 ESCO 驱动力有效作用，ESCO 驱动力作用效益评价是优化 ESCO 驱动力作用的关键。本章从经济效益、环境效益及社会效益三个维度出发，构建既有建筑节能改造市场发展中 ESCO 驱动力作用效益评价指标体系及模糊评价模型。通过量化评价实施过程，得出较为有效的 ESCO 驱动力提升路径，为后续 ESCO 驱动力作用优化及实施策略研究奠定基础。

5.1 既有建筑节能改造市场发展中 ESCO 驱动力作用效益评价体系构建

5.1.1 既有建筑节能改造市场发展中 ESCO 驱动力作用效益评价意义

既有建筑节能改造市场发展中 ESCO 驱动力作用效益评价是基于系统的角度进行考虑的，建立了相应的评价体系，并基于全面性视角，将 ESCO 驱动力作用对既有建筑节能改造市场发展产生的各方面效益纳入评价体系。本研究从主体动力视角出发，建立评价体系，有利于动态调整并改善 ESCO 驱动力作用，进而为促进 ESCO 驱动力作用提升及协调各方主体提供参考。

已有研究大多对既有建筑节能改造市场发展过程中政策实施有效性进行评价，并未考虑市场核心供给主体 ESCO 对市场发展产生的效益。由于既有建筑节能改造市场内部存在多元主体，这样的结果并不能全面反映主体对市场发展的作用，也不能较为全面地探究影响既有建筑节能改造市场发展中 ESCO 驱动力作用效益的本质原因，而基于主体动力视角的既有建筑节能改造市场发展效益评价可以从系统整体协调角度考虑主体动力作用的深层次问题,是市场高效运行、改造目标完成及ESCO驱动力作用优化设计的基础。因此,探讨既有建筑节能改造市场发展中ESCO驱动力作用效益评价意义重大。

5.1.2 既有建筑节能改造市场发展中ESCO驱动力作用效益评价原则分析

评价是将归类后的指标以一定规则对评价对象的综合状况做出优劣评定的过程。合理并有效地选取评价指标是构建既有建筑节能改造市场发展中ESCO驱动效益评价体系的重要环节,因此,有必要遵循一定的原则对评价指标进行选取。

具体来讲,在构建既有建筑节能改造市场发展中ESCO驱动力作用效益评价指标体系应遵循以下3个方面的原则:

(1) 针对性原则。

评价指标体系应当针对既有建筑节能改造市场发展中ESCO驱动力运行情况,并且需要充分结合经济效益评价的一般性特点,将能够准确体现客观因素间关联的指标纳入指标体系,以确保体系的公正性、客观性及专业性。

(2) 实用性原则。

实用性原则要求在建立ESCO驱动力作用效益评价指标体系过程中指标必须真实反映出ESCO驱动力作用效益状况,这同时要求指标设计尽量综合简单化,实现用较少的指标反映评价内容的基本信息。

(3) 可操作性原则。

可操作性原则要求选取指标通俗易懂,并且涉及的定量化资料及所需数据易于搜集整理,从而在实际评价过程中能够对其评价对象进行准确评价。

5.1.3 既有建筑节能改造市场发展中ESCO驱动力作用效益评价内容分析

ESCO驱动力作用是既有建筑节能改造市场发展的重要力量,以经济利益为目标导向的ESCO在既有建筑节能改造市场发展进程不断扩大自身实力,并通过技术创新、人才培养、市场开拓等方式将ESCO自身能力反作用于既有建筑节能改造市场的发展,从而扩大既有建筑节能改造市场规模,促进市场发展。

既有建筑节能改造市场发展中ESCO驱动力作用效益评价从3个方面展开：

1）由ESCO驱动作用产生的经济效益，包括绿色改造经济效率、节能服务产业产值年均增速、产业结构升级、节能改造经济贡献率、ESCO年平均增量、业主改造需求增速、单位GDP能耗。

2）基于ESCO驱动力对公共环境产生的环境效益，包括年改造面积增速、改造后节能率、CO_2减排量。

3）由ESCO驱动力对社会生活产生的社会效益，包括业主满意度、社会就业增量、工资增收均值、技术改进数量、专利申请数量。

5.1.4 评价指标体系构建

在对既有建筑节能改造市场发展中ESCO驱动力运行特征分析及驱动力作用效益内涵进行分析的基础上，将经济效益、社会效益和环境效益确定为一级评价指标；进一步对一级指标进行细化，将绿色改造经济效率、节能服务产业产值年均增速等15个指标作为二级评价指标，最终形成既有建筑节能改造市场发展中ESCO驱动力作用效益评价指标体系框架，如表5-1所示。

表5-1 既有建筑节能改造市场发展中ESCO驱动力作用效益评价指标体系

目标层	准则层	指标层
既有建筑节能改造市场发展中ESCO驱动力作用效益评价 U	经济效益 U_1	绿色改造经济效率 U_{11}
		节能服务产业产值年均增速 U_{12}
		产业结构升级 U_{13}
		节能改造经济贡献率 U_{14}
		ESCO年平均增量 U_{15}
		业主改造需求增速 U_{16}
		单位GDP能耗 U_{17}
	环境效益 U_2	年改造面积增速 U_{21}
		改造后节能率 U_{22}
		CO_2减排量 U_{23}
	社会效益 U_3	业主满意度 U_{31}
		社会就业增量 U_{32}
		工资增收均值 U_{33}
		技术改进数量 U_{34}
		专利申请数量 U_{35}

5.2 既有建筑节能改造市场发展中 ESCO 驱动力作用效益量化评价过程

5.2.1 基于 AHP 的指标权重确定

1. 层次分析法原理

层次分析法（AHP）是美国运筹学家 T. L. Saaty 教授于 20 世纪 70 年代提出的，是一种用于对定性问题进行定量分析的多准则决策方法。层次分析法的基本思想是将复杂问题分解为多组因素，并将因素按照一定关系分组，进而形成一种层次结构，并在此基础上对每个指标赋权，最终得出候选方案的优先权。

本书对既有建筑节能改造市场发展中 ESCO 驱动力作用效益评价指标体系采用 AHP 进行权重赋值，基本步骤如下：

(1) 建立层次结构。

建立树形层次结构，将评价目标层次化。

(2) 构建判断矩阵。

构建两两比较的判断矩阵，由此可得两两比较判断矩阵 A，$A = (a_{ij})_{n \times m}$；

对同一层次指标进行两两比较，其比较结果以 1~9 模糊标度法表示，各级标度的含义如表 5-2 所示。

表 5-2 9 级评分标准

标准值	含义说明
1	前后 2 个因素相比，同等重要
3	前后 2 个因素相比，前者稍重要
5	前后 2 个因素相比，前者明显重要
7	前后 2 个因素相比，前者非常重要
9	前后 2 个因素相比，前者极端重要
2, 4, 6, 8	重要性为前后 2 个因素比较的中间值

(续)

标准值	含义说明
倒数	若因素 i 对于因素 j 的重要性数值表示为 m_{ij}，则因素 j 对因素 i 的重要性数值表示为 m_{ji}，且 $m_{ji}=1/m_{ij}$

(3) 计算权重。

利用方根法进行计算，具体计算步骤如下：

1) 计算判断矩阵 A 每行元素的积：$M_i = \prod = a_{ij}$，$i=1, 2, \cdots, n$。

2) 计算各行 M_i 的 n 次方根值 W_i：$W_i = \sqrt[n]{M_i}$，$i=1, 2, \cdots, n$，n 为矩阵阶数。

3) 将向量 $(W_1, W_2, \cdots, W_n)$ 归一化：$W_i = W_i / \sum_{i=1}^{n} W_i$，$W_i$ 为各指标的权重系数。

(4) 计算最大特征值。

计算判断矩阵 A 的最大特征值 $\lambda_{max} = \sum_{i=1}^{n}(Aw)_i / nw_i$，其中，$(Aw)_i$ 为向量 Aw 的第 i 个元素。

(5) 进行一致性检验。

对于判断矩阵 $A = (a_{ij})_{n \times m}$，设 λ_{max} 为矩阵 A 的最大特征根。CR 为判断矩阵的一致性指标，计算步骤如下：

第一步，计算一致性指标 CI，$CI = (\lambda_{max} - n)/(n-1)$。

第二步，查表找出同阶矩阵的平均一致性指标 RI，如表 5-3 所示。

表 5-3 平均随机一致性指标

阶数 n	3	4	5	6	7	8	8	10	11
RI	0.514 9	0.893 1	1.118 5	1.249 4	1.345	1.42	1.464 6	1.487 4	1.515 6

第三步，计算一致性比率 CR，$CR = CI/RI$。

一般而言，对于 $n \geq 3$ 阶的判断矩阵而言，当 $CR = 0$ 时，此时判断矩阵具有完全一致性；当 $CR < 0.1$ 时，此时判断矩阵具有可接受的一致性；当 $CR \geq 0.1$ 时，此时判断矩阵偏离一致性程度较大。

2. 指标权重确定

通过完成构建两级判断矩阵、标准化处理、特征向量及特征根求解、一致性检验等过程，可确定各指标权重，如表 5-4 所示。

表 5-4 既有建筑节能改造市场发展中 ESCO 驱动力作用效益评价指标权重

目标层	准则层	权重	指标层	权重
既有建筑节能改造市场发展中 ESCO 驱动力作用效益评价 U	经济效益 U_1	0.633	绿色改造经济效率 U_{11}	0.176
			节能服务产业产值年均增速 U_{12}	0.166
			产业结构升级 U_{13}	0.157
			节能改造经济贡献率 U_{14}	0.334
			ESCO 年平均增量 U_{15}	0.076
			业主改造需求增速 U_{16}	0.053
			单位 GDP 能耗 U_{17}	0.038
	环境效益 U_2	0.106	年改造面积增速 U_{21}	0.164
			改造后节能率 U_{22}	0.539
			CO_2 减排量 U_{23}	0.297
	社会效益 U_3	0.261	业主满意度 U_{31}	0.066
			社会就业增量 U_{32}	0.350
			工资增收均值 U_{33}	0.133
			技术改进数量 U_{34}	0.271
			专利申请数量 U_{35}	0.181

5.2.2 模糊综合评价方法适用性分析

模糊综合评价法是基于模糊数学的综合评价方法，在处理定性问题方面具有一定优越性。既有建筑节能改造市场发展中 ESCO 驱动力作用效益评价的实质是确定 ESCO 对市场发展产生驱动效果的隶属度，就评价过程而言，评价指标的选取、权重的确定及评价标准的选择均具有一定的模糊性，其理由主要来自两方面：第一个方面是 ESCO 驱动力作用效益评价具有复杂性，全面系统地评价市场发展 ESCO 驱动力作用效益，不仅要考虑 ESCO 积极行为对市场产生的正向影响，而且更要剖析 ESCO 驱动力与其与主体动力的协同性；第二个方面是主观判断的模糊性，评价者对 ESCO 驱动力产生效益无法做出绝对精确的判断，且其判断过程受专业知识与个人偏好等因素影响，因此，运用隶属度能更好决策。

综上所述，既有建筑节能改造市场发展中 ESCO 驱动力作用效益受到多因素影响，有必要以多层次、多指标的方式揭示其内在关联性，由此，对既有建筑节能改造市场发展中ESCO驱动力作用效益进行模糊综合评价，可使最终做出的评价结果较为科学。

5.2.3 模糊综合评价实施过程

模糊综合评价对于解决主观因素影响及客观遇到模糊现象问题较为有效，通过运行该评价模型可将各种主观因素量化，从而进行定量分析，其具体实施流程如下：

（1）确立评价因素集和权重集。

首先，需设定 $U = \{u_1, u_2, \cdots, u_m\}$ 为因素集，后续的过程则是让任何一个因素 U_i 依次细致地划分成为不同的等级 U_{ij}，$U_i = \{u_{i1}, u_{i2}, \cdots, u_{in}\}$，而 U_{ij} 所表达的含义是：第 i 个因素的第 j 个等级 ($i = 1, 2, \cdots, m; j = 1, 2, \cdots, n$)。确定等级权重 $W_i = (w_{i1}, w_{i2}, \cdots, w_{in})$，其中 $\sum_{i=1}^{m} \sum_{j}^{n} w_{ij} = 1$，确定因素权重集 $W = (w_1, w_2, \cdots, w_m)$，其中 $\sum_{i}^{m} w_i = 1$。

（2）建立评语集。

设定级别和总评的总量为 P 个，$V = \{v_1, v_2, \cdots, v_p\}$ 是评语集，其中，第 k 个总评价结果用 V_k 来表示。

（3）一级模糊综合评价。

此时，若设定评价对象按第 i 个因素的第 j 个等级 U_{ij} 评价，则第 k 个元素的隶属度 r_{ijk} ($i = 1, 2, \cdots, m; j = 1, 2, \cdots, n; k = 1, 2, \cdots, p$)，第 i 个因素的反应矩阵为

$$R_i = \begin{bmatrix} r_{i11} & r_{i12} & \cdots & r_{i1p} \\ r_{i21} & r_{i22} & \cdots & r_{i2p} \\ \vdots & \vdots & & \vdots \\ r_{im1} & r_{im2} & \cdots & r_{imp} \end{bmatrix} \quad (i = 1, 2, \cdots, m)$$

。一级模糊综合评价集为：$B_i = W_i \cdot R_i =$

$$(w_{i1}, w_{i2}, \cdots, w_{in}) \cdot \begin{bmatrix} r_{i11} & r_{i12} & \cdots & r_{i1p} \\ r_{i21} & r_{i22} & \cdots & r_{i2p} \\ \vdots & \vdots & & \vdots \\ r_{in1} & r_{in2} & \cdots & r_{inp} \end{bmatrix} = (b_{i1}, b_{i2}, \cdots, b_{ip})。$$

（4）二级和多级模糊综合评价。

第5章 既有建筑节能改造市场发展中 ESCO 驱动力作用效益评价与优化策略

$$R = \begin{bmatrix} B_1 \\ B_2 \\ \vdots \\ B_m \end{bmatrix} = \begin{bmatrix} W_1 \cdot R_1 \\ W_2 \cdot R_2 \\ \vdots \\ W_m \cdot R_m \end{bmatrix} = (r_{ik})_{m \times p}$$ 是二级模糊综合评价的单因素评价矩阵，

其中，$B = W \cdot R = W \cdot \begin{bmatrix} W_1 \cdot R_1 \\ W_2 \cdot R_2 \\ \vdots \\ W_m \cdot R_m \end{bmatrix} = (b_1, b_2, \cdots, b_p)$ 为反应矩阵。针对前期所提及的多级模糊综合评价法来分析，可得最终答案。

从最底层评价因素开始，逐层向上，本书根据需要，构建三级模糊综合评价模型。

（5）评价结果综合判定。

为了让整个研究过程更加便捷，需要单值化处理的是模糊综合评价结果向量，最开始需要假定 P 个等级依次赋值，那么评价结果单值化就是 $C = \dfrac{\sum\limits_{j=1}^{p} b_j^k c_j}{\sum\limits_{j=1}^{p} b_j^k}$，$k$ 为待定系数，一般取值为 1。

5.3 既有建筑节能改造市场发展中 ESCO 驱动力作用效益评价算例分析

5.3.1 市场背景介绍

我国既有建筑节能改造市场处于发展阶段，长期以来，政府作为市场参与主体与监管主体一直是市场发展的主导力量，这使得既有建筑节能改造市场迅速从萌芽阶段跨入发展阶段，但同时也导致市场内部其他主体依赖政府带动，缺乏市场内部动力。基于市场治理理论，从主体动力视角出发，可以了解处于发展阶段的既有建筑节能改造市场必须调动市场内部各个主体的活力,以主体动力协同作用促进既有建筑节能改造市场发展。在此前提下,必须了解既有建筑节能改造市场内部主体动力作用的目前状态,下面从既有建筑节能改造市场核心供给主体 ESCO 视角出发,评价其在市场发展中的驱动力作用效果,即进行既有建筑节能改造市场发展中 ESCO 驱动力作用效益评价。

5.3.2 评价实施过程

1. 建立评价因素集和权重集

因素集 $U = (U_1, U_2, \cdots, U_n)$,将 U 细分成 U_1,U_2,U_3 三个因素子集,具体含义为:U_1 表示经济效益;U_2 表示环境效益;U_3 表示社会效益。

U_1,U_2,U_3 为第一集因素;U_{11},U_{12},U_{13},U_{14},U_{15},U_{16},U_{17},U_{21},U_{22},U_{23},U_{31},U_{32},U_{33},U_{34},U_{35} 为第二集因素。

评价指标权重集由 AHP 方法确定(见表 5-4),$W = (0.633, 0.106, 0.261)$,$W_1 = (0.176, 0.166, 0.157, 0.334, 0.076, 0.053, 0.038)$,$W_2 = (0.164, 0.539, 0.297)$,$W_3 = (0.066, 0.350, 0.133, 0.271, 0.181)$。

2. 建立 ESCO 驱动力作用效益评语集

评语集的评价对象是既有建筑节能改造市场发展中 ESCO 驱动力作用效益,设评语集 $V = (v_1, v_2, v_3, v_4, v_5) = \{$很好,较好,一般,较差,很差$\}$,相应测评标度为 $V = (5, 4, 3, 2, 1)$。评语集反映出既有建筑节能改造市场发展状态及 ESCO 驱动力作用效果。

3. 一级模糊综合评价

邀请 20 位业内专家,通过问卷调查,分别对现阶段既有建筑节能改造市场发展中 ESCO 驱动力作用效益进行打分,得到以下单因素模糊评价矩阵

$$R_1 = \begin{bmatrix} 0.35 & 0.25 & 0.2 & 0.2 & 0 \\ 0.3 & 0.3 & 0.2 & 0.15 & 0.05 \\ 0.4 & 0.3 & 0.1 & 0.1 & 0 \\ 0.4 & 0.3 & 0.1 & 0.1 & 0 \\ 0.2 & 0.25 & 0.3 & 0.15 & 0.1 \\ 0.2 & 0.2 & 0.35 & 0.1 & 0.15 \\ 0.1 & 0.2 & 0.3 & 0.25 & 0.15 \end{bmatrix}$$

$$R_2 = \begin{bmatrix} 0.2 & 0.2 & 0.25 & 0.2 & 0.15 \\ 0.3 & 0.2 & 0.25 & 0.15 & 0.1 \\ 0.3 & 0.25 & 0.25 & 0.1 & 0.1 \end{bmatrix}$$

$$R_3 = \begin{bmatrix} 0.35 & 0.25 & 0.25 & 0.1 & 0.05 \\ 0.3 & 0.25 & 0.25 & 0.15 & 0.05 \\ 0.25 & 0.25 & 0.2 & 0.2 & 0.1 \\ 0.2 & 0.2 & 0.3 & 0.2 & 0.1 \\ 0.2 & 0.25 & 0.3 & 0.15 & 0.1 \end{bmatrix}$$

采用 $M(\cdot, +)$ 模糊算子计算得

$$\underset{\sim}{B}_1 = W_1 \cdot R_1 = (0.176, 0.166, 0.157, 0.334, 0.076, 0.053, 0.038) \begin{bmatrix} 0.35 & 0.25 & 0.2 & 0.2 & 0 \\ 0.3 & 0.3 & 0.2 & 0.15 & 0.05 \\ 0.4 & 0.3 & 0.1 & 0.1 & 0 \\ 0.4 & 0.3 & 0.1 & 0.1 & 0 \\ 0.2 & 0.25 & 0.3 & 0.15 & 0.1 \\ 0.2 & 0.2 & 0.35 & 0.1 & 0.15 \\ 0.1 & 0.2 & 0.3 & 0.25 & 0.15 \end{bmatrix}$$

$= (0.3374, 0.2783, 0.1703, 0.1355, 0.0296)$

同理可得

$\underset{\sim}{B}_2 = (0.2836, 0.2149, 0.25, 0.1443, 0.1082)$

$\underset{\sim}{B}_3 = (0.2518, 0.2367, 0.2662, 0.1671, 0.0793)$

4. 二级模糊综合评价

根据模糊综合评价结果,采用 $M(\cdot, +)$ 模糊算子计算如下

$$\underset{\sim}{B} = W \cdot R = W \cdot \begin{bmatrix} B_1 \\ B_2 \\ B_3 \end{bmatrix} = (0.2093, 0.2407, 0.2027, 0.1446, 0.0809)$$

5.3.3 评价结果分析

$\underset{\sim}{B}$ 为既有建筑节能改造市场发展中 ESCO 驱动力作用效益评价结果,将评语集 $V = (v_1, v_2, v_3, v_4, v_5) = \{$很好,较好,一般,较差,很差$\}$ 中的因素量化,分别赋值 100,80,60,40,20,加权平均计算过程如下

$V = 100 \times 0.209\,3 + 80 \times 0.240\,7 + 60 \times 0.202\,7 + 40 \times 0.144\,6 + 20 \times 0.080\,9 = 52.80$

进一步计算二级指标的模糊评判数值,可得 $V_1 = 50.234$,$V_2 = 53.319$,$V_3 = 51.371$。其中,V_1,V_3 两个指标值得分均低于综合评价值。

通过多级模糊综合评价结果可知,我国既有建筑节能改造市场发展中 ESCO 驱动力作用效益评价结果为 52.80,该分值在"一般"和"较差"之间,且稍偏向于"一般"。该结果表明,尽管在国家政策扶持以及市场需求驱使下,ESCO 取得良好发展,但从市场主体动力视角出发,ESCO 群体对既有建筑节能改造市场发展的驱动力作用仍处于一般状态,具有很大的优化空间。

5.3.4 ESCO 驱动力作用效益提升路径

结果表明,"经济效益"和"社会效益"指标的得分值较低,表明 ESCO 在驱动既有建筑节能改造市场发展过程中对经济效益和社会效益的提升不明显,若要提高既有建筑节能改造市场发展中 ESCO 驱动力作用效益及市场发展水平,可以从基于 ESCO 驱动力的既有建筑节能改造经济效益和社会效益两方面着手提升 ESCO 驱动力,具体的 ESCO 驱动力作用效益提升路径建议如下:

1)在隶属于"经济效益"指标的三级指标中,"节能改造经济贡献率""绿色改造经济效率""节能服务产业产值年均增速""产业结构升级"4 个指标占有较高权重,因此,从经济效益方面提升既有建筑节能改造市场发展驱动效益应主要从这几个方面着手。从 ESCO 自身角度出发,企业应重视市场拓展,加强改造能力,提升节能改造产值。从节能服务产业角度出发,宏观层面应重视产业组织结构的优化,构建节能服务企业间良性竞争、合作共赢的市场秩序,避免过度竞争导致的资源浪费,防止垄断竞争造成的资源低效率,形成产业内部分层化的竞争格局,提高产业集中度,发挥规模经济效应,增强产业内部分工协作,提升节能服务产业产值。

2)在隶属于"社会效益"指标的三级指标中,"社会就业增量""技术改进数量""专利申请数量"3 个指标占有较高权重,因此,从社会效益方面提升既有建筑节能改造市场发展驱动效益应主要从这几个方面着手。首先,ESCO 应重点关注自身核心能力的构建,从技术创新、人才培养、企业管理等方面提升实力。其次,ESCO 应承担相应社会责任,在生产过程中强调对环境、消费者以及社会的贡献,采取文化建设、推进科技发展、提高就业岗位供给等系列举措,加强 ESCO 驱动过程中产生的社会效益。

5.4 国内外既有建筑节能改造市场发展中 ESCO 驱动力实践分析与启迪

5.4.1 国外既有建筑节能改造市场发展中 ESCO 驱动力运行实践经验与特征

建筑能耗控制一直是世界各国关注的重点问题，提高既有建筑节能改造市场运行效率，激发市场主体动力是美、日等发达国家提升建筑用能效率的重要途径，以下重点从 ESCO 行为规制、ESCO 核心能力构建、多元化激励政策等方面对既有建筑节能改造市场发展中 ESCO 驱动力运行进行探析。

1. 多层次行为规制，保障 ESCO 驱动力运行有效

发达国家通过制定法律法规、设置监管机构等方式对 ESCO 的市场行为进行全面监管，规范 ESCO 市场行为，为 ESCO 对既有建筑节能改造市场发展实施驱动力奠定基础。美国将市场准入机制纳入建筑节能法律法规体系，一方面从源头上提高 ESCO 的能力，另一方面将可能产生投机行为的 ESCO 排除出既有建筑节能改造市场。日本环境省将第三方检测环节纳入既有建筑节能改造实施全过程中，一方面以精准的数据形式使业主获悉自身节能具体效果，另一方面有效规避 ESCO 提供不合格节能产品，使 ESCO 市场行为规范化发展。英国政府积极培育节能服务行业协会，其主要由政府和节能服务产业内部分 ESCO 代表构成，定期更新节能标准及规范，并对 ESCO 市场行为进行管理，有效约束 ESCO 市场行为。发达国家既有建筑节能改造市场发展中 ESCO 行为规制如图 5-1 所示。

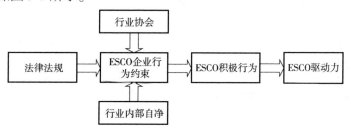

图 5-1　发达国家既有建筑节能改造市场发展中 ESCO 行为规制

2. 构建 ESCO 核心竞争力，提升 ESCO 驱动力运行效果

发达国家的 ESCO 注重以核心能力构建为基础，提升企业自身能力，进而在市场发展过程中实现其驱动作用。德国 ESCO 注重以技术创新提高核心能力，从而驱动既有建筑节能改造市场发展。日本 ESCO 注重人才培养，通过培养节能服务产业技术人才及综合性管理人才，实现 ESCO 对既有建筑节能改造市场发展的驱动力。美国 ESCO 重视企业战略规划及经营理念的更新迭代，通过企业内部环境的优化提高核心能力，从而驱动既有建筑节能改造市场发展。发达国家既有建筑节能改造市场中 ESCO 核心能力构建如图 5-2 所示。

图 5-2　发达国家既有建筑节能改造市场中 ESCO 核心能力构建

3. 完善多元主体激励机制，促进 ESCO 驱动力运行

发达国家针对 ESCO 的经营发展制定了一系列激励措施并灵活组合实施激励，实现激发 ESCO 改造积极性的目标，进而释放 ESCO 对市场发展的驱动力。日本政府重视技术创新的激励措施，通过财政资金支持节能技术开发，如对"国家的节能技术开发项目"等提供补贴，从而增强 ESCO 改造积极性。美国建立专项资金以鼓励建筑节能技术研发，对节能技术研发经费年投入达 30 亿美元；为降低私人企业研发技术带来的风险及成本，政府对技术研发项目予以 50%~80% 的资金补助，有效降低企业技术研发投资风险及外部成本，保证了技术研发活动的持续性。德国联合银行利用国家担保和补贴建立节能专项基金，并推出"CO_2 减排项目"和"CO_2 建筑改建项目"为 ESCO 提供低息贷款，有效解决 ESCO 融资困难问题，提高 ESCO 改造积极性。

5.4.2　我国既有建筑节能改造市场发展中 ESCO 驱动力运行问题分析

1. 激励政策与 ESCO 需求不匹配

ESCO 需求的多样性决定具有针对性的激励政策是促进市场发展的有效手段。在市场发展初期，既有建筑节能改造核心供给主体 ESCO 普遍存在规模小、

第5章 既有建筑节能改造市场发展中 ESCO 驱动力作用效益评价与优化策略

经营风险大、投资回收期长、自有资金不足等问题,直接导致 ESCO 融资困难,针对 ESCO 融资问题出台相应的激励政策是解决 ESCO 发展痛点的关键。然而,我国现行激励政策《合同能源管理财政奖励资金管理暂行办法》和《关于促进节能服务产业发展增值税、营业税和企业所得税政策问题的通知》仅规定了对采用合同能源管理项目的 ESCO 给予资金补贴及税收优惠,尽管发挥一定作用,但没有从根本上解决 ESCO 资金来源问题,远远不能弥补 ESCO 庞大的资金缺口,激励力度及需求针对性都有待提高。

2. 既有建筑节能改造市场有效需求不足

市场内部有效需求是以经济利益为目标导向的 ESCO 行为驱动的根源,需求不足将导致 ESCO 市场行为消极,进而难以形成 ESCO 对既有建筑节能改造市场发展的驱动力。有效需求不足可以归结为4个方面的原因:

1)以政府投资为主要形式推进既有建筑节能改造工作忽略了市场对既有建筑节能改造的作用,其本质是政府行为,导致业主对政府包办形成依赖心理、显性需求不足。

2)能源价格体系构建不合理,供热计量改革仍未全面实施,内在决定了业主行为节能意识不足,不能从根本上建立业主主动寻求节能服务的心理,节能改造需求隐性化问题严重。

3)民用建筑产权关系复杂导致既有建筑节能改造组织实施主体模糊,《中华人民共和国物权法》规定既有建筑物的业主享有该建筑物的改造权利,对于房屋公共部分改造需经2/3业主许可后实施,多主体决策提高了改造难度,降低了业主改造意愿。

4)社会范围内的节能意识缺失是致使节能需求不足的根本原因。

3. ESCO 核心竞争力缺失

ESCO 核心竞争力是保证其发挥对既有建筑节能改造市场发展驱动力运行的内部要因。由于 ESCO 核心竞争力缺失导致其对市场驱动作用不足,主要表现在以下几个方面:

1)在融资能力方面,ESCO 面临的首要问题是为业主解决资金筹集问题,仅依靠 ESCO 自有资金不足以支撑耗资巨大的既有建筑节能改造项目,必须通过资本市场进行融资。但 ESCO 缺乏可抵押的固定资产、信用等级偏低,导致 ESCO 融资困难。

2)在技术研发方面,创新的技术是提高企业市场竞争力的关键,但 ESCO

自身研发团队构建不合理、专项资金规划不足决定了企业技术研发能力薄弱。

3）在资源整合能力方面，既有建筑节能改造项目实施过程复杂，涉及主体众多，内在要求 ESCO 要注重资源的整合，但大部分 ESCO 与上下游企业连接不紧密、资源分散，没有形成供应链间企业合作关系。ESCO 应增强自身核心竞争能力，不仅是提升自身的市场竞争力，而且更要为驱动既有建筑节能改造市场发展做出贡献。

4. ESCO 市场准入机制尚未形成

ESCO 市场准入机制是改善市场主体要素、增强节能服务专业化水平，提升 ESCO 群体对既有建筑节能改造市场驱动作用的有效途径。尽管近年来我国已加强对进入既有建筑节能改造市场的 ESCO 进行评价及审核工作，但关于 ESCO 市场准入问题，市场准入法尚没有针对性的制度配合，相关法律可操作性不强。2015 年起，节能服务行业协会组织（EMCA）开始开展节能服务企业评级工作，对参与评级的 ESCO 注册资金、员工人数、项目经验等方面进行综合评价，并颁发相应级别证书。目前，已有 104 家 ESCO 通过评级制度获得 ESCO 等级证书认证。这一工作在一定程度上改善了既有建筑节能改造市场供给主体的服务质量。但是，这一数值距离国家发展改革委备案的 3210 家 ESCO 仍有较大差距，市场准入机制应承担起从源头把控市场供给主体 ESCO 质量的作用，形成严进严出的市场准入机制，进而提升 ESCO 服务能力，驱动既有建筑节能改造市场发展。

5.4.3 国内外 ESCO 驱动力运行实践对比分析与启示

1. 国内外 ESCO 驱动力运行实践对比分析

相比于发达国家，我国既有建筑节能改造市场发展中 ESCO 驱动力运行实践主要存在以下几点不足，见表 5-5。

表5-5 ESCO 驱动力运行实践国内外差异比较

	发达国家	我国
市场准入制度	发达国家采取严格的市场准入机制，将市场以企业服务类型方式细分，并从技术、专业人员、从业年限、管理能力等角度考察不同类型企业的综合能力并授予相应等级的资质认证。此外，资质认证具有有效期限，相应管理机构会定期对 ESCO 进行资质评估	我国 ESCO 资质认证主要通过行业协会实现，但目前并没有强制要求企业参与评估

第 5 章 既有建筑节能改造市场发展中 ESCO 驱动力作用效益评价与优化策略

（续）

	发达国家	我国
激励政策	采取多元化激励政策，包括税收优惠、财政补贴、专项基金、融资组合等，并且每种激励形式的内容都具有极强的针对性及可操作性，针对不同的节能改造项目，激励力度掌握灵活	主要采取财政补贴的激励形式，较为单一。贷款贴息、税收优惠等形式尚未落实，且激励力度普遍偏小，不足以实现外部性内部化，难以调动 ESCO 积极性
市场需求	发达国家采取供热计量收费制度，并且节能意识浓厚，建筑节能改造市场显性需求较多，实现节能服务市场化发展	业主节能意识缺失、产权不明晰、依赖政府投资等因素导致市场显性需求较少，致使 ESCO 市场行为消极
ESCO 核心能力	注重技术创新、人才培养、企业综合管理、发展战略、产业链整合等多方面多维度的企业内部核心能力提升	由于资金紧张、节能改造项目实施困难、技术扩散效应不明显、产业集中度较低等因素导致 ESCO 的需求层次提升较慢，致使 ESCO 对企业内部核心能力构建并不积极，也直接导致其对既有建筑节能改造市场的驱动力不足

2. 国外既有建筑节能改造市场发展中 ESCO 驱动力运行实践的有益启迪

我国应借鉴发达国家成功经验，通过政策实施与企业能力提升共同作用强化 ESCO 驱动力运行效果，实现对既有建筑节能改造市场发展的驱动作用。设置节能服务市场准入机制，促使企业将资源集中在专业领域，从而有助于企业实力提升；使业主更加精准地选择服务企业；实施多元化激励政策，解决 ESCO 发展痛点，加速企业发展，进而提高既有建筑节能改造市场运行效率；通过政府宣传等方式提升社会节能意识，激活有效需求，优化市场环境，促进供需平衡，支持 ESCO 发展；ESCO 发展重点调整至核心能力构建，从技术、人才、管理等方面提升自身实力，加强既有建筑节能改造市场发展的驱动力运行效果。

5.5 既有建筑节能改造市场发展中 ESCO 驱动力运行优化架构

5.5.1 既有建筑节能改造市场发展中 ESCO 驱动力运行优化原则

考虑既有建筑节能改造市场发展中 ESCO 驱动力作用效益，对既有建筑节能改造市场发展中 ESCO 驱动力作用优化应遵循导向性原则、有效性原则、灵活性原则、共赢原则。

(1) 导向性原则。

ESCO 驱动力运行优化设计应在促进既有建筑节能改造市场发展方面发挥重要作用。ESCO 作为既有建筑节能改造市场核心实施主体，在市场发展不同阶段应调节并整合自身资源以实施不同结构的驱动力作用，促进既有建筑节能改造市场持续发展。

(2) 有效性原则。

有效性原则是为保证既有建筑节能改造目标的实现，针对市场发展中 ESCO 驱动力运行绩效提出的本质要求。ESCO 驱动力运行有效与否直接关系既有建筑节能改造市场发展水平，进而影响整体目标实现。

(3) 灵活性原则。

ESCO 驱动力运行机制优化设计应以实施阶段的灵活性为原则，伴随既有建筑节能改造工作实施进度、环境变换以及市场发展演进不同阶段的动力需求进行调整和完善。

(4) 共赢原则。

ESCO 驱动力作用优化设计应同时考虑市场多元主体的动力协同性，以共赢原则为基础。市场运行过程中必然存在政府、ESCO、业主等主体的互动关系，以协调各方为前提提升 ESCO 驱动力作用，促使主体目标相容，使多主体达到互利共赢状态，有助于形成主体合力，促进既有建筑节能改造市场发展。

5.5.2 既有建筑节能改造市场发展中 ESCO 驱动力运行优化设计

既有建筑节能改造市场发展中 ESCO 驱动力运行优化的本质在于各关键要素的协同优化，探索不同关键要素的优化机制及各要素之间的组合优化关系，是实现既有建筑节能改造市场发展中 ESCO 驱动力运行优化的根本要求。

1. 基于外部环境改善的 ESCO 驱动力运行优化设计

ESCO 外部环境的改善是内部要素整合提升的基础，是 ESCO 驱动力运行的前提。ESCO 外部环境可分为市场环境、政策环境及产业环境，这些外部环境的改善可以通过诱导、唤起、驱动以及转化成为企业内部要素整合的动力，进而促使 ESCO 对既有建筑节能改造市场发展的驱动力运行。若 ESCO 外部环境欠完善，即使 ESCO 内部要素优化，也无法实现 ESCO 驱动力运行对既有建筑节

第5章 既有建筑节能改造市场发展中 ESCO 驱动力作用效益评价与优化策略

能改造市场发展的作用和效果。ESCO 外部环境要素主要包括：绿色发展方式转变、产学研合作平台、市场需求、市场竞争、科技进步、政策法规等。市场需求是 ESCO 运行的根本，是满足其经济利益目标的基础，只有当市场内存在显性需求，ESCO 的逐利性行为才能获得明确的方向，从而实现市场的供需平衡，促进市场良性运行。

市场竞争是实现企业优胜劣汰及生产要素优化配置的环节，可有效调动企业积极性，促进企业自主创新能力，加速节能技术升级，进而提升企业实力并促进节能服务产业发展，以此强化 ESCO 驱动效果。科技进步为 ESCO 的项目实施及运营提供技术保障与支撑，降低初创 ESCO 进入节能服务行业的技术壁垒，并为产业技术创新起到示范性作用，促进产业技术创新，增加市场要素供给，促进既有建筑节能改造市场发展。政策环境的改善是 ESCO 发展的基础，节能改造项目实施的外部性决定 ESCO 经营行为乏力，采取针对性的税收优惠、资金补贴、融资担保可提升 ESCO 的改造积极性；由于节能改造技术具有复杂性及节能效果度量具有困难性，因此制定市场准入机制、监管机制、相关法律法规可有效规避 ESCO 可能发生的不良行为，引导其形成积极的市场行为，提升 ESCO 驱动力运行效果。产学研合作平台的搭建促进科研成果转化，加强行业内部交流，对 ESCO 技术创新、人才引进、发展战略等多方面产生正向影响，进而促进 ESCO 驱动力运行效果提升，推动既有建筑节能改造市场发展。绿色发展方式转变是未来经济发展方向，该发展理念也推动着企业发展思路的转变，提升企业改造积极性，促进企业内部良性运行。此外，产学研合作平台的搭建及绿色发展方式的转变也对市场需求、市场竞争、科技进步、政策法规制定形成影响，共同推动 ESCO 内部要素整合，进而促进既有建筑节能改造市场发展中 ESCO 驱动力的运行效果。

2. 基于内部要素整合的 ESCO 驱动力运行优化设计

ESCO 内部要素整合提升是 ESCO 驱动力运行的关键。企业的逐利行为是 ESCO 内部要素提升的根本，外部环境的改善既可约束 ESCO 逐利过程中的不良行为，也可为 ESCO 的成长提供基础条件。经济利益是 ESCO 内部要素整合提升的首要条件，从这个层面出发，外部环境对 ESCO 内部要素提升的作用可表现为：市场需求是经济利益的来源；市场竞争影响企业利润分配；科技进步提升 ESCO 获得利润的可能性；政策法规提高 ESCO 的利润水平。在 ESCO 内部要素整合提升的过程中，经济利益促发企业家精神，由此，一方面趋向于企业核心能力构建，另一方面趋向于企业发展自律。

ESCO 核心能力构建促使 ESCO 规模扩张，进而提升 ESCO 综合实力。且发展自律可促使 ESCO 产生社会责任履行行为，增强企业社会认可度，进而提升 ESCO 综合实力。

ESCO 外部环境改善为企业发展提供基础，并约束企业经营行为，引导其产生自律性，加速 ESCO 内部要素整合提升过程，与此同时，ESCO 内部要素的整合提升最终会增强企业实力。ESCO 内部环境与外部环境的协同优化最终会引导 ESCO 驱动力运行，由此推动对既有建筑节能改造市场的发展。既有建筑节能改造市场发展中 ESCO 驱动力运行优化设计如图 5-3 所示。

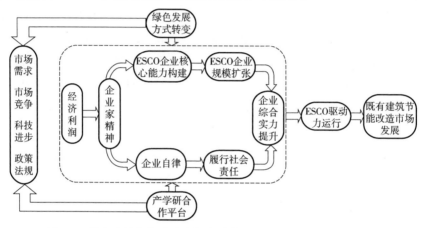

图 5-3　既有建筑节能改造市场发展中 ESCO 驱动力运行优化设计

5.6　既有建筑节能改造市场发展中 ESCO 驱动力作用优化实施策略

为推动既有建筑节能改造市场发展中 ESCO 驱动力运行有效实施，进而促进既有建筑节能改造市场发展，从政策环境改善、产业环境支撑及 ESCO 内部环境提升 3 个方面提出了 ESCO 驱动力运行优化实施对策。

5.6.1　基于政策环境支撑的 ESCO 驱动力作用优化实施策略

1. 完善相关法律法规与节能标准体系

ESCO 驱动力运行的基础在于健全的法律法规建设。制定针对合同能源管理的法律，从制度目标、制度内容、程序规定及法律责任等方面确立行业标准以

第5章 既有建筑节能改造市场发展中 ESCO 驱动力作用效益评价与优化策略

及相应的法律责任；建立针对 ESCO 的相关法律法规；制定 ESCO 与业主双方签订服务合同的模板和范式、改造前后对节能量的检测和认定标准、ESCO 市场准入门槛等，从而使既有建筑节能改造市场内 ESCO 群体实力增强，明确 ESCO 在既有建筑节能改造中的主体地位，规范 ESCO 在项目实施及市场运作过程中的行为，为 ESCO 快速发展保驾护航，进而促使 ESCO 产生对既有建筑节能改造市场发展的驱动力作用。

2. 强制实行建筑节能标识制度

目前，能效标识制度已经在电器行业实施，并取得了良好的效果，但在建筑能效标识方面还没有具体落实。建筑能效标识是推进既有建筑节能改造事业的重要措施，是加强既有建筑节能改造市场透明度的有效办法，并且在美国、日本等发达国家已经取得了成功验证。建筑能效标识制度是基于行业统一标准对建筑能效信息进行统计并披露的过程，这一举措可使业主清楚掌握建筑的能耗情况，并促使业主了解更多能耗指标，了解特定建筑的改造潜力，这一环节可有效降低市场的信息不对称情况，提升业主对既有建筑节能改造市场及 ESCO 的信赖度，可在一定程度上完善市场机制并刺激节能改造需求。对此，国家应出台相应政策以确保建筑能效标识制度尽快落地，通过市场经济调动业主改造积极性，促进市场内部供需平衡，激发 ESCO 改造动力，为其驱动力运行提供环境基础。

3. 完善对 ESCO 的财税支持体系

资金来源是制约 ESCO 发展的主要障碍，完善的财税支持体系可以解决 ESCO 的发展痛点，提升其市场活力，促使既有建筑节能改造市场发展中 ESCO 驱动力运行，具体措施如下：

1）财政投入政策。既有建筑节能改造市场具有经济外部性特征，合理的财政投入政策能够引导市场多元化发展，刺激 ESCO 改造积极性。技术研发投入是 ESCO 服务能力提升的关键，也是既有建筑节能改造市场发展的重要因素，对改造技术实施财政补贴政策可有效提升 ESCO 技术创新积极性，并优化改造市场。技术补贴主要针对新产品及新技术研发工作，政府可制定相应条件，在此基础上筛选合格的 ESCO 提供技术补贴，一方面可以扶持 ESCO 提升企业核心能力，另一方面也可促进既有建筑节能改造市场的良性发展。

2）税收优惠政策。目前，既有建筑节能改造相关税收优惠政策尚未明确，为进一步推动既有建筑节能改造工作，加速改造市场运行，政府有必要制定合理的税收优惠政策，一方面可以尽快培育一批优质的 ESCO，另一方面也有利于对既有建筑节能改造市场行为进行引导。具体而言，笔者认为可针对节能改造技术研发给予税后优惠。

5.6.2 基于 ESCO 内部环境提升的 ESCO 驱动力作用优化实施策略

（1）加强 ESCO 的人才培养与管理。

人才是促进 ESCO 发展的关键因素。既有建筑节能改造项目涉及多方面知识与多环节工作，若缺少行业人才支持则无法保障 ESCO 发展。为引进专业人才，ESCO 应与高校及科研单位合作，一方面支持项目开展，另一方面也可合力培养人才，持续为行业输出优质人才。另外，ESCO 应通过再培训不断提高从业人员的认知能力、技术素质和管理素质，培养与时俱进的人才，提升 ESCO 能力。其次，应重视将节能服务行业与职称证书挂钩，如一级能源审计师、一级能源管理师，以此激发人才的积极性，提升人才培养水平，进而增强 ESCO 实力，促使其对既有建筑节能改造市场发展的驱动力运行有效。

（2）建立绿色改造技术"产+学+研"合作模式。

自主技术及新产品研发是提升 ESCO 实力的根本，是促使企业对既有建筑节能改造市场发展驱动力运行的关键。作为技术密集型行业，ESCO 仅依靠进口集成产品和常用技术引进不足以确立自身竞争优势，有必要通过技术创新迭代实现这一目标。由于目前我国 ESCO 多属于中小企业，其发展受制于自身资源的局限性，在自身资金不足和技术不达标的情况下，ESCO 有必要通过和高校及科研院所合作，形成"产+学+研"合作模式，加速科研成果转化，促进ESCO 取得重大技术突破，实现以技术创新增强企业实力。另外，ESCO 在自身技术的基础上应注重综合技术的整合与应用，提升改造项目实施效果，实现市场拓展，从而获得更多经济收益。

5.6.3 基于产业环境改善的 ESCO 驱动力作用优化实施策略

（1）协同发展，构建产业战略联盟。

ESCO 规模小，缺乏资金、技术、人才等资源，致使 ESCO 无法承接综合性改造项目。节能改造是一项系统性工程，每个环节都需要实施主体具备强大的技术改造和综合项目管理能力，中小型 ESCO 无法独立承担项目。目前我国节能服务企业已超过 4000 多家，不同的企业在核心技术和资源分布等方面各不相同，具有差异性和互补性。根据项目的不同、改造技术的不同、运营管理的不同，与产业内的其他企业构成产业联盟，"打包合作"，优势互补，共同承担；一方面，产业联盟通过整合企业优势资源有助于提升节能服务产业竞争力，加速既有建筑节能改造市场发展；另一方面，产业联盟内部企业可以通过向其他企业学习或多方共同学习以开发新知识，在此过程中将获取的知识、管理能力及社会关系网络转化为企业自身能力，提高 ESCO 发展速度，促使 ESCO 对既有建筑节能改造市场发展驱动力运行有效。

（2）完善产业体系，降低企业成本。

降低 ESCO 生产成本、提高利润空间是 ESCO 发展的根本目标，只有在此目标实现的基础上，其对市场发展驱动力作用才得以实现。从产业发展角度出发，要形成规模经济、降低成本、提升利润，完善产业体系是必由之路。首先，从优化节能服务产业组织结构出发，构建 ESCO 间良性竞争、合作共赢的市场秩序，避免过度竞争导致的资源浪费，防止垄断竞争造成的资源低效率，形成产业内部分层化的竞争格局，提高产业集中度，发挥规模经济效应，增强产业内部分工协作，为企业发展提供良性环境。其次，加速产业集群化发展，放宽节能服务产业相关政策，有针对性地实行税收优惠、贷款优惠、资金补贴等优惠政策，鼓励并引导企业进入节能服务市场以及相关行业领域，促进我国节能服务产业集群化发展。最后，促进产业融合发展，推动节能服务产业与其他产业间的相互渗透，拓宽产业发展边界，提高企业利润空间，提升 ESCO 积极性，以加速 ESCO 驱动力运行。

5.6.4 基于多元主体互动的 ESCO 驱动力作用优化实施策略

（1）构建市场多元主体合作平台。

既有建筑节能改造市场内部存在政府、ESCO、业主等主体，通过协调多元主体合作关系，有利于实现 ESCO 驱动力作用。政府应加大力度推进政产学研金合作平台构建，提高政府各部门、高等院校、科研院所、ESCO、金融机构等各方主体参与协作的意识，营造良好的互动合作氛围。同时相关政府部门要总结成功的政产学研金协作案例，树立典范，在舆论上引导各大主体积极参与合作平台，促进政产学研金合作平台持续、稳定的发展。制定对参与政产学研金合作平台的绩效评定、实验设备使用等方面的鼓励性政策。尽快完善关于合作中知识产权，合作纠纷、利益分配等法规，完善监督、协调机制等。政府有必要建立适当的协调机构，以此实现对政产学研金合作平台资金分配及合作方式的监督管理，进而促使各合作方之间达成稳定的组织关系，保证主体合作能够深入推进。

（2）提升多元主体动力耦合效应。

耦合（Coupling）是指两个及两个以上的系统互相影响联合的现象，是彼此依赖、协调与促进的动态关联关系，由此产生的增力作用即为耦合效应。既有建筑节能改造市场内部存在政府、业主、ESCO 等主体，其中各个主体亦是既有建筑节能改造市场发展的动力源。在既有建筑节能改造市场发展进程中，政府对其产生引擎力作用，从宏观层面对市场发展及市场内部其他主体形成引导作用，进而形成对市场发展的引擎力作用；业主是既有建筑节能改造市场发展的内原动力，作为市场需求主体，通过意识提升、行为改善等方式逐步将市场内部潜在需求显性化，形成来源于业主需求的市场发展内原动力；ESCO 对既有建筑节能改造市场发展产生驱动力作用，市场核心供给主体 ESCO 以价值最大化为根本诉求，在政府引擎力与业主内原动力发挥作用促使市场企业利润空间提升的基础上，ESCO 市场活跃度逐渐增强，形成对既有建筑节能改造市场发展的驱动力作用。

然而，既有建筑节能改造市场发展进程中主体动力并非单一存在，而是多元主体动力共存形成耦合联动效应，由此对既有建筑节能改造市场发展产生动力作用，一方面，多元主体动力耦合效应是影响单一主体动力形成的主要因素，与此同时，也是加速市场发展的关键。因此，提升既有建筑节能改造市场内部多元主体动力耦合效应一方面有助于 ESCO 发挥其对市场发展的驱动力作用，另一方面也对既有建筑节能改造市场发展产生关键作用。识别既有建筑节能改造市场发展不同阶段主导主体、耦合方式、耦合协同程度是提升多元主体动力耦合效应的根本，是促进既有建筑节能改造市场发展的关键要素。

5.6.5 基于信息平台拓展的 ESCO 驱动力作用优化实施策略

既有建筑节能改造市场发展进程中，进行信息平台拓展、实施信息披露机制，不仅有利于提高市场透明度、营造良性市场竞争环境，还有利于 ESCO 实现对既有建筑节能改造市场发展的驱动力作用。由 2.1.2 可知，信息不对称性是既有建筑节能改造市场的内在特性，同时也是制约市场良性运行的关键因素。信息不对称会导致 ESCO 产生道德风险，同时会造成业主的逆向选择现象，抑制 ESCO 对既有建筑节能改造市场发展的驱动力作用，致使既有建筑节能改造市场运行低效，阻碍市场发展。因此，发挥 ESCO 对既有建筑节能改造市场发展的驱动力作用并推动既有建筑节能改造市场高效运行，构建市场信息共享平台是必然要求。引导市场主体对信息平台拓展的重视程度，有利于信息的反馈与更新，协调主体间合作关系与信息传递效率，提升 ESCO 驱动力作用，推动市场持续发展。

5.6.6 基于 EPC 模式改进的 ESCO 驱动力作用优化实施策略

既有建筑节能改造 EPC 模式主要涵盖节能效益分享型、节能量保证型、能源费用托管型三类。发达国家由于其自身的市场经济体制较为成熟，节能政策体系较为完善，民众节能意识较强，因此，EPC 合同中的风险与成本分担都较为合理。

反观我国，既有建筑节能改造市场发展尚未成熟，节能改造项目社会参与度不高。因此，ESCO 往往需要主动承担项目绝大多数的风险并投入改造所需全部资金，进而吸引业主参与节能改造项目。然而，该模式直接导致 ESCO 过度承担项目风险，不仅使 ESCO 不堪重负，而且使业主的行为难以约束。在风险与收益不平衡的条件下，ESCO 参与既有建筑节能改造项目的积极性将显著降低，并将制约 ESCO 对市场发展的驱动力作用。因此，在现阶段，除了应继续完善既有建筑节能改造市场体制，为 ESCO 驱动力作用的实现营造良好的外部环境，还亟须针对我国既有建筑节能改造市场现状，对 EPC 模式实施改进，主要从风险共担和成本共担两个方面展开。

风险共担方面，有必要建立科学完备的风险共担机制，其中包含风险识别、评价及分配系统，按照各参与主体的风险承受能力将项目潜在风险合理分配给各个主体，并将所承担的风险与主体可获收益挂钩，完善风险共担奖惩机制，以合理的风险共担机制约束主体行为，提高 ESCO 的项目参与积极性。

成本共担方面，改造项目实施过程中应让业主承担一部分资金投入，同时，也可引入 PPP 模式，构建"EPC + PPP"模式，即引入政府投资，PPP 模式可以令 EPC 模式在更大投资规模的项目中发挥作用，且能够较好地解决 ESCO 的融资困境。合理的成本共担不仅能够有效分摊项目风险，约束业主行为，还能够缓解 ESCO 的资金压力，促使 ESCO 积极参与既有建筑节能改造市场的发展，为 ESCO 驱动力作用实现提供保障。

下 篇
（外在动力——政府作用力）

既有建筑节能改造市场发展中政府作用力实施机理

第6章 既有建筑节能改造市场运行特征与政府行为规律分析

多方利益相关主体参与的既有建筑节能改造,内在决定了市场健康发展的关键在于市场动态运行过程中多主体协同驱动下市场机制有序运行,而准确把握既有建筑节能改造市场运行的内在特性和市场的发展现状是深入研究既有建筑节能改造市场发展中政府作用机理的前提和基础。因此,本章将着眼于既有建筑节能改造市场运行特性与发展现状,剖析既有建筑节能改造市场主体构成及运行特征,界定既有建筑节能改造市场发育阶段,定位政府在不同市场阶段的职能,并分析我国在既有建筑节能改造实践过程中,市场发展的现状和主要问题,为探索既有建筑节能改造市场发展中政府作用实现的影响机理及改进策略的实施与优化等内容奠定基础。

6.1 既有建筑节能改造市场主体构成及运行特征

既有建筑节能改造市场较一般市场而言具有其特殊性,基于既有建筑节能改造市场自身特性,解析既有建筑节能改造市场主体构成,分析其市场运行内在特征,揭示市场运行的内在规律,可以为政府在建设既有建筑节能改造市场过程中发挥核心引领作用提供理论参考。

6.1.1 既有建筑节能改造市场主体构成

市场主体是驱动市场机制运行的动力源。基于市场主体动力视角,结合各主体在既有建筑节能改造市场中所从事的经济活动、享有的权利及应承担的义务,既有建筑节能改造市场可以划分为市场发展的核心动力主体与辅助动力主体,彼此相互扶持和制约,共同构成驱动既有建筑节能改造市场运行的复杂动力系统。核心动力主体主要包括ESCO、业主和政府,其中ESCO和业主作为既有建筑节能服务产业的供需主体,是既有建筑节能改造市场发展的根本,而政府作为市场发展的外在培育者,是确保市场有序运行的关键;辅助动力主体则主要指的是金融机构、科研院所以及第三方机构等相关主体,它们在既有建筑节能改造中主要的职能在于辅助核心主体,推动既有建筑节能改造事业顺利发展[7]。各主体的市场关系如图6-1所示。

政府对于既有建筑节能改造市场的发展具有举足轻重的地位,通过运用不同的政策工具作用于ESCO、业主及辅助性主体,与市场各主体之间存在复杂的关联关系。因此,在研究既有建筑节能改造市场发展中政府作用机理的过程之中,不能孤立或片面地看待政府,而应该充分考虑其与不同主体间的内在关系。下面从市场主体动力视角出发,具体分析既有建筑节能改造市场主要构成主体。

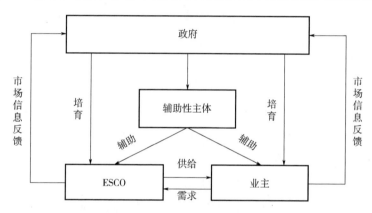

图6-1 既有建筑节能改造市场主体构成关系图

1. 市场发展的核心动力类主体

(1)政府——市场发展外在作用力。

政府作为既有建筑节能改造相关政策法规制定者、执行者、监督者和维护者,是创造良好市场环境,驱动市场健康运行的核心外在作用力。市场失灵理论指出,在垄断、外部性、信息不对称及公共品等因素的影响下,市场将会偏离理想化运行路径而产生市场失灵。面对市场失灵,仅靠市场机制进行自我矫正未必能确保市场健康运行,而通过政府进行合理的干预不仅能有效避免市场失灵,而且能确保市场机制良性运行[8]。既有建筑节能改造作为一种复杂系统工程,具有公共品、经济正外部性和信息不对称等特殊属性,政府作为既有建筑节能改造政策的制定者,具有引导、协调和监督市场的职能作用,是确保既有建筑节能改造市场健康运行的外在引擎。因此,如何有效发挥政府在既有建筑节能改造市场发展中的外在引擎作用，是未来我国推动既有建筑节能改造市场健康发展的关键，也是本书探究的重点。

（2）ESCO——市场发展内在驱动力。

ESCO作为既有建筑节能改造服务产业链的供给端，是推动市场机制运行的内在驱动力。随着合同能源管理（EPC）运作机制的引入与推广，我国既有建筑节能改造市场机制已逐步建立。在EPC运行模式下，ESCO凭借其自身专业及技术优势，为业主提供建筑能耗分析、能源审计、方案设计、节能项目融资、材料和设备采购以及施工总包等全过程的节能改造服务。

ESCO作为既有建筑节能改造市场的供给者，其节能服务水平与质量不仅影响业主的节能改造效益，而且直接决定了既有建筑节能改造服务产业的发展。就当前市场发展现状来看，我国既有建筑节能改造市场尚处于兴起阶段，ESCO以中小企业居多，市场信誉尚未建立，加之既有建筑节能改造具有前期投资大、后期收益回收期长的特点，导致ESCO在既有建筑节能改造实践中融资困难重重[9]。此外，EPC模式下ESCO几乎承担了项目的全部风险，严重挫伤了ESCO参与节能改造的积极性。因此，政府针对当前我国ESCO的现实情况，改善ESCO的融资环境、提升改造积极性，是有效发挥ESCO在既有建筑节能改造市场发展中驱动作用的关键。

（3）业主——市场发展内原动力。

业主作为既有建筑节能改造市场的需求主体，是否愿意进行节能改造是开展既有建筑节能改造的前提条件。业主是既有建筑节能改造最直接的利益相关方，通过对建筑中的围护结构、空调、采暖、通风、照明、供配电以及热水供应等能耗系统进行节能综合改造，不仅能提高其建筑的居住舒适度，而且能够减少能源费用的支出。

然而，就目前市场发展的实际情况来看，即使政府自改造以来实施了一系列经济激励措施，如财政补贴、税收优惠等，并且在EPC模式下ESCO承担了绝大部分的改造风险，但业主参与既有建筑节能改造的意愿并不强[10]。究其原因，首先，在于随着生活水平的不断提高，囿于高消费高支出的生活方式和惯性，人们对于节能改造所带来的效益不敏感；其次，业主在衡量节能改造效益和潜在成本时，鉴于自身专业水平和信息整合能力的劣势，且市场尚无可靠的信息作为决策依据，业主对于与ESCO合作存在疑虑，导致业主参与既有建筑节能改造的意愿较低。因此，激发既有建筑节能改造市场业主的积极性，是政府未来工作的重点之一。

2. 市场发展的辅助动力类主体

既有建筑节能改造市场辅助性主体众多，其虽不像ESCO、业主以及政府一样在市场发展中具有独一无二的不可替代特性，但也是确保市场正常运行的重要构成要素。既有建筑节能改造市场辅助性主体主要包括银行等金融机构、高校等科研院所、第三方权威认证及能效检测类组织。其中银行等作为依法成立的经营货币信贷业务的金融机构，是既有建筑节能改造事业的资金运转机构，在既有建筑节能改造市场发展中具有重要地位。高校等科研院所是既有建筑节能改造市场发展的软动力，是推动节能改造技术创新、产品研发、产业运行模式改进以及市场机制优化创新的主力军。而第三方权威认证机构与能效检测机构在既有建筑节能改造实践中，主要为市场发展和政策制定提供相关节能数据和参考信息，秉着客观、公正、独立的原则对节能改造水平和效益进行评估，对解决市场信息不对称具有重要作用。

6.1.2 既有建筑节能改造市场运行特征

1. 经济正外部性

经济学理论提出，经济正外部性指的是某个经济行为个体的活动使他人或社会受益，而经济行为个体却无法向受益人收取费用的经济溢出效应。既有建筑节能改造市场的经济正外部性是由既有建筑节能改造的准公共品属性决定的，也是既有建筑节能改造市场主体积极性不足的重要致因。

既有建筑节能改造是由市场需求主体——业主出资，针对建筑中的围护结构、空调、采暖、通风、照明、供配电以及热水供应等能耗系统进行的节能综合改造，不仅可以提高业主的居住舒适感和减少能源费用支出，而且能够有效降低建筑能源消耗和改善社会环境，为社会环境和国民经济可持续发展带来福利[11]。然而，社会在享受既有建筑节能改造所带来福利的同时，却并不需要为此而支付任何费用，所以从空间和时间维度来看，既有建筑节能改造不仅具有空间上的代内外部性，还在时间维度上存在明显的代际外部性。

市场经济正外部性是造成市场脱离最有效生产状态，导致市场经济体制无法实现其优化资源配置功能的重要原因。既有建筑节能改造市场正由于经济正外部性的存在，业主在进行既有建筑节能改造时，可以令社会公众在不支付任何费用的情况下，享受改造所带来的外部溢出效益，而业主为外部溢出效益所支付的成本却无法得到应有补偿,从而在既有建筑节能改造市场,抑制甚至打消了原本具有节能改造意愿的业主的积极性,导致既有建筑节能改造服务产业需求端显性需求不足,这也是造成既有建筑节能改造市场发展缓慢的关键性原因之一。因此,在既有建筑节能改造实践中,针对市场经济正外部特性,政府如何调动市场主体积极性,内化经济正外部性的负面影响,是有效发挥政府市场作用力,推动既有建筑节能改造市场健康发展的关键。

2. 信息不对称性

信息不对称是当前我国既有建筑节能改造市场的显著特征之一。造成既有建筑节能改造市场信息不对称的原因众多,基于主客观视角分析,在客观层面上由于既有建筑节能改造是一项复杂的系统工程,且主体间专业知识水平存在差异,必然决定了既有建筑节能改造市场主体间信息不对称;而从主观层面来看,由于当前我国既有建筑节能改造市场信息披露机制不完善,市场主体为追求自身利益最大化,从而在既有建筑节能改造实践中刻意隐瞒相关信息,导致信息劣势方在既有建筑节能改造的全过程中难以获取有效的市场信息[12]。由于在当前既有建筑节能改造市场中,因为市场缺乏被公证的可靠信息平台,业主在节能改造前期对ESCO的选择只能凭借其少量的案例经验或直觉进行判别,无法科学有效鉴定合作企业的优劣;而在节能改造过程中,由于二者信息整合能力以及专业知识水平的不同,ESCO可凭借其信息优势而谋取超额利润。

信息不对称包含代理人问题、道德风险和逆向选择三个方面的内容,也是影响市场良性运行的重要致因。基于EPC运作模式决定了ESCO和业主之间是一种委托代理关系,在合作过程中委托方——业主的利益需要依赖于代理人——ESCO的道德自律。因此,在委托代理关系中,市场信息不对称,ESCO在决策时为追求自身利益最大化,有可能会出现机会主义行为,造成业主节能收益受损,从而导致双方合作关系恶化。进而由于市场信息不对称,业主在选择ESCO时,容易出现放弃价格较高的高水平节能服务公司而选择价格较低的低水平节能服务公司,造成"劣品驱逐良品",最终导致专业技术水平高的企业受到损害而逐渐被迫退出市场。这一过程不仅造成了市场交易双方的利益失衡,而且影响市场配置资源的效率,限制了其良性发展。

3. 显性需求不足

业主作为既有建筑节能改造服务产业链上的需求端,是驱动市场发展的内原动力。根据市场供求理论,消费者的购买欲望和购买能力是市场需求的两个

第6章　既有建筑节能改造市场运行特征与政府行为规律分析

构成要素,愿意购买且能够购买是需求形成的必然条件,两者缺一不可。基于市场需求构成要素分析,我国既有建筑节能改造市场显性需求不足主要体现在购买欲望层面。造成既有建筑节能改造市场业主显性需求不足的原因,可归结为业主自身直接原因和非业主直接原因两个方面。就业主自身直接原因而言,造成市场显性需求不足的主要原因在于,随着社会整体生活水平的不断提高而社会责任意识未能得到显著提升,既有建筑业主囿于以往的消费习惯,即非节能消费生活方式,导致对既有建筑节能改造敏感程度较低。而非业主直接原因方面,由于既有建筑节能改造具有经济正外部性、信息不对称、前期投资大及后期效益回收期长等特殊属性,在当前既有建筑节能改造市场激励机制不完善的情况下,业主的既有建筑节能改造积极性被抑制。

业主的节能改造需求是既有建筑节能改造市场发展的根本。凯恩斯的需求决定论指出,总需求决定国民收入的均衡水平,只要总需求改变,国民收入的均衡水平就会改变。既有建筑节能改造市场亦是如此,业主需求规模化是保证既有建筑节能改造事业产业化、市场化发展的结构性要素。而在目前我国的既有建筑节能改造市场,直接与间接因素的作用,导致既有建筑节能改造市场显性需求不足,这不仅是造成既有建筑节能改造市场进展缓慢的直接原因,而且也是未来推动既有建筑节能改造市场成熟化发展亟待解决的突出问题。

4. 内在驱动乏力

ESCO作为既有建筑节能改造市场运行的内在驱动主体,其有效供给是确保既有建筑节能改造市场正常运行的关键要素。供给与需求一样均由二要素构成,即供给是企业在一定时期和一定价格条件下,愿意并能够提供的商品或服务数量。基于供给二要素剖析,造成我国既有建筑节能改造市场内在驱动力不足的原因,主要体现在意愿层面上的ESCO自身积极性不足和产品供给能力层面上的产品质量不佳两个方面。究其原因,一方面,就ESCO自身积极性不足而言,首先,由于我国既有建筑节能改造起步较晚,节能服务企业以中小规模型居多,市场信誉未建立,而市场又缺乏有效的融资担保机制,以至于ESCO在节能改造实践过程中资金筹措难度较大;其次,ESCO和业主作为改造项目的合作双方,本应该在利益共享的基础上,双方合理承担项目改造风险。但就实际情况来看,我国EPC模式下既有建筑节能改造项目的风险几乎由ESCO独自承担。另一方面,对于ESCO所供给产品的质量来说,由于市场监管不足和信息不对称，ESCO 往往为追求自身利益最大化，为谋取超额利润而出现投机行为，损害业主利益。如此不仅不能驱动市场发展，而且反而造成了市场运行混乱，限制其良性运行。

6.2 既有建筑节能改造市场发展阶段界定与政府职能定位

既有建筑节能改造市场发展是一个动态演进的过程，随着市场机制体制的不断改进和完善，市场将趋于成熟化发展。有鉴于此，科学界定市场发展阶段，分析不同阶段市场特征，基于市场阶段合理定位政府职能，是探讨既有建筑节能改造市场发展中政府作用力提升机理的研究基础。

6.2.1 既有建筑节能改造市场发展阶段界定及特征分析

1. 既有建筑节能改造市场发展阶段界定

随着市场相关要素动态变动和阶段性作用，既有建筑节能改造市场必然趋于成熟化发展。基于市场成熟度界定既有建筑节能改造市场发展阶段，是科学制定市场发展路线的必要前提。

目前，学术界对既有建筑节能改造市场成熟度已进行了一定程度的探索。刘玉明等在综合考虑政策法规、技术水平与标准、市场配套服务体系等要素的基础上指出，既有建筑节能改造市场随着相关要素的不断补充与完善，市场必然经历起步、发展和成熟3个阶段[13]。石峰等认为既有建筑节能服务市场具有一般产业的生命周期规律，可划分为形成、成长、成熟及退出4个阶段[14]。魏兴等综合运用生命周期理论、系统动力学、项目成熟度模型以及AHP-Fuzzy方法，通过实证研究将既有建筑节能改造市场划分为发育初期、发展期、过渡期和成熟期4个阶段[15]。马兴能等在探析国内既有建筑节能改造实践与理论研究的基础上指出，我国既有建筑节能改造市场尚处于发展的初级阶段，并提出来基于主体行为分析的既有建筑节能改造市场培育机制研究方向。

综上所述，本书在结合已有研究成果的基础上，结合既有建筑节能改造市场的自身特性，将既有建筑节能改造市场划分为培育、发展、成长和成熟4个阶段，如图6-2所示。

第6章 既有建筑节能改造市场运行特征与政府行为规律分析

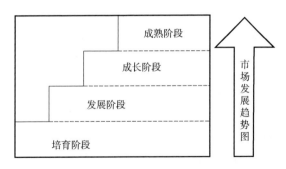

图 6-2 既有建筑节能改造市场发展阶段及趋势

2. 既有建筑节能改造市场发展阶段特征

（1）市场培育阶段。

市场培育阶段为既有建筑节能改造市场的起步阶段，成熟度水平最低，处在4个发展阶段的最底层，是既有建筑节能改造市场的萌芽期，此时市场还不具规模，且机制体制和配套服务体系尚未建立。由于该阶段ESCO数量少、规模小且融资能力差，而业主对既有建筑节能改造的认知和支持程度低，基本持观望态度，所以此阶段市场发展的核心动力来源于政府。政府为快速推动既有建筑节能改造事业发展，对市场主体激励力度较大，但由于机制不完善，激励手段比较单一。在实践方面，此时既有建筑节能改造实践多以试点示范工程为主，既有建筑类型主要为产权单一的公共建筑和工业建筑，因为公共建筑和工业建筑相对于居住建筑而言，可以避免因业主利益多元化而造成的既有建筑节能改造事业难以开展的情况。

（2）市场发展阶段。

市场发展阶段相对于培育阶段而言，其市场成熟度有所提升，但市场整体仍处于较低发展水平。市场发展阶段是既有建筑节能改造市场发展最为迅速的阶段，市场规模在此阶段得到迅速扩张。该阶段市场在历经培育阶段后，既有建筑节能改造相关政策法规和管理制度陆续出台，市场机制及配套支撑体系也基本构建成型但仍很不完善。此时政府激励力度进一步加强，ESCO在政府大力扶持下，其数量及专业技术水平得到明显增加和提高，市场运行动力也由培育阶段的政府单核驱动转换为政府和ESCO共同驱动。而在业主方面，基于政府的宣传与引导，社会大众对于既有建筑节能改造的认知度明显提升，但由于市场相关保障机制尚不完善，受市场经济正外部性和信息不对称等因素影响，业主节能改造积极性依旧不高。

(3) 市场成长阶段。

市场成长阶段既有建筑节能改造市场发育成熟度得到明显提升,市场整体发展质量也大幅改善。市场发展阶段机遇与挑战并存,市场的快速发展与有效供给不足的矛盾关系,使市场波动性较大,要求政府必须大力规范市场秩序,确保市场稳步前进。市场成长阶段相比于市场发展阶段而言,市场发展的速度虽在逐渐变缓,但市场规模仍在扩张,并且政策法规、管理制度以及市场服务体系更加完善,市场整体稳定性加强。此时在日趋完善的市场机制作用下,节能改造服务企业在优胜劣汰后,优良的 ESCO 成为市场主流企业,其所占市场份额比例加大,节能服务产业整体水平提升。同时,业主在市场成长阶段,其节能改造意识和意愿大幅提升,市场发展活力增强,政府、ESCO 和业主共同成为市场发展的核心动力主体。

(4) 市场成熟阶段。

市场成熟阶段,既有建筑节能改造市场的机制体制趋于完善,市场规模、市场集中度、市场波动性、市场运行效率、市场价格机制及市场风险防范机制等基本维持在一个相对合理稳定的范围内。在该阶段,市场交易组织形式,已由之前的简单的长期双边合约发展成为覆盖日前、日内、实时平衡和长期的形式。政府在该阶段市场激励力度逐渐下降,ESCO 与业主能基于自身利益诉求,主动通过市场交易平台自组织地进行市场交易,成熟期既有建筑节能改造服务市场呈现一个比较稳定的发展态势。

综上所述,既有建筑节能改造市场发展阶段性特征及其成熟度变化趋势见表 6-1 与图 6-3。

表 6-1 既有建筑节能改造市场发展阶段性特征

市场阶段 市场特征	培育阶段	发展阶段	成长阶段	成熟阶段
市场核心动力	政府	政府、ESCO	政府、ESCO、业主	政府、ESCO、业主
市场机制	未建立	不完善	较完善	完善
市场透明度	不透明	不透明	较透明	透明
市场激励水平	较大	大	较大	较小
市场波动性	较小	大	较大	较小
配套服务体系	不具备	未成型	基本成型	成型

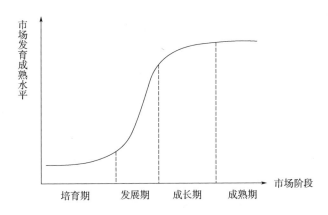

图 6-3 既有建筑节能改造市场成熟度发展趋势

6.2.2 既有建筑节能改造市场发展中政府阶段性职能定位

1. 市场经济下政府职能定位的基本要求

市场经济下厘清市场与政府的边界，是使市场在资源配置中起决定性作用和更好发挥政府作用的前提条件。市场经济是自主性、平等性、竞争性、开放性和规则性的经济，与之相适应建立起来的政府应该是有限政府、服务型政府、透明政府和法治政府[16]。

(1) 基于市场自主性要求构建有限政府。

市场经济是自主性经济，有效发挥市场在资源配置中的决定性作用，要求承认和尊重市场主体的意志自主性。市场决定资源配置既是市场经济的一般规律和本质，也是资源配置最有效的方式，但确保市场在资源配置中起决定性作用，需要市场主体自主和自由地进行市场交易。充分激发市场主体能动性，把本该市场管的事情交给市场，让市场在所有能够发挥作用的领域都充分发挥其作用，这是保证市场有效配置资源的关键[17]。因此，政府在推动市场发展过程中必须构建有限政府，把政府行政权力限制在特定的范围和领域之中，以弥补市场自组织调节的不足。而构建有限政府的原因在于，政府本身并非全能，如果无限制地行使政府行政权力，不仅会限制市场主体参与市场经济活动的能动性，更难以有效配置市场资源，而且会阻碍市场可持续发展。

(2) 基于市场平等性要求构建服务型政府。

市场经济是契约经济，市场主体地位平等是市场经济正常运转的前提。市场经济的基础在于市场，市场变换主要是通过市场主体之间自由、平等协商所订立的契约来进行的。所以市场经济是主体地位平等的经济，必须保证市场主体之间的平等地位，不能允许任何一方拥有特权，保障所有市场主体平等地享有权利和履行义务。否则，市场主体之间的平等就失去了前提和保障，造成市场交易不平等，从而破坏价格信号、降低经济效率。政府作为市场经济中的一个特殊主体，其不是市场产品交易的直接利益人，也不能凌驾或超然于任何市场主体之上。鉴于其职能的特殊性，政府应是市场规则的制定者、践行者、监督者和维护者，服务于市场，以为市场主体创造一个良性的竞争环境、保障市场健康发展为己任[18]。

（3）基于市场竞争开放性要求构建透明政府。

市场经济是开放性和竞争性的经济，确保市场开放和公平竞争是保证市场发展活力充沛的关键所在。市场经济的开放与竞争特性，能够促使市场系统内外要素互动，通过竞争达到优胜劣汰，合理配置资源，这是市场经济的优越性之一[19]。反之，如果没有竞争和开放，在闭塞和无压力的环境中搞经济，最终有可能造成经济陷入停滞甚至倒退，这也是我国在社会主义建设过程中最终放弃计划经济而实施社会主义市场经济的重要原因。但在开放和竞争为经济发展带来机遇的同时也面临众多挑战，而政府作为特殊的市场主体，凭借其职能和权力而拥有大量的市场信息和资源，所以市场经济的竞争性和开放性要求构建透明政府，通过政府信息公开以增强市场信息的有效性，降低市场运行成本。

（4）基于市场规则性要求构建法治政府。

市场经济是规则经济，实现市场良性运行必须遵循法律法规。市场经济活动是市场主体追求自身利益目标的行动集合，法律法规作为一切个人和组织行为规范的准绳，是确保市场主体合理利益不被侵犯的重要保障。如果市场经济没有法律法规的约束，市场主体由于具有经济人特性，必将会为追求自身利益最大化而违背市场公平原则[20]。因此，市场经济下只有建立法治政府，把法律作为市场运行过程中进行宏微观调控的主要手段，构建一套完备的市场规则，方能有效引导和约束市场主体行为，确保市场良性运行。

2. 市场发展中政府阶段性职能定位

（1）市场培育阶段政府职能定位。

在既有建筑节能改造市场培育阶段，政府应以培育为主，主导既有建筑节能改造实践，推动既有建筑节能改造事业快速进入发展轨道。市场经济建立在市场主体的供求意愿之上，规模化的供给和需求是市场可持续发展的根本要素。

基于培育阶段市场基本特征可知，培育阶段既有建筑节能改造市场发展中 ESCO 数量少、规模小，业主节能意识薄弱，市场机制尚未建立。所以针对该阶段市场内原动力与市场内在驱动力空缺的问题，政府着眼于市场诱导机制的建立，激发市场主体节能意识，促使市场形成供给和需求的导向力，这是将既有建筑节能改造事业拉入市场化发展道路的关键所在。

（2）市场发展阶段政府职能定位。

着眼于市场机制体制建设，架构市场发展支撑体系，在市场快速发展中引导市场良性运行是市场发展阶段政府的核心工作。市场发展阶段作为市场发展最为迅速的阶段，其相对于培育阶段而言，虽市场已初具规模，但市场机制体制仍很不完善，配套服务体系缺乏，市场波动性较大，业主多持观望态度。基于此，市场发展阶段政府职能定位应以构建一套完备的市场运行机制为核心目标，加大市场激励力度，调动市场主体节能改造的积极性，加强市场管制，以避免市场波动性过大而破坏市场发展，促进既有建筑节能改造市场服务行业规模化、产业化发展，以提升驱动市场运行的核心动力。

（3）市场成长阶段政府职能定位。

致力于市场机制体制优化，推动节能服务产业结构升级，发挥市场资源配置决定性作用和更好地发挥政府作用，是政府在市场成长阶段推进市场向成熟化演进的关键。经过前两个阶段的市场建设，市场发展的总体运行框架基本建立，市场运行动力明显加强，但市场稳定性不足，且市场机制各细部构件有待优化。因此，在此阶段，政府应以完善市场运行机制、健全机制系统功能为工作重心，强调市场配置资源的决定性作用，合理进行市场干预，避免管制工具应用过溢而抑制市场主体能动性，减小市场波动性，为市场创造良好的运行环境，以推动节能改造服务产业结构升级，提升既有建筑节能改造市场发展整体水平。

（4）市场成熟阶段政府职能定位。

基于市场内外部要素的动态特性，适时指引市场运行航向，维持市场良好运行环境，确保市场机制长效运行，是成熟阶段有效发挥政府职能作用的重点。市场成熟阶段，市场机制体系及配套服务体系已基本趋于完善，市场主体能自组织地通过交易平台参与既有建筑节能改造，此时市场不再需要政府强而有力的外部刺激，所以可合理减少市场激励力度。但是由于市场经济具有开放特性，决定了市场的内外部要素将一直处于动态变化的过程之中。因此，在市场成熟阶段，政府应在坚持市场在资源配置中起决定性作用的基础上，充分发挥政府作用，在市场动态运行过程中始终维持市场良好运行，弥补市场机制自身调节的不足。

6.3 国内外既有建筑节能改造市场治理实践与理论概述

6.3.1 国外既有建筑节能改造市场治理实践特征

发达国家实施既有建筑节能改造起步较早（20世纪70年代），实践效果显著，市场发育成熟。政府在既有建筑节能改造市场治理实践中，积累了较为丰富的经验，形成了完善法律法规、实施激励政策、构建信息平台、优化融资环境等鲜明特征。

1. 完善法律法规引导市场主体行为，确保市场有序运行

基于市场法制化、规范化发展要求，以完善法律法规引导市场主体行为，确保既有建筑节能改造市场运行有序是发达国家治理市场最显著的特征。日本为持续推进市场规范发展，自1979年《节约能源法》颁布实施后，分别于1993年、1998年、2002年和2005年对该法进行了重新修订[21]。新法明确规定，凡节能改造相关主体需以提高能源利用效率为目标，改造建筑的围护结构和用能设备必须满足建筑节能标准。德国为确保法律法规在市场动态发展过程中的引导和约束作用，在《供暖保护法》和《供暖设备法》的基础上，于2002年2月颁布实施了《能源节约法》。该法指出，改造建筑的房屋室内积累的热量要满足取暖标准。法国为促进市场有序运行，于1974年出台了建筑节能规范（RT1974），并分别在1977年、1982年、1988年、2000年和2005年进行了重新修订。新规范强调，涉及改造的相关组织必须以规范为标准，改造项目须达到相关标准的最低要求，未达标者不予验收。

2. 实施激励政策调动市场主体积极性，激发市场活力

实施多元化和加大激励力度并举的激励政策是美、德等发达国家调动市场主体积极性，激发市场活力的共同特征。美国为调动ESCO改造积极性，在税收上对ESCO提供税收豁免、税收扣除、优惠税率、延期纳税以及退税等优惠政策；在贷款方面为其提供贷款担保、贷款优惠以及贷款贴息。如美国安全法案中明确提出，若改造后窗户节能效率达到 20%，改造主体每年每套可享受 2000 美元税收减免。德国为激励市场主体，在税收方面对参与既有建筑节能改造的主体实施税收减免、降低税率；在贷款上实施优惠贷款、财政补贴以及效果奖励等激励政策。例如：当项目改造完成并经验收通过，若其节能效果高于国家标准可免去 15% 贷款偿还额，且另外给予 10% 的项目补贴。法国为鼓励个人和企业进行节能改造，政府对其实施政府补贴与减免个人所得税等优惠政策。例如：业主对住宅进行节能墙体改造、安装采暖温控设备等均可申请财政补贴，并减免 25%~40% 个人所得税，对于采取可再生能源为供热源的家庭可享受 40%~50% 税收减免[22]。

3. 构建信息平台削弱市场主体间信息不对称，促进市场良性运行

构建信息平台、披露市场信息，是发达国家削弱市场主体间信息不对称、促进市场良性运行的重要举措。主体间信息不对称导致的逆向选择与败德行为是影响市场良性运行的重要原因。德国为营造透明良好的市场竞争环境，颁布了建筑能耗认证证书（DENA）。DENA 规定，在住宅交易中节能产品或服务的供给者必须出具住宅的"能源消费证明"，以确保业主明确了解住宅能耗情况。美国为削弱市场信息不对称，改善市场主体合作关系，组织实施了能源之星（Energy Star）建筑标识项目，其以互联网为实施渠道，通过指定网站将具有资格的 ESCO 向社会公布，从而降低业主选择 ESCO 的盲目性。日本政府为削弱主体间的信息不对称，在《关于促进保证住宅品质的法律》的基础上，于 2010 年 10 月正式实施了《住宅性能标准制度》，该制度建立了明确的评价制度与住宅性能标准，由不涉及改造利益并赋予法律资格的第三方专业评价机构对既有建筑进行性能评价，并出具"住宅性能评价书"。

4. 优化融资环境解决市场主体融资障碍，突破市场发展瓶颈

既有建筑节能改造前期投资大与后期效益回收期长的矛盾关系决定了融资渠道畅通是突破市场发展瓶颈的关键，通过优化融资环境解决主体融资障碍是发达国家的成功经验。德国为解决市场主体融资障碍，政府专门设立 KEW 基金用于既有建筑节能改造，并且德国复兴信贷银行专门针对节能投资和节能技术开发项目给予贴息贷款、无息贷款或低息贷款，且贷款利率较普通商业银行利率低 0.5%。英国为推动既有建筑节能改造，将节能基金主要应用于建筑节能改造，其中 55% 的基金作为无息贷款向改造主体发放，并且业主在改造申请审核通过的情况下可获得政府无偿提供的 50% 节能改造资金。除此之外，发达国

家针对合同能源管理融资模式进行了积极的创新,根据其运作模式的不同,将项目资金筹措的方式分为由业主、ESCO、第三方单独负责或者多方共同分担,如此不仅为解决主体融资障碍提供了有效途径,而且也为不同项目选择合适的融资方式提供了可能,增强了融资的灵活性。

6.3.2 国外既有建筑节能改造市场运行理论研究动态

国外既有建筑节能改造市场治理研究可追溯到20世纪60年代,呈现起步早、持续探索的特点。从搜集的相关文献来看,近期研究主要聚焦于激励政策、能效标识、市场化运作模式及风险共担机制等4个方面。

1. 基于市场正外部性的激励政策研究

既有建筑节能改造市场正外部性决定了外部调节的必要性,激励政策是削弱既有建筑节能改造市场正外部性的有效手段。VRINGER 等[23]研究指出,既有建筑节能改造市场的信息不对称与正外部性是造成市场投资风险不确定和主体改造动力不足的重要原因。若要降低市场投资风险,提升市场主体积极性,政府部门必须制定相关税收优惠、财政补贴、奖励价格等有效经济激励政策。KIRSTEN[24]基于丹麦既有居住住宅能源消耗研究指出,在正外部性明显的市场环境下,即使业主拥有相关技术手段且在经济上可行,也不会主动对住宅进行能源改造,针对这一难题,政府应制定相关法规并实施不同类型的激励政策。ROY 等[25]以正外部效应明显的中小学建筑照明系统和冷却设备为案例,研究分析公共事业激励机制并指出,针对不同规模的建筑采用相应激励政策不仅能够提高成本效益,而且能够提升既有建筑的整体节能效果。

2. 基于市场信息不对称的能效标识制度研究

既有建筑节能改造市场信息不对称是制约市场有序运行的主要障碍,实行能效标识(表示产品能源效率等级等性能指标的一种信息标签)制度是弱化市场信息不对称、增强市场透明度的有效途径。VISSCHER 等[26]指出,欧洲建筑物能效指令(指建筑物能源消耗标准)是成员国发展和加强新建筑和既有建筑节能改造的推动力量,其能够有效提高市场透明度,在一定程度上解决市场信息不对称的问题。MURESAN 等[27]基于罗马尼亚既有住宅节能改造行业的SWOT 分析指出,实施能效标识能够促进住宅节能市场的透明度。HÅRSMAN 等[28]通过实证分析指出,建立能效标识制度不仅能削弱市场主体间信息不对称,而且能改善主体双方合作关系,避免市场信息不对称而导致的逆向选择和道德风险。OLAUSSEN 等[29]指出,能效绩效证书是为 ESCO 和业主双方提供可靠信息的重要媒介,完善能源绩效证书、架构能效标识制度不仅能改善主体间合作关系,而且能克服市场信息不对称带来的不良影响。

3. 基于市场化运作的合同能源管理模式研究

合同能源管理(EPC)是由 ESCO 与业主以契约形式约定节能目标、ESCO 提供节能改造全程服务的一种全新市场化运作机制,是减小财政压力、降低运行成本、加速市场化发展的有效模式。PRINCIPI 等[30]指出,对于类似医院的非节能既有公共建筑,仅靠政府的财政支持是十分有限的,通过 EPC 模式吸收社会资本对非节能既有建筑节能改造具有重要意义。POLZIN 等[31]基于逻辑回归分析方法,通过实证分析 EPC 应用于节能改造所发挥的作用指出,在财务和能力受限的情况下,采用 EPC 模式能尽可能降低投资和财务上的风险。CARBONARI 等[32]指出,面对既有建筑能耗高、环境负面影响大的局面,实施既有建筑节能改造具有重要意义,但仅靠政府财政支持既有建筑节能改造将难以为继,而为提高建筑物能源利用效率服务的 ESCO,运用 EPC 吸收社会资本进行既有建筑节能改造将是可行的办法。

4. 基于合作共赢的风险共担机制研究

收益共享、风险共担是市场治理的基本原则,基于合作共赢,架构既有建筑节能改造项目风险共担机制,是推进既有建筑节能改造市场健康发展的有效保证。GARBUZOVA-SCHLIFTER 等[33]指出,风险是影响节能效率的重要因素,在项目改造过程之中以节能效益作为报酬的 ESCO 和业主共担项目财务和技术风险,但业主对项目风险的识别能力受限于其专业知识,如若双方风险分担不合理,二者未来长期合作必将受影响,因此,主体之间合理共担项目风险至关重要。KHAZAENI 等[34]指出,要实现主体间合作共赢,风险均衡分配至关重要,若缔约双方风险分配不平衡不仅会导致项目总成本的增加,而且会影响缔约方之间的关系。HUFEN 等[35]指出,EPC 是一种有效的节能运作机制,对于节能市场发展具有重要意义,但若要确保 EPC 模式下合同双方实现互利共赢,不仅需要合同双方建立一种有效的激励机制,而且还需要双方共同承担项目风险。

6.3.3 国内既有建筑节能改造市场政府管制实践剖析

较发达国家而言,由于我国经济发展和节能意识的双重滞后性,既有建筑

既有建筑节能改造市场动力机制

节能改造起步较晚,正式实施既有建筑节能改造仅有十多年历程。我国政府为推动既有建筑节能改造市场快速发展,至今一直实施以政府为主导的实践推进模式,在构建法律法规体系、开展试点示范工程、推广合同能源管理以及实施经济激励政策等 4 个方面开展了积极实践。

1. 构建法律法规体系,依法规范节能改造工作

基于节能减排发展战略要求,为促进市场规范化运行,我国从顶层设计着手,构建了较为完善的既有建筑节能改造法律法规体系。我国为推动既有建筑节能改造市场规范化发展,相继颁布实施了一系列的法律法规,到目前为止,已基本形成以宏观政策指导全局、中观政策细化改造领域和微观政策贯彻落实的体系框架。在宏观层面上,以全国人大常委会颁布的《中华人民共和国建筑法》《中华人民共和国节约能源法》等为核心,确定国家总体目标和战略布局,统筹指导全国节能改造工作。中观层面以国务院以及住房和城乡建设部等相关部门颁布的《民用建筑节能条例》《公共机构节能条例》《既有采暖居住建筑节能改造技术规程》等为代表,进一步细化节能改造工作,指明某一领域的发展方向及目标。微观层面以地方市政府颁布的规范性文件为具体指导方针,贯彻落实国家指定的节能改造任务。

2. 开展试点示范工程,稳步推进节能改造事业

国际合作与典型项目试点相结合,吸收国际先进改造理念,以点带面、示范先行是我国迈开既有建筑节能改造实践的第一步。我国为推动既有建筑节能改造事业发展,提高建筑节能技术、建立节能设计标准体系和创建科学管理机制,于 1999 年启动了首个国际合作项目 "中国住宅领域提高能效与可持续发展合作项目"。该项目至 2009 年结束,期间共完成 11 个示范项目,示范改建面积为 2.9 万 m^2,示范项目以少于 7% 的成本达到了节能 50% 的目标,为我国引进先进技术和探索有效推广模式提供了成功经验。此外,中德技术合作项目自 2005 年启动到 2011 年结束,先后在唐山、北京、乌鲁木齐和太原等地对 28 栋约 10 万 m^2 既有居住建筑实施了供热计量和建筑节能综合节能改造示范工程;在天津、唐山、乌鲁木齐和鹤壁市对约 3 万栋近 2 亿 m^2 的既有居住建筑进行了基本情况调查,并制订了相应的建筑节能改造方案;对唐山、哈尔滨等 6 个城市的 10 个节能改造项目进行了评估并提出了改进方案[3]。通过该项目为我国引进德国先进理念,开发适合我国国情的节能改造技术路线提供了有效借鉴。

3. 推行合同能源管理模式，推动节能改造市场发展

合同能源管理是发达国家普遍采用的有效市场运作模式，对既有建筑节能改造市场发展具有重要促进作用。我国为推动市场发展，鼓励和支持 ESCO 以 EPC 模式开展改造事业，提出采用 EPC 的企业可享受财政奖励、营业税免征、增值税免征和企业所得税三减三免优惠政策。1998 年，我国为促进节能机制转换，提高能源利用效率，政府与世界银行及全球环境基金共同实施了"世界银行/GEF 中国节能服务促进项目"。该项目共分两期：第一期项目的主要任务是 EPC 的示范；第二期项目的主要任务是基于第一期示范成功的基础推广 EPC 模式。2007 年，为进一步推动 EPC 模式发展，国务院于 8 月批准通过《节能中长期专项规划》，规划明确提出，促进市场发展，要推行以市场机制为基础的 EPC 节能新机制。2010 年，财政部、国家发展改革委印发了《合同能源管理项目财政奖励资金管理暂行办法》，中央财政安排专项资金对 EPC 项目按年节能量和规定标准给予一次性奖励[36]；2016 年，《财政部国家税务总局关于全面推开营业税改征增值税试点的通知》指出，符合相关条件的 EPC 服务免征增值税。此外，在"十三五"规划中，我国政府再次强调将节能服务产业发展成先导性产业要积极推行 EPC。

4. 实施经济激励政策，激发市场主体能动性

既有建筑节能改造经济外部性是影响改造主体能动性的重要原因，实施经济激励政策是内化市场正外部效应、激发市场主体能动性的有效措施。我国在激励改造主体方面，采取了财政补贴为主和税收优惠并举的激励措施，补贴以完成改造面积计算，严寒地区补贴 55 元/m²，寒冷地区补贴 45~50 元/m²。2007 年，为提高 ESCO 参与大型公共建筑和国家机关办公建筑节能改造的积极性，财政部、建设部印发了《国家机关办公建筑和大型公共建筑节能专项资金管理暂行办法》。该办法规定，采取合同能源管理模式开展国家机关办公建筑和大型公共建筑节能改造工作的予以贷款贴息补助，其中地方建筑节能改造项目贴息 50%，中央建筑节能改造项目实行全额贴息。2011 年，为进一步推进公共建筑节能改造，财政部、住房和城乡建设部印发了《关于进一步推进公共建筑节能工作的通知》。该通知规定，对于四大重要试点城市，根据其改造效果和改造工作量等因素实施资金补助，补助标准为 20 元/m²。2016 年 6 月 20 日，财政部和国家发展改革委在《节能技术改造财政奖励资金管理办法》中规定，在我国东部和中西部地区的节能技术改造项目，根据改造后实现的年节能量分别按

240 元/t 和 300 元/t 标准煤给予一次性奖励。

6.3.4　国内既有建筑节能改造市场运行理论研究现状

我国建筑节能研究始于 20 世纪 80 年代，经历从经验研究到实践分析的阶段性演变，其中既有建筑节能改造市场运行理论研究，主要集中在政府监管必要性、EPC 模式、市场激励机制、主体行为博弈策略以及运行机理等 5 个方面。

1. 既有建筑节能改造市场政府监管必要性研究

既有建筑节能改造市场外部性经济和信息不对称等市场失灵现象客观存在，实施政府监管是弥补市场机制不足、避免市场失灵的有效方式。符冠云等[37]指出，市场失灵客观存在于节能改造市场，面对市场失灵仅靠市场机制调节难以奏效，确保市场机制良好运行要发挥政府监管和服务职能。李新英[38]指出，我国目前处于经济结构转型升级时期，市场机制尚不健全，节能市场的运行需要政府强有力的推动，面对市场失灵，政府必须进行市场监管，且政府在实行监管时首要任务是建立健全指标、监测以及考核体系，其次要加强考核与监督，实行工作问责制度，针对重点单位重点监管，保证严格执行市场规章制度。赵盈盈等[39]基于既有建筑节能改造进程中群体间的演化博弈指出，政府进行市场监管至关重要，对 ESCO 及建设主管部门设置合理的奖惩制度是既有建筑节能改造取得成效的前提。

2. 既有建筑节能改造市场 EPC 模式研究

合同能源管理作为一种有效的市场化运作模式，解决其主体融资障碍、创新融资模式是推动 EPC 模式发展的关键。丁友卫[40]认为，我国 EPC 模式推广难、发展慢的根本原因在于市场融资困难，提出在当前 ESCO 发展不成熟和银行专业评估人员缺乏的情形下，我国 ESCO 应优先选择节能量保证型融资模式，在成功运行之后方可引入节能量共享型融资模式。商惠敏等[41]以广东省为研究案例，通过国内外 EPC 模式融资的对比分析指出，当前广东省 ESCO 融资能力不足、金融机构重视度不够以及金融信贷产品种类少是 EPC 模式发展缓慢的主要致因，基于当前现状，广东省应以节能量保证型融资为先行模式，并针对不同水平的 ESCO 专门设计与之匹配的融资模式。段小萍[42]指出，我国 EPC 融资偏好于银行借贷，融资渠道较为单一，要解决当前 EPC 融资所面临的问题可以从三个方面入手：一是建立和发展融资租赁企业；二是加快建立 ESCO 委员会；三是政府建立和完善 EPC 的贷款担保基金。

3. 既有建筑节能改造市场激励机制研究

既有建筑节能改造的公共品属性、经济外部性以及信息不对称性等特点决定了外部激励的必要性，建立市场激励机制是提升主体积极性、引导积极行为的有效手段。郭本海等[43]基于委托代理理论分析政府与ESCO的决策行为指出，在委托代理机制下，政府与ESCO具有利益一致性，为确保节能激励机制产生实效，应加强基础工程、市场体系及财税政策体系的建设。魏兴等[44]基于进化博弈理论指出，政府和ESCO博弈的必然性源于二者自身利益诉求和经济人属性，在博弈过程中主体行为选择必将影响市场的运行，政府需在二者长期博弈过程中运用激励政策以及合理激励额度引导ESCO的积极行为，且激励补贴额度必须合理，否则适得其反。王星等[45]基于协同视域指出，市场运行动力不足的主要原因在于现有激励体系协同不足，促进市场机制的有效运行必须深入探索激励协同机理、激发市场主体主观能动性、优化市场发展的激励实施路径。

4. 既有建筑节能改造市场主体行为博弈策略研究

既有建筑节能改造市场发展的实质是主体行为博弈的结果，实现主体间利益均衡是促进市场良性运行的内在要求。邓建英等[46]基于博弈理论指出，市场主体在执行建筑节能政策时，主体间的利益冲突必然导致主体间利益博弈；若要实现混合策略均衡，政府必须建立健全节能监管效能激励约束体系；若要实现聚点均衡，需要培育、发展优质建筑节能服务机构。刘晓君等[47]基于业主与ESCO特征分析指出，在主体有限理性的情况下，要实现进化稳定策略，就业主方面而言，推进EPC要凸显业主收益，同时加强对提供不合格服务、扰乱市场秩序的ESCO的惩罚力度；而ESCO方面而言，则要适当提高其提供合格节能服务的收益，且要加强对ESCO的监管力度以减少ESCO短期的投机型收益。朱茹琳[48]基于政府-ESCO进化博弈模型分析指出，若使模型朝希望的进化稳定策略状态演化，政府需加大现阶段经济激励力度。

5. 既有建筑节能改造市场运行机理研究

既有建筑节能改造市场发展是一个动态演进的过程，市场运行路径选择与优化、市场培育与保障等是其运行机理的基本内涵。侯静等[49]认为，既有公共建筑节能改造在无外在驱动力下其节能潜力难以规模化，通过政府引导能有效释放市场节能潜力，但政策的针对性与稳定性不足导致难以实现中长期能效提升目标。为此，提出以能效提升为目标、以政府购买节能量为导向的市场机制体系，这是既有公共建筑市场化的重要途径。马兴能等[50-51]在研究国内外既有建筑节能改造市场培育实践与理论研究的基础上指出，目前我国既有建筑节能改造在许多地区尚处于试点阶段，市场运行体系尚不完善，要促使既有建筑节能改造市场有序运行，培育市场要素和主体是关键。并在分析国外既有建筑节能改造市场培育实践的基础上指出，我国既有建筑节能改造市场还处于试点摸索阶段，市场机制尚不健全，政策保证体系缺位和主体驱动不足明显，系统研究市场特征、分析主体行为和制定有效的激励措施对于培育我国既有建筑节能改造市场具有重要意义。

6.3.5 国内外既有建筑节能改造市场治理研究评述

既有建筑节能改造是实现节能减排目标不可或缺的核心任务，推动既有建筑节能改造市场健康发展是完成改造目标、实现可持续发展的必由之路。发达国家以市场治理为切入点，在法律法规、信息平台、激励政策、融资环境方面进行了有效实践，积累了较为丰富的成功经验；我国主要实施以政府为主导的既有建筑节能改造监管模式，忽略了改造业主主体的内原动力和核心供给主体ESCO的驱动力，政府应有的引擎力发挥不到位，使改造效果关注度不高，市场发展缺乏后劲，严重制约了既有建筑节能改造市场发展进程。理论研究层面，多从市场运行视角出发，探讨市场发展问题与障碍、市场激励机制、EPC运作模式、能效标识制度等市场管制模式与手段，而基于市场治理视角研究既有建筑节能改造市场发展的政府作用力实现与实施机理尚属鲜见。因此，从科学分析既有建筑节能改造市场发展问题着眼，揭示既有建筑节能改造市场运行特征与规律，界定政府在不同阶段既有建筑节能改造市场运行过程的功能定位与作用路径，剖析既有建筑节能改造市场政府作用力实现与发展的影响因素及其作用机理，探究既有建筑节能改造市场发展中基于政府治理下的多主体行为博弈策略及其实施过程，解析既有建筑节能改造政府作用实现路径与优化过程，探讨基于市场治理视角下既有建筑节能改造市场发展中政府作用力实施机理与提升策略，这些研究必将为推动既有建筑节能改造市场健康有序发展起到积极作用。

6.3.6 既有建筑节能改造市场政府作用力实施机理研究架构

基于研究内容的内在要求，将政府作用力实施机理架构分为8个阶段：

第6章 既有建筑节能改造市场运行特征与政府行为规律分析

1）梳理国内外相关理论与实践成果，细化研究问题，确立研究目标、研究方法与研究内容。

2）从市场内在特性分析入手，剖析市场主体构成及其关系，划分市场阶段并界定政府阶段职能，探究既有建筑节能改造市场发展中政府的行为动机及其需求演变规律，剖析既有建筑节能改造市场运行障碍及制因。

3）从政府作用力的内涵及其基本特征解析着眼，探究既有建筑节能改造市场发展中政府作用力实现过程，在此基础上，识别既有建筑节能改造市场发展中政府作用力实现的影响因素，利用结构方程模型探究既有建筑节能改造市场发展中政府作用力实现的影响机理，通过实证研究确定政府作用力实现影响的关键因素以及其传导路径与作用机理。

4）基于"有限理性人"的理论假设，考虑政府、ESCO 及业主在既有建筑节能改造市场发展中的行为动机，运用演化博弈分析既有建筑节能改造市场发展中政府作用过程的行为策略。

5）分析既有建筑节能改造市场发展中政府作用的依据与逻辑，利用波特钻石模型分析市场发展的政府影响机理，并构建政府作用机制模型。在此基础上，探究政府作用力实施运行的内在机理，并讨论政府作用力实施的基本原则与有效性标准。

6）基于政府市场作用有效性的视角，分析既有建筑节能改造市场发展中政府作用有效性评价的内涵及其意义。通过识别政府作用有效性评价的反映指标，梳理指标间的内在逻辑关系，构建既有建筑节能改造市场发展中政府作用有效性评价的指标体系，然后运用网络层次法和多级模糊综合评价法，对既有建筑节能改造市场发展中政府作用有效性进行综合评判。

7）基于政府作用有效性评价结果，从总结发达国家既有建筑节能改造市场发展中的政府实践经验着手，剖析我国既有建筑节能改造市场发展中政府实践的现状及困境。在此基础上，架构既有建筑节能改造市场发展中政府作用力提升的实施框架，并提出政府作用力提升的路径选择及具体实施对策。

8）基于下篇研究，总结下篇研究成果并对未来的进一步深入研究提出研究展望。

既有建筑节能改造市场发展中政府作用力实施机理架构如图 6-4 所示。

既有建筑节能改造市场动力机制

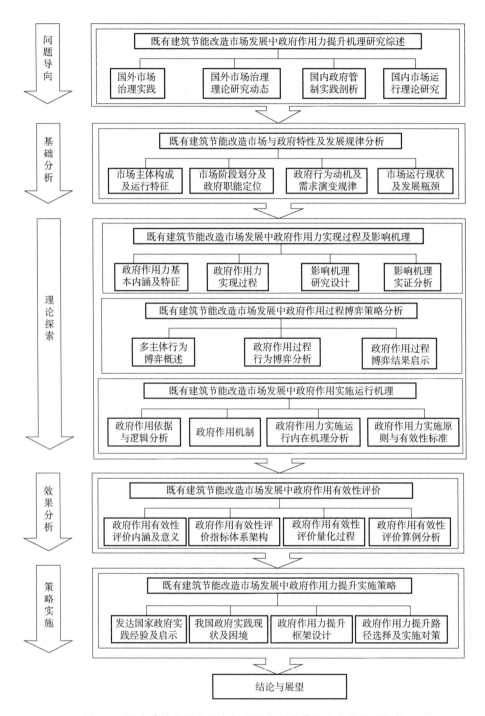

图6-4 既有建筑节能改造市场发展中政府作用力实施机理架构

6.4 既有建筑节能改造市场发展中政府行为动机及需求演变规律

市场主体的行为动机是其为实现特定目标所表现出来的主观愿望和意图，也是引导市场主体行为的内在诱因。根据动机理论、马斯洛层次需求理论及组织行为学等相关理论，分析既有建筑节能改造市场发展中政府行为动机，并探究其需求演变规律，有利于从本质上认识政府在既有建筑节能改造市场中的角色。

6.4.1 既有建筑节能改造市场发展中政府行为动机及特征

1. 政府行为动机

政府作为国家一种制定和实施公共政策以实现有序统治的机构，其在既有建筑节能改造市场中的主要行为动机是在确保维持自身有效运转的基础上为社会谋取最大福利。换言之，政府在既有建筑节能改造市场中的行为动机主要包含了两个方面的内容：一是基于社会利益诉求的行为动机；二是基于政府自身利益诉求的行为动机。二者表征为中央政府和地方政府行为的差异性。

（1）中央政府行为动机。

中央政府在既有建筑节能改造市场发展中的行为动机主要代表了整体社会的利益追求与价值取向，其可以从狭义和广义两个方面理解。从狭义的角度看，中央政府推动既有建筑节能改造市场发展的行为动机在于提升社会大众的生活水平，满足新时代人民的生活要求，通过既有建筑节能改造来改善全民基础设施，从广度和深度上全面提高社会整体的生活水平和质量。而从广义的角度讲，其行为动机是国家实现可持续发展战略目标的要求，这也是最主要的行为动机。目前，我国建筑能耗占社会总能耗的1/3，其中既有建筑能耗是建筑能耗居高不下的重要原因。而推动既有建筑节能改造市场发展，不仅可以优化节能服务产业结构，加速经济结构转型升级，推动国民经济可持续发展，而且有利于生态文明体制改革，促进社会和谐绿色发展。

（2）地方政府行为动机。

地方政府的行为动机除了上述中央政府的行为动机之外，实现自身利益诉求是其推动既有建筑节能改造市场发展的重要动机。究其原因，实施以

GDP 为核心的绩效考核方式决定了地方政府在市场经济中必然存在追求自身利益的价值取向。而地方政府在既有建筑节能改造市场发展中的主要需求动机有两个：一是既有建筑节能改造能否带动地方节能服务企业的发展，从而推动经济的快速增长；二是中央政府对于地方政府进行既有建筑节能改造的激励力度能否满足其自身发展的需求。因此，地方政府作为中央政策的重要执行主体，在既有建筑节能改造实践中，既要考虑为社会谋取福利的责任和义务，又要考虑自身的利益诉求，所以相比较中央政府而言，地方政府的行为动机更为复杂，也是我国政府在既有建筑节能改造市场发展中需要注意的重要问题。

2. 政府行为特征

（1）科层管理体制下政府行为的侍从性。

我国自上而下科层管理体制决定了政府在既有建筑节能改造市场中的行为具有侍从性。科层管理体制下，我国在既有建筑节能改造市场建设过程中，政府的权力行使、人事任免以及资源配给等制度安排，都遵循的是一种自上而下的纵向侍从关系，即下级政府在既有建筑节能改造实践中，不论是市场发展战略布局，还是市场发展的路径选择，都侍从于上级政府，其任何执政行为均要根据中央的规定安排或者许可后方能展开。例如在《"十三五"节能减排综合工作方案》中，首先由中央政府做出"强化既有居住建筑节能改造，实施改造面积 5 亿 m^2 以上，2020 年前基本完成北方采暖地区有改造价值城镇居住建筑的节能改造"的战略安排，而后再将"十三五"既有居住节能改造任务有差别地下派给各地方政府，最后由地方政府按照中央政府指示与要求完成预设的目标。

（2）多重利益角色下政府行为的矛盾性。

基于利益视角审视政府市场角色，政府在既有建筑节能改造市场中集多重角色于一身，是一个多重利益角色。首先，就市场培育的角度来看，政府在既有建筑节能改造市场中扮演着培育者和维护者的角色，代表并维护的是社会大众的利益；其次，从业主的角度来分析，当进行既有公共建筑节能改造时，政府作为既有公共建筑业主，是市场需求主体的重要组成部分；最后，从政府内在结构来看，由于政府在横向结构上的部门差异和纵向结构的层级区分，不同职能和不同层级的政府部门的利益诉求也不尽相同。因此，政府在既有建筑节能改造市场中集多重利益于一身，要求政府在既有建筑节能改造中既要考虑市场发展的要求，又要顾及自身的利益目标。而正是政府这种多重利益角色的特性，会导致政府在既有建筑节能改造市场中产生多种矛盾性的行为[52]。如为推动既有建筑节能改造市场良性运行，政府既要考虑市场监管对市场发展的重要意义，又要考虑自身的监管成本，从而导致政府在既有建筑节能改造实践中无所适从。

(3) 信息不对称下政府行为的有限理性。

既有建筑节能改造市场的信息不对称特性内在决定政府市场行为的有限理性。有限理性是由诺贝尔经济学家赫伯特·西蒙（Herbert Simon）提出的，他指出由于行事主体自身能力和事件信息的有限性，西方古典经济学中所赋予"经济人"的完全理性是荒谬和不存在的，所以任何人都介于一种完全理性和非完全理性之间的有限理性状态，其在行动过程中寻求的只是"满意"的标准，而并非"最大"或"最优"的标准[53]。政府作为既有建筑节能改造市场的培育者、监督者和维护者，虽然掌握了市场大量的资源与信息，但由于既有建筑节能改造是一项复杂的系统工程，其自身具有很强的技术性，且政府受自身知识水平和学习能力的限制，不可能完全获取市场的全部信息，并做出完全理性的判断和决策。因此，政府在既有建筑节能改造市场中，不论是政策的制定还是实施，其市场行为均是有限理性决策下采取的行动，有显著的有限理性特征。

(4) 社会价值导向下政府行为的目的性。

既有建筑节能改造作为我国实现可持续发展战略目标的重要举措，必然决定了政府在既有建筑节能改造市场中的行为具有明显的目标导向特性。从既有建筑节能改造的本质来看，既有建筑节能改造是一种关于"人"的社会经济性活动，是不同目的性行为的有限集合。因此，政府作为既有建筑节能改造的核心主体之一，其市场行为代表着社会大众对当下和未来生活的美好愿景和价值追求，所以其行为必然也存在着目标导向特性。社会价值导向下政府行为的目的性主要体现在两个方面：从近期目标看，政府在既有建筑节能改造市场中的行为目标在于促进市场健康有序发展，从而在顺利完成节能改造目标的同时实现经济增长，并降低既有建筑的能源消耗，提升业主居住舒适度和减少能源费用支出；从长远的战略目标看，政府颁布法律法规、实施激励政策、推广 EPC 模式以及出台能效标识等行为，除了为完成节能改造事业之外，主要目的在于实现国民经济与生态环境的可持续发展。

6.4.2 既有建筑节能改造市场发展中政府需求演变规律

政府的需求动机与市场发展相互作用、相互影响，两者呈现交叉递进的关系。一方面，政府推动既有建筑节能改造事业以降低社会能耗、改善生态环境和提高社会福利等内在需求是促使市场发展的前提之一；另一方面，随着市场发展而呈现出来的多样化发展要求将反过来刺激政府，从而要求政府适时调整市场发展策略，以保障市场机制有效运行。结合需求层次理论，以市场发展阶段为层级，政府在既有建筑节能改造市场发展过程中其需求演变规律如图6-5所示。

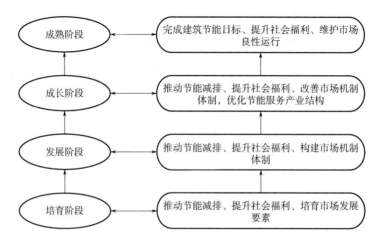

图6-5 既有建筑节能改造市场发展中政府需求演变规律

可以看出，在既有建筑节能改造市场发展的过程中，政府扮演着多重角色，既是市场建设者和培育人，也是社会福利的代言人和维护者，其需求动机与市场发展进程相互影响，并随着市场的发展，政府的需求层次逐阶段提升。在市场培育阶段，政府推动既有建筑节能改造市场的内在需求，主要在于我国面对既有建筑的高能耗现状与能源需求日益增长的矛盾关系，需要实施建筑节能改造以推动国家可持续发展，通过培育市场发展的相关要素，为构建既有建筑节能改造市场奠定基础并提升社会福利。随着市场发展，到市场成熟阶段，政府需求体现为以完成建筑节能改造为最终目标，维持市场机制良性运行，并进一步提升社会整体福利。

第 7 章 既有建筑节能改造市场发展中政府作用力影响机理与博弈策略

基于市场治理视角，探究既有建筑节能改造市场发展中政府作用力提升机理的首要前提在于对政府作用力实现过程与影响机理进行分析。本章在第 6 章有关既有建筑节能改造市场与政府特性及发展规律分析的基础上，展开对既有建筑节能改造市场发展中政府作用力实现过程与影响机理的探究。具体而言，首先，从政府作用力内涵与基本特征分析出发，考虑既有建筑节能改造市场运行的内在特性，探讨既有建筑节能改造市场发展中政府作用力实现过程；其次，在梳理学术界已有学术成果的基础上，结合既有建筑节能改造的自身特性，对既有建筑节能改造市场发展中政府作用力实现的影响因素进行识别与筛选。在此基础上，运用结构方程模型与问卷调查相结合的方法，构建既有建筑节能改造市场发展中政府作用力实现影响机理实证模型，通过分析政府作用力实现的影响因素间关联反馈关系，探究既有建筑节能改造市场发展中政府作用力实现影响的关联路径及关键性因素，以期为在既有建筑节能改造市场发展中提升政府作用力提供科学的决策参考。

7.1 既有建筑节能改造市场发展中政府作用力内涵及基本特征

目前，国内外学术界虽就既有建筑节能改造市场发展相关理论进行了积极探讨，但关于政府作用力尚无明确统一的定义。因此，探究既有建筑节能改造市场发展中政府作用力实现过程，首先有必要对政府作用力的内涵和基本特征进行分析，从而界定既有建筑节能改造市场发展过程中政府作用力实现过程的边界和范围。

7.1.1 既有建筑节能改造市场发展中政府作用力内涵解析

1. 政府作用力内涵界定

要系统理解既有建筑节能市场领域"政府作用力"一词的内涵，必须清楚"作用力"这一概念。"作用力"是来源于物理学中的一个概念，意指两物体间通过不同形式的相互作用（如吸引、相对运动、形变等）而产生的力，其形成的基本条件是受力主体不少于两个，且主体间必须存在相互作用的关系。鉴于物理学中关于"作用力"的解释，可以将既有建筑节能改造市场中的"政府作用力"理解为，既有建筑节能改造市场发展中政府与市场各组成要素相互作用而产生的结果。其产生的根本原因在于政府作为国家进行统治和社会管理的机关，是国家意志的代表者和社会利益维护人，具有为国家经济的发展而对社会经济生活进行管理的职能，而由于既有建筑节能改造具有公共品属性，仅靠市场机制难以有效内化市场正外部性和避免信息不对称导致的逆向选择和道德风险，需要政府科学合理的行政干预来弥补市场机制的不足，以确保既有建筑节能改造市场良性运行。

基于上述关于"政府作用力"的理解，明晰既有建筑节能改造市场发展中政府作用力的内涵，可以从市场运行和自身属性两个角度着眼。从市场运行角度来看，政府作用力是既有建筑节能改造市场运行的一种动力，政府作为既有建筑节能改造市场发展的外在引擎，为市场发展指引方向并促使市场良性运行。从政府作用力的自身属性来看，首先，政府作用力是一种合力，即政府作用力是政府在法制框架内，为完成特定任务或目标协同不同主体、采用不同策略和手段而形成的合力。但政府作用力不是各种力量简单的相加，而是政府组织内部各种资源通过法制化程序和一定的机制良性互动所产生的有效、法制、科学的整合力[54]。其次，政府作用力是一种效力，它描述的是政府在推动既有建筑节能改造市场发展过程中所发挥出的效能，表征为对既有建筑节能改造市场健康发展的驱动程度，如市场信息透明程度、运行机制完善水平、主体改造积极性高低等。

2. 政府作用力构成要素

基于上述政府作用力内涵解析可知，政府作用力作为法制框架内，为完成特定任务或目标而协同多方主体、应用不同策略与手段所形成的一种合力，其必然由多重要素构成。鉴于第6章有关政府行为动机分析所得，政府进行市场

第7章 既有建筑节能改造市场发展中政府作用力影响机理与博弈策略

干预的直接目的在于推动既有建筑节能改造市场健康有效运行。从市场健康有效运行的角度分析政府作用力构成要素，在宏观层面上可以理解为三个方面的内容：一是市场约束作用，市场约束的目的在于维护市场秩序，保护合法经营和正当竞争，通过架构市场法律法规体系确保既有建筑节能改造活动在法制框架内运行；二是市场激励作用，市场激励的出发点在于既有建筑节能改造市场的外部性经济，通过实施激励措施来调动市场主体积极性，以内化市场正外部性和激发市场发展活力；三是市场治理作用，治理是政府纠偏行为的集合，治理的目的在于面对市场和政府双重失灵的情况下，通过治理措施有效弥补市场自身不足和政府管制不力，确保市场动态运行过程朝期望方向发展。基于此，从政府市场干预作用的宏观分析来看，政府作用力的主要构成要素包含市场约束作用、市场激励作用以及市场治理作用三个方面。其构成要素与市场的作用关系如图 7-1 所示。

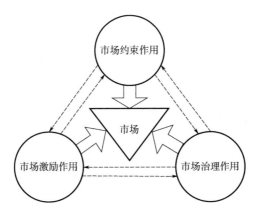

图 7-1　政府作用力构成要素与市场的作用关系

（1）政府市场约束作用。

政府市场约束作用是推动既有建筑节能改造市场健康发展的前提保证，也是政府作用力的最基本构成要素。市场约束即政府凭借其法定权利，运用特定的权威性工具，对既有建筑节能改造市场相关主体进行约束限制和规制，是政府的经济管理基本职能。由于节能改造主体的"经济人"属性与市场信息不对称特性的双重影响，决定了节能改造市场在市场信息不对称下容易因追求自身利益最大化而产生不良市场行为，影响既有建筑节能改造市场有序运行。有鉴于此，政府凭借其法定权力和职能，架构既有建筑节能改造市场法律法规体系，强制市场主体在法制框架内从事市场活动，以有效发挥政府市场约束作用。这不仅是确保既有建筑节能改造市场正常运行,而且也是推动市场平稳运行快速发展的前提要求。

(2) 政府市场激励作用。

政府市场激励作用是调动市场主体积极性并激发市场发展活力的关键,也是政府作用力的最核心构成要素。既有建筑节能改造市场的激励必要性是由市场经济正外部性、主体能力与节能意识薄弱性等因素共同决定的。经济活力是市场可持续发展的根本,然而由于既有建筑节能改造公共品属性的影响,且加之当前节能改造主体自身能力与节能意识薄弱等多重因素的抑制作用,造成既有建筑节能改造市场发展活力不足,这是导致我国既有建筑节能改造事业推进缓慢的主要原因。基于此,政府通过财政补贴、税收优惠、资金奖励以及企业资质升级等激励措施架构市场激励机制,不仅可以削弱经济正外部性等因素对主体积极性的抑制作用,而且能够激发市场发展活力,加速既有建筑节能改造事业的市场化进程。

(3) 政府市场治理作用。

政府市场治理是指政府在市场经济条件下对公共事务的治理,是由政府治理理念、治理结构和运作方式与过程所构成的三位一体的有机框架或网络。市场治理作用作为政府作用力的重要构成部分,是既有建筑节能改造市场的调控者,掌控着市场的运行方向并适时进行调整与纠偏,确保既有建筑节能改造市场健康发展。政府市场治理的必要性是由多重因素共同决定的,其中主要原因在于我国既有建筑节能改造起步较晚,当前不成熟市场尚未建立完善的市场机制,市场主体容易因追求自身利益而钻空子,对市场产生不良影响;同时既有建筑节能改造市场发展是一个非静态过程,市场各要素动态发展变化,面对动态的市场环境,确保市场不偏离"安全"运行的航道健康有序发展,需要政府进行适时把控与调节。

7.1.2 既有建筑节能改造市场发展中政府作用力基本特征

1. 动态演化性

政府作用力的动态演化特性是由既有建筑节能改造市场的成熟化发展需求所决定的,是市场成熟化演进的内在要求。既有建筑节能改造市场的发展是一个动态演进的过程,随市场机制与相关制度的不断建立与完善,市场将经历起步、发展、成熟3个阶段[13]。政府作为驱动既有建筑节能改造市场发展的外在引擎，随市场的动态发展，其原有经济激励政策的有效性、法律法规的约束能力以及市场管制方式的科学性都将发生变化，若要持续推动既有建筑节能改造市场发展，动态调整相关规章制度、适时激励市场主体、完善市场体制机制是必然要求。故而，既有建筑节能改造市场发展的政府作用力并非一成不变，而是随市场发展始终处于动态演进过程之中，以契合市场发展的现实需求，推动既有建筑节能改造市场向成熟化演进。

2. 目标导向性

目标导向性是既有建筑节能改造市场发展的政府作用力最显著的特征。既有建筑节能改造是关于"人"的社会性经济活动，是具有目的性的行为集合。政府作为既有建筑节能改造的核心主体之一，其参与既有建筑节能改造的目的性可从局部与全局两个视角分析。从局部来看，政府实施既有建筑节能改造的目的在于促进既有建筑节能改造市场健康有序发展以完成节能改造目标，并促进社会经济的增长；从全局出发，实施既有建筑节能改造的目的在于节能减排，实现国民经济与生态环境可持续发展。因此，政府实施既有建筑节能改造是以市场健康发展为导向，以可持续发展为最终目标的目的性行为，决定政府作用力的目标导向特性。

3. 功能综合性

政府作用力的功能综合性是由既有建筑节能改造市场发展的复杂多样性要求决定的。既有建筑节能改造项目较一般工程项目而言，具有产权结构复杂、主体利益诉求多元化以及不可测风险因素众多的特点，顺利开展节能改造工作并完成目标，需要政府有效运用行政手段协同多方主体。此外，既有建筑节能改造具有公共品属性，仅靠市场机制难以有效内化市场正外部性和消除市场信息不对称等市场失灵问题。因此，推动既有建筑节能改造市场健康发展必须综合发挥政府引导市场发展方向、监管市场主体行为和协调市场主体利益的核心职能作用，以有效解决内化市场正外部性、提高市场透明度和清除市场融资障碍等复杂多变的发展难题。

7.2 既有建筑节能改造市场发展中政府作用力实现形式及过程

政府作用力作为一个聚合构念，反映的是政府对既有建筑节能改造市场发展的整体驱动效能,其实现的形式和过程具有多样性和复杂性。

7.2.1 既有建筑节能改造市场发展中政府作用力实现形式

1. 通过构建市场监管机制发挥政府约束作用

市场监管指的是政府运用法律、经济及行政等手段,对既有建筑节能改造市场的资源分配、权利行使、权利交易等行为以及其他与之相关的问题进行监督与管理。既有建筑节能改造市场与任何市场一样,"经济人"属性下市场主体都有可能出现市场违规行为。而市场监管作为政府进行市场干预最直接有效的手段,可以促进市场法制化、规范化发展,是我国政府进行市场干预最常见的方式。

从市场监管内容来看,在宏观层面上可以分为市场准入监管和市场行为监管两个方面。市场准入监管即从ESCO进行资质审核登记开始,在资质审核中基于重点行业建立和发展的要求,防止不合理投资和非法经营,在资格审核后,采用回访与巡检等方法对范围登记以及经营的行为进行复核[55],如是否存在超范围、虚假验资、抽逃出资和"三无"企业等。经严格依法审批申请,对符合条件的确立其资格,明确权利和义务,从源头上控制既有建筑节能改造市场整体运行,这是政府进行市场监管的第一步。市场行为监管则是在既有建筑节能改造市场经济活动中,对市场主体从事市场经营活动竞争的正当性进行监督,避免不合法操纵和垄断经营扰乱市场经济秩序。但是就目前政府实践来看,政府市场管制对于市场主体能动性和积极性的抑制作用,以及市场准入把关不足和市场主体行为监管缺位等问题是未来完善市场监管机制,有效发挥政府市场约束作用,需要特别重视的地方。

2. 通过构建市场激励机制发挥政府激励作用

基于市场主体需求,运用有效的激励措施是调动市场主体积极性,激发市场发展活力的关键。既有建筑节能改造市场虽有别于纯粹的公共服务市场,但既有建筑节能改造同公共服务一样具有明显的公共品属性,是一个正外部性经济特征显著的市场,同时既有建筑节能改造具有投资成本高、风险大、收益回收期长的特点,内在决定了市场外部激励的必要性。所以基于市场正外部特性构建市场激励机制,是我国政府在既有建筑节能改造实践中发挥政府激励作用的主要形式。

既有建筑节能改造市场作为一个多元利益主体市场,各主体相互作用相互影响,共同决定既有建筑节能改造市场的发展。有效发挥市场激励机制的市

第7章 既有建筑节能改造市场发展中政府作用力影响机理与博弈策略

激励作用,必须满足多元利益主体的不同利益需求,以充分调动市场主体节能改造的积极性。目前就市场激励机制的具体运行状况来看,以财政补贴为主,兼顾税收优惠和资金奖励等措施是我国政府进行市场激励的主要手段[56]。这对于主体利益多元化的既有建筑节能改造市场来说,其激励手段相对比较单一,存在着激励力度不足、正负激励与激励针对性缺失的情况。千篇一律的激励方式,在面对不同既有建筑类型和不同合作关系的市场主体时,必然难以充分调动市场主体积极性。因此,有效发挥政府市场激励作用,实现市场激励机制激励手段的多元化、激励对象的针对性以及激励体系的层次性是有效激发市场发展活力的关键。

3. 通过构建市场动态纠偏机制发挥政府治理作用

根据既有建筑节能改造市场发展的动态运行步伐,适时发现市场发展问题并采取有效的治理措施,是确保市场健康可持续发展的重要保障。既有建筑节能改造市场发展的实质是多方利益主体动态博弈的过程,市场主体的需求以及政府的时效性也均随着市场动态发展而变化。基于市场运行过程中的动态反馈信息,构建市场动态纠偏机制适时进行市场治理是我国政府发挥政府市场治理作用的实现形式。

市场动态纠偏机制作为既有建筑节能改造市场发展过程的动态调控机制,对处理市场和政府失灵具有重要意义。从市场动态纠偏机制的内在作用机理来看,其由市场治理组织结构和市场治理工具两者相互作用而生效。市场治理组织即政府与ESCO、业主以及社会群体基于特定关联关系而形成的网络化组织结构,其组织结构的合理性内在决定了市场治理体系的治理能力,明确治理体系中各主体的权责边界,并有效协同各方治理主体,发挥各主体治理优势是关键[57]。市场治理工具指的是治理主体进行市场治理时所应用的措施与手段,合理应用治理工具是保证市场治理达到预期效果的重要条件。目前我国政府在既有建筑节能改造市场治理过程中,治理工具以管制型政策工具为核心,主要采取的强制性的科层治理,而柔性治理方式,以及市场自治和社会治理尚未得到根本发展,这也是造成当前既有建筑节能改造市场主体积极性不足的重要原因。

7.2.2 既金有建筑节能改造市场发展中政府作用力实现过程

政府作为既有建筑节能改造市场的外在培育者,权威性的政策是其进行市场干预的唯一工具。因此,从既有建筑节能改造市场发展中政府作用力实现过

既有建筑节能改造市场动力机制

程的本质来看，政府作用力实现过程的实质就是既有建筑节能改造相关政策运行生效的过程。既有建筑节能改造相关政策运行生效依托于政策运行系统，是政策要素之间相互联系、相互作用的动态过程，包含了多重政策运行系统之间的内在联动，如图7-2所示。

既有建筑节能改造政策运行系统具体可分为政策制定、政策执行、政策作用及政策评估等4个。政策制定是政策运行的第一个阶段，其由政策制定系统中的战略规划子系统和问题搜寻子系统组成，将未来国家发展的战略部署与当前既有建筑节能改造事业发展的具体问题呈递于方案设计子系统进行政策方案设计，最后由方案决策子系统对设计方案进行抉择，并对选择方案进行合法化处理。政策执行是政策运行的第二个阶段，即在政策制定并出台后，由政策执行主体执行出台政策并贯彻落实。其执行过程主要由政策执行系统中的监督子系统、问责子系统以及执行子系统彼此相互监督与制约而完成。第三个阶段为政策作用阶段，也是既有建筑节能改造政策生效的阶段，即政府作用力实现的阶段。政策作用系统是既有建筑节能改造市场相关主体，在政策执行主体对出台政策执行并实施的情况下，参与既有建筑节能改造市场交易活动，使既有建筑节能改造市场发展能够符合政府的战略布局与未来期望。第四个阶段为政策评估阶段，也可以视为政策实施绩效验证与反馈阶段，通过政策评估系统中的信息收集子系统、咨询子系统以及评价子系统，根据既有建筑节能改造市场发展的具体信息，对既有建筑节能改造政策进行系统评价，并反馈给政策制定系统，以供政策制定系统的相关主体对既有政策进行调整与完善。

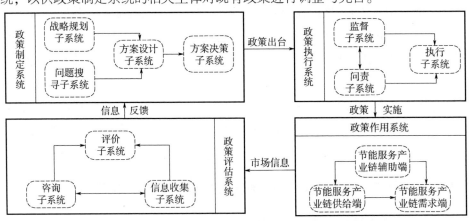

图7-2 既有建筑节能改造市场发展中政府作用力实现的政策运行系统

7.3 既有建筑节能改造市场发展中政府作用力影响机理架构

7.3.1 既有建筑节能改造市场发展中政府作用力影响因素识别

既有建筑节能改造市场是一个由多主体（政府、ESCO、业主）协同驱动发展的市场，主体间相互作用构成驱动市场机制运行的动力系统，政府作用力的形成不仅受政策本身影响，而且受市场执行主体的约束。基于此，本书在梳理已有理论研究成果的基础上结合既有建筑节能改造市场自身的特性，从 ESCO 行为特征、业主行为特征、政策法规体系、政府管制方式、政策执行力等 5 个方面梳理既有建筑节能改造市场政府作用力实现的影响因素。

（1）ESCO 行为特征对政府作用力实现的影响。

ESCO 是既有建筑节能改造市场产品或服务的供给者，基于自身利益诉求参与节能改造，其市场行为是决定政府制定的节能政策能否有效落实的关键。ESCO是既有建筑节能改造的重要参与主体，基于合同能源管理的市场运作模式为业主提供包括设计、融资、采购、施工等全套的节能改造服务[58]，其改造积极性、改造行为的规范性等行为特征受政府法规体系、政府管制方式以及政策执行力等因素影响。与此同时，既有建筑节能改造市场是一个正外部性和信息不对称性显著的市场，在正外部性和信息不对称下 ESCO 容易因追求自身利益最大化而产生逆向选择与道德风险，直接影响政策的市场效果。

（2）业主行为特征对政府作用力实现的影响。

业主是既有建筑节能改造市场产品或服务的接受者，其节能行为是最后确保节能政策能否生效的重要环节。业主是既有建筑节能改造中的最大受益者，基于 EPC 的市场运作模式决定业主几乎不用承担项目的任何风险就能享受节能效益，且其节能行为不受监督，可以说是既有建筑节能改造中占主导优势的一方。但由于业主的专业知识水平和获取信息的能力有限，业主也是节能改造中信息占有处于劣势的一方，所以政府是否建立具有公信力的信息披露机制将直接影响业主的市场行为，并且业主的节能改造积极性受其节能意识影响，政府政策对节能改造的宣传是提升业主节能改造意识的重要因素。

(3) 政策法规体系对政府作用力实现的影响。

完善的政策法规体系是政府市场作用力形成的前提。政策和法规是国家为引导市场发展、规范市场主体行为以促进市场健康有序发展而衍生的产物，其颁布的目的在于促进市场规范化、法制化发展，对市场主体加以引导与协调，促使市场朝所希望的方向发展。而政策和法规能否有效指导和规范市场的前提在于体系的完善程度，完善的政策法规体系是避免市场主体利用其盲区采取投机行为谋取自身利益的关键。因此，政策法规体系是政府作用力实现的重要因素。

(4) 政府管制方式对政府作用力实现的影响。

科学有效的政府管制方式是政府作用力实现的必要条件。政府管制是为矫正市场失灵和克服市场缺陷而由政府主体依法对市场经济活动及相关社会问题进行监督和规制的活动[59]。既有建筑节能改造具有公共品属性，经济外部性与信息不对称性等市场失灵现象客观存在于既有建筑节能改造市场，面对市场失灵仅依靠市场无形的手——市场机制难以奏效，科学的政府管制是弥补市场机制不足、消除市场失灵的有效措施[60]。但政府管制能否有效发挥其市场作用，其管制方式的科学性至关重要，因为不论是行政管制和经济性管制，还是新自由主义影响下的社会性管制，虽均是政府管制的范畴，但它们针对市场特定领域的作用和效果具有显著的差异，市场主体对于不同的管制方式，其积极性和能动性也不同。因此，政府管制方式既是直接影响政府作用力实现的重要因素，同时也对市场主体行为特征具有重要影响。

(5) 政策执行力对政府作用力实现的影响。

高水平的政策执行力是政府作用力实现的内在要求。政策执行力指的是政策执行过程中的效能[61]。既有建筑节能改造市场涉及多主体，各主体基于自身利益诉求，以追求自身利益最大化为目标，而政府实施政策的目的在于谋取社会整体效益最大化，但整体效益最大化和个人利益最大化往往具有一定的矛盾性，需要追求自身利益最大化的主体承担更多的社会责任且兼顾社会整体的效益，因而导致不同主体对政策具有不同程度的执行偏好。

7.3.2 结构方程模型基本原理概述

结构方程模型（SEM）是一种以特定理论为基础，将测量和分析整合在一起的计量研究技术，用于定量分析观测变量（可以测量的变量）与潜在变量（无法观测的变量或构念）、潜在变量之间的作用机理和关联关系。SEM 本质上是一种验证式的模型分析，利用研究者搜集的实证资料来确认假设的潜在变量间的关系，以及潜在变量与显性指标的一致程度。因此，一个完整的结构方程模型包括两个次模型：测量模型与结构模型，测量模型描述的是潜在变量如何被相应的观测变量所测量或概念化；而结构模型主要用于分析潜在变量之间的关系，以及模型中其他变量无法解释的变异量部分[62]。结构模型与测量模型的简易关系如图7-3所示，其分别可用方程式表示如下：

$$\eta = B\eta + \Gamma\xi + \zeta$$
$$X = \Lambda_X\xi + \delta$$
$$Y = \Lambda_Y\eta + \varepsilon$$

式中，η，ξ分别代表内生潜在量和外生潜在变量；X，Y分别表示外生显变量向量以及内生显变量向量，Λ_X，Λ_Y分别表示外生显变量X和内生显变量Y的因子载荷矩阵，ζ，δ，ε分别表示内生潜在变量、外生显变量以及内生显变量的测量误差。

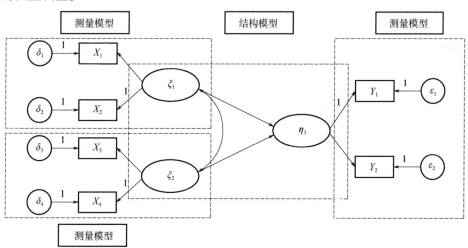

图7-3 结构方程模型基本结构示意图[62]

7.3.3 既有建筑节能改造市场发展中政府作用力影响机理研究设计

基于上述政府作用力实现的影响因素识别以及各影响因素之间的作用逻辑关系，利用结构方程模型，对各影响因素的作用路径和关联关系进行研究假设并构建初始概念模型，在此基础上探究既有建筑节能改造市场发展中各影响因素对政府作用力实现的内在影响机理。

既有建筑节能改造市场动力机制

1. 理论假设与概念模型

基于政府作用力实现的影响因素识别和作用逻辑关系，分别针对各影响因素，提出理论假设如下：

H_1：ESCO 行为特征作为中介变量对政府作用力实现具有直接的正向影响作用。

H_2：业主行为特征作为中介变量对政府作用力具有直接的正向影响作用。

H_{31}：政策法规体系对政府作用力实现具有直接的正向影响作用。

H_{32}：政策法规体系通过中介变量——ESCO 行为特征对政府作用力实现具有间接的正向影响作用。

H_{33}：政策法规体系通过中介变量——业主行为特征对政府作用力实现具有间接的正向影响。

H_{41}：政府管制方式对政府作用力实现具有直接的正向影响作用。

H_{42}：政府管制方式通过中介变量——ESCO 行为特征对政府作用力实现具有间接的正向影响。

H_{43}：政府管制方式通过中介变量——业主行为特征对政府作用力实现具有间接的正向影响。

H_{51}：政策执行力对政府作用力实现具有直接的正向影响作用。

H_{52}：政策执行力通过中介变量——ESCO 行为特征对政府作用力实现具有间接的正向影响。

H_{53}：政策执行力通过中介变量——业主行为特征对政府作用力实现具有间接的正向影响。

综上所述，本书构建既有建筑节能改造市场政府作用力实现影响机理研究概念模型如图 7-4 所示。其中政策法规体系、政府管制方式、政策执行力为外生潜在变量，ESCO 行为特征、业主行为特征以及政府作用力为内生潜在变量，同时 ESCO 行为特征与业主行为特征是模型的中介变量。

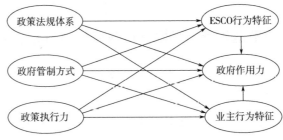

图 7-4　政府作用力实现影响机理研究概念模型

第7章 既有建筑节能改造市场发展中政府作用力影响机理与博弈策略

2. 问卷设计与数据收集

本书立足于研究的科学性和有效性,采用调查问卷的形式确定相关观测指标并获取实证数据。具体步骤如下:首先,根据前期理论研究并结合既有建筑节能改造市场的特性,初步确定既有建筑节能改造市场政府作用力实现的影响因素的指标体系;然后,将初步确定的指标体系以问卷的形式咨询来自学术界和企业界的8位相关专家,根据专家的反馈意见最终形成涵盖6个分项共23个观测题项的调查问卷;最后,将以李克特量表作为评分标准的调查问卷向相关领域发放问卷,1~5分分别表示"影响程度最低"到"影响程度最高"。

为保证调研结果的可靠性,接受问卷调查的主体主要来自于从事建筑节能的专家、ESCO、房地产公司以及施工单位。以电子邮件和现场咨询的方式共发放367份调查问卷,回收问卷213份,回收率为58.04%,然后针对回收的问卷再次进行检查,剔除明显的无效问卷(例如:明显乱填),得到有效问卷178份,问卷的有效率为83.57%。

3. 数据信效度检验

为验证调研所得实证数据的可靠性与有效性,本书使用SPSS 22.0对指标进行了描述统计分析和信效度检验。信度分析采用的是Cronbach's Alpha(α值)系数法,得到政策法规体系、政府管制方式、政策执行力、ESCO行为特征、业主行为特征以及政府作用力的α值分别为0.76、0.82、0.78、0.75、0.77、0.83,以及指标总体的α值为0.79,均高于0.60的判别标准,表明问卷信度较佳。效度分析采用的是探索性因子分析,得到各潜在变量在观测变量上的因子载荷均高于0.71,说明观测变量50%以上的方差都能够被潜在变量反映[62],问卷的效度水平达到要求,分析结果如表7-1所示。

表7-1 测量量表的变量及其信效度分析结果

潜在变量	观测变量	因子载荷	α值
政策法规体系	法律法规完善性(X_1)	0.74	0.76
	财税政策完善性(X_2)	0.78	
	金融政策完善性(X_3)	0.75	
	激励政策完善性(X_4)	0.86	
政府管制方式	行政管制(X_5)	0.77	0.82
	经济管制(X_6)	0.84	
	社会管制(X_7)	0.80	

(续)

潜在变量	观测变量	因子载荷	
政策执行力	执行刚度（X_8）	0.76	0.78
	执行力度（X_9）	0.84	
	执行速度（X_{10}）	0.73	
	执行效度（X_{11}）	0.74	
ESCO行为特征	改造行为规范性（X_{12}）	0.79	0.75
	改造积极性（X_{13}）	0.73	
	信息互通意愿（X_{14}）	0.80	
	利益共享意愿（X_{15}）	0.74	
业主行为特征	用能行为规范性（X_{16}）	0.76	0.77
	监督改造意愿（X_{17}）	0.75	
	共担改造风险意愿（X_{18}）	0.72	
	承担改造资金意愿（X_{19}）	0.79	
政府作用力	政府管理成本（Y_1）	0.79	0.83
	市场透明度（Y_2）	0.82	
	市场机制运行动力（Y_3）	0.85	
	市场交易成本（Y_4）	0.80	

7.4 既有建筑节能改造市场发展中政府作用力实现影响机理实证分析

7.4.1 基于SEM的政府作用力影响机理实证模型

1. 初始模型拟合度检验

（1）模型整体适配度检验。

基于模型整体拟合的角度，利用AMOS 22.0对初始模型进行估计，以SEM研究中最普遍使用的评判指标（简约适配度指标、绝对适配度指标、相对适配度指标）作为模型整体适配度的评判指标，估计结果如表7-2所示。参考评判建议值，各评价指标均达到判断标准值的要求，表明初始模型整体（模型Ⅰ）适配情况较好，可进一步用于验证研究假设。

第7章 既有建筑节能改造市场发展中政府作用力影响机理与博弈策略

表7-2 初始模型整体适配度拟合指数及判断标准

适配指标	简约适配度指标			绝对适配度指标			相对适配度指标		
	X^2/df	PGFI	PNFI	GFI	AGFI	RMSEA	NFI	TFI	CFI
建议值	1~3	>0.5	>0.5	>0.9	>0.9	<0.08	>0.9	>0.9	>0.9
模型 I	1.936	0.643	0.735	0.947	0.953	0.056	0.955	0.942	0.943

（2）模型内在结构适配度检验。

模型内在结构适配度检验，即检验模型内在质量，通过估计参数是否达到显著性水平、潜在变量组合信度（CR）是否高于1.96等指标进行评价[63]。表7-3为模型参数估计结果，其中业主行为特征←政策法规体系、业主行为特征←政策管制方式两条路径的标准化路径系数分别为0.046、0.021，其$CR<1.96$，且显著性检验值$P>0.5$，即影响不显著，未达到建议的标准值。根据当前我国既有建筑节能改造市场发展的现状，当前我国政府管制的主要对象是ESCO，相关政策法规同样也是以ESCO为中心制定，而对于业主基本无任何约束与管制，合理解释了政策法规体系与政府管制方式对业主行为特征影响小的检验结果。因此，模型内在结构适配度未达到要求水平，应予以修正。

表7-3 初始模型参数估计结果

影响路径	标准化路径系数	SE	CR	P值	假设理论	是否接受原假设
政府作用力←政策法规体系	0.271	0.032	4.537	***	H_{31}	接受
ESCO行为特征←政策法规体系	0.507	0.025	3.968	***	H_{32}	接受
业主行为特征←政策法规体系	0.046	0.043	1.593	0.723	H_{33}	不接受
政府作用力←政府管制方式	0.383	0.034	2.712	***	H_{41}	接受
ESCO行为特征←政府管制方式	0.624	0.041	3.573	0.007	H_{42}	接受
业主行为特征←政府管制方式	0.021	0.029	1.134	0.689	H_{43}	不接受
政府作用力←政策执行力	0.318	0.037	5.623	0.003	H_{51}	接受
ESCO行为特征←政策执行力	0.442	0.019	6.135	***	H_{52}	接受
业主行为特征←政策执行力	0.211	0.033	4.263	***	H_{53}	接受
政府作用力←ESCO行为特征	0.648	0.047	5.148	***	H_1	接受
政府作用力←业主行为特征	0.286	0.049	3.227	***	H_2	接受

注：*** 表示$P<0.001$。

2. 模型修正

SEM 模型修正常用方法有放宽假定与添加新约束，即根据模型输出结果的 CR 值和 MI 值对模型修正。由初始模型（模型Ⅰ）的内在结构适配度检验可知，业主行为特征←政策法规体系、业主行为特征←政策管制方式两条路径 CR 值小于 1.96，且未达到显著性水平，因此，采用 CR 值对模型进行修正，删除业主行为特征←政策法规体系、业主行为特征←政策管制方式两条未达到显著性水平的路径关系，并检验修正模型（模型Ⅱ），修正后模型整体适配度拟合结构如表 7-4 所示。

表 7-4 模型Ⅱ整体适配度拟合结果

适配指标	简约适配度指标			绝对适配度指标			相对适配度指标		
	X^2/df	PGFI	PNFI	GFI	AGFI	RMSEA	NFI	TFI	CFI
建议值	1~3	>0.5	>0.5	>0.9	>0.9	<0.08	>0.9	>0.9	>0.9
模型Ⅰ	1.936	0.643	0.735	0.947	0.953	0.056	0.955	0.942	0.943
模型Ⅱ	2.247	0.648	0.713	0.932	0.934	0.063	0.955	0.912	0.903

由修正后模型的检验结果可以看出，在模型Ⅰ的基础上删除两条上述不显著的路径关系后，模型的自由度增加，模型Ⅱ的整体适配度较模型Ⅰ而言有所下降，但模型整体适配度依然较佳，通过整体适配度检验。而修正后模型的路径系数和载荷系数均达到 1% 以上显著性水平，且所用潜变量在观测变量上的标准化因子载荷均在 0.50~0.95 之间，表明修正后模型Ⅱ通过了内在适配度检验[62]，修正后模型标准化路径系数图如图 7-5 所示。

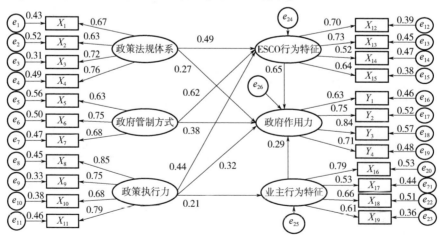

图 7-5 政府作用力影响因素修正模型路径系数图

7.4.2 既有建筑节能改造市场发展中政府作用力影响因素关联关系及关键要素分析

基于上述实证研究，潜在变量之间的路径系数均显著为正，说明政策法规体系、政府管制方式、政策执行力、ESCO 和业主的行为特征对政府作用力均有显著的正向影响，验证了部分原假设，进一步对模型结果进行分析可得以下结论：

1) 从各个因素的影响强度来看，三个外生潜在变量的影响总效应（由图 7-5 中数据计算所得）从高到低排序分别为：政府管制方式（0.783）、政策执行力（0.667）、政策法规体系（0.589）。表明我国当前既有建筑节能改造市场发展的政府作用力实现受政府管制方式影响最显著，其次是政策执行力，而政府政策法规体系较二者而言对其影响作用较小。

2) 从影响政府作用力实现的路径关系来看，政策法规体系、政府管制方式、政策执行力对政府作用力实现的影响既有直接作用，也有间接效应，ESCO 行为特征、业主行为特征为中介变量，直接影响政府作用力实现。标准化的参数估计结果表明，政府管制方式的影响总效应排在第一位（总效应 0.783），合理的政府管制方式一方面直接促进既有建筑节能改造市场政府作用力的形成（直接效应 0.38），与此同时，另一方面通过影响 ESCO 的行为特征间接作用于政府作用力（间接效应 0.403）；政策执行力排在第二位（总效应 0.667），高效的政策执行力一方面确保政策有效落实直接推进政府作用力实现（直接效应 0.32），另一方面良好的政策执行力直接影响市场主体的行为特征，从而间接影响政府作用力实现（间接效应 0.347）；政策法规体系排在第三位（总效应 0.589），意味着健全并完善的政策法规体系将直接影响政府作用力实现（直接效应 0.27），同时完善的政策法规体系能够有效规范与引导市场主体，间接影响其市场效应（间接效应 0.319）。

3) 从潜在变量与观测指标之间的关系来看，激励政策体系完善性（0.76）和金融政策体系完善性（0.72）最能够反映政策法规体系；执行刚度（0.85）和执行效度（0.79）最能够反映政策执行力；经济管制（0.75）最能够反映政府管制方式；ESCO 改造积极性（0.73）和改造行为规范性（0.70）最能够反映 ESCO 行为特征；业主用能行为规范性（0.79）和风险共担意愿（0.66）最能够反映业主行为特征；市场机制运行动力（0.84）和市场透明度（0.75）最能够反映政府作用力。

4）从中介效应来看，ESCO 与业主行为特征是政府作用力实现重要的传导中介，对政府作用力实现具有重要影响。判别中介变量是否发挥作用的标准是计算外生潜变量的直接效应是否小于其间接效应，若直接效应<间接效应，表示中介变量具有重要传导作用，应予以重视；若直接效应>间接效应，表明中介变量不发挥作用，应予以忽略[62]。从修正后模型的路径系数图可以计算出，政策法规体系、政府管制方式、政策执行力的直接效应均小于间接效应，表明 ESCO 与业主行为特征对政府作用力的实现有不可忽视的影响作用。

7.4.3 既有建筑节能改造市场发展中政府作用力影响机理实证启示

1. 科学实施政府管制，推动市场健康发展

既有建筑节能改造市场信息不对称、经济外部性等特性决定了实施科学有效的政府管制是消除市场失灵的有效方式。当前我国既有建筑节能改造市场的政府管制方式比较单一，主要以命令式的行政管制方式为主，其主要原因在于我国既有建筑节能改造起步较晚，实施强制性的行政管制有利于迅速开展改造事业。然而，单一的行政管制有利也有弊，长期实施命令式的强制性管制不仅限制了市场主体的主观能动性，而且也抑制了主体的改造积极性，这也是当前我国既有建筑节能改造市场机制运行乏力的重要原因。实证结论表明政府管制方式是影响政府作用力实现的首要因素（总效应 0.783），意味着提高政府管制的科学性是促进政府作用力实现、推动市场健康发展的关键。基于目前我国既有建筑节能改造市场发展现状，科学实施政府管制，首先，要实现管制方式的多元化，解决当前管制方式单一局面；其次，政府管制方式与观测变量间的关系表明经济管制是最主要的反映性指标（0.75），合理解释了基于 EPC 的市场运作模式决定了实施经济管制是推动既有建筑节能改造市场化发展的关键。因此，应以经济管制为主，灵活运用行政管制和社会管制，推动 EPC 模式的发展。

2. 增强政策执行力，确保顶层设计有效落地

增强政策执行力是确保节能政策落实生效的内在要求。研究结果显示，政策执行力是仅次于政府管制方式的重要影响因素（总效应 0.667），意味着增强政策执行力是促进政府作用力实现的关键措施。此外，研究表明执行刚度与执行效度是最能够反应政策执行力的观测指标，说明执行政策的态度和意愿等是提升政策执行力的前提。因此，增强政府执行力，首先，应建立激励机制提高

政策执行者的积极性；其次，从当前既有建筑节能改造市场的现状来看，增强政策执行力要做到协同中央与地方政府的利益诉求以确保价值取向一致，我国基于 GDP 的绩效考核模式导致地方政府倾向于支持经济效益回收期短的粗放型产业，而不是前期投资高、后期收益回收期长的既有建筑节能改造服务产业；最后，增强政策执行力应建立有效的市场监管机制确保政策落实生效，即确保政策执行力的效度。

3. 完善政策法规体系，保障市场运行有序

完善的政策法规体系是保障既有建筑节能改造市场有序运行的前提。指引性、规范性是政策法规所具有的基本属性，通过颁布政策法规能够促进市场规范化、法制化发展，并能够引导市场朝预期的方向发展，但是政策法规能够完全有效规范和引导市场主体，其完善性至关重要。研究表明政策法规体系对政府作用力实现的影响强度为 0.589，较政府管制方式和政策执行力而言影响较小，其实证结论与实际情况较符合。因为我国自实施既有建筑节能改造以来，政府为推动既有建筑节能改造市场快速发展，颁布了一系列的政策法规和条例，其体系框架已基本建立，但是我国既有建筑节能改造起步较晚，政策法规体系的完善程度依然不足，仍存在诸多漏洞和空白，导致市场主体投机行为盛行。因此，完善政策法规体系依然是发挥政府作用力的重点。从政策法规体系与其观测变量的关系可以看出，激励政策体系和金融政策体系的完善性是反映政策法规体系的主要观测指标，所以完善激励政策和金融政策是进一步完善政策法规体系的要点。

4. 建立激励机制，调动供需主体积极性

既有建筑节能改造市场的正外部性与信息不对称决定了外部激励的必要性，建立激励机制是调动主体积极性、促进市场机制健康运行的重要措施。ESCO 和业主积极性不足是当前我国既有建筑节能改造市场发展缓慢的重要原因，ESCO 积极性不足的首要原因在于既有建筑节能改造的正外部性与信息不对称等特殊属性，次要原因在于当前我国既有建筑节能改造市场中 ESCO 规模普遍较小、市场信誉未建立，以致其融资困难。此外，在我国 EPC 运作模式主要以节能量效益分享型为主，在此模式下，ESCO 几乎承担了改造的绝大部分风险。而业主方面的根本原因在于其节能意识不足，并且随着生活水平的提高，习惯于高消费高支出的生活方式，对于节能改造所带来的效益不敏感，以致其积极性不足。研究表明 ESCO 与业主行为特征是政府作用力实现的重要传导中介，主体行为

规范性与积极性是主要的反映性观测指标。因此，建立激励机制是激发市场主体积极性，发挥政府作用力，促进既有建筑节能改造市场健康发展的重点。

7.5 既有建筑节能改造市场发展中多主体行为博弈概述

根据研究问题的背景特性，科学选取博弈模型对研究既有建筑节能改造市场主体行为特征及演变规律具有决定性作用。基于此，本节在阐述演化博弈相关理论和概述市场发展中多方主体博弈特性的基础上，对博弈模型的选择和主体进行界定。

7.5.1 既有建筑节能改造市场发展中多主体行为博弈特性概述

1. 博弈主体的有限理性

市场环境的复杂性和主体能力的有限性，决定了既有建筑节能改造市场发展中多主体行为博弈的有限理性特征。首先，在市场环境方面，市场主体在进行既有建筑节能改造过程中，所处的是一个复杂的、信息不对称的不确定博弈环境，而且随着市场交易数量的增加，信息的复杂程度越来越高，市场主体所面临的不确定性越来越大；其次，从市场主体能力看，由于市场主体知识的不完备性、对行为结果不确定性预见的困难以及行为可行性范围的限制，市场主体对于环境的认识和计算能力是有限度的，不可能无所不知。

2. 博弈环境的非静态性

既有建筑节能改造市场的动态性决定了多主体博弈环境的非静态特征。由第6章中的市场运行特征分析与发展阶段界定可知，既有建筑节能改造市场是一个非静态市场，因为市场要素的相互作用，市场一直处在一种动态运行的过程之中，并随着各要素的补充和完善，市场将逐渐趋于成熟化。因此，就既有建筑节能改造市场多主体博弈环境而言，并非传统博弈论中可预见和一成不变的，而是一种具有不确定性且一直处于动态变化的博弈局势。

3. 博弈过程的反复性

市场发展中多方主体博弈过程的反复性是由市场主体的有限理性所造成的。诺贝尔经济学家赫伯特·西蒙（Herbert Simon）指出，完全理性下决策主体寻求的是最优型策略，而有限理性下决策主体寻找的是满意型决策[64]。由于决策主体的有限理性，市场主体在博弈过程中很难一次性全面考虑所有可能的决策方案，并且对各种行动策略可能产生的后果进行准确无误的预测，通常是在不充分了解的情况下就做出带有主观色彩的判断。因此，市场主体的博弈过程并不是一蹴而就的，而是一个随着市场主体不断学习与选择，通过反复调整其行为策略，最终达到一种策略均衡的过程。所以既有建筑节能改造市场发展中多主体博弈的过程是一个反复博弈的过程。

7.5.2 既有建筑节能改造市场中博弈模型选择及主体界定

1. 博弈模型选择

基于研究问题的背景特性，科学选取博弈模型对于有效解决研究问题具有决定性作用。博弈论是一门以数学为基础，研究对抗冲突中最优解的学科，对于人们认识和解决相关社会经济问题具有重要理论价值和现实意义，但是由于研究问题的现实背景不尽相同，选取不同模型、解决不同问题所具有的作用大相径庭。因此，选取合适的博弈模型是确保既有建筑节能改造市场主体行为策略研究结论符合实际的先决条件。

基于多主体行为博弈特性分析可知，既有建筑节能改造市场是一个非静态市场，随着相关政策法规、管理制度、技术标准及节能市场服务体系的不断建立与完善，市场趋于成熟化[13]。并且由于既有建筑节能改造本身的复杂性和市场主体信息获取能力的差异性，既有建筑节能改造市场具有明显信息不对称特性[7]。

在非静态的信息不对称市场中，市场主体均为有限理性人，即限于自身的知识水平和信息获取能力，利益相关方之间因无法完全预见彼此行为策略而做出最佳抉择。面对这种非静态的信息不对称市场环境，以局中人完全理性和信息完全对称作为前提条件的经典博弈理论无法科学解释市场主体行为策略的演变规律，而演化博弈理论在传统博弈理论的基础上，融合了生态学的动态思想，突破了局中人完全理性、信息完全对称及静态的局限性，能够更为科学合理地预测博弈者行为。鉴于此，本书将运用演化博弈理论来展开既有建筑节能改造市场主体行为策略研究。

2. 主体界定

主体是既有建筑节能改造市场发展的内在力量。ESCO、业主和政府作为既有建筑节能服务产业链上的供需端和外在培育主体，是市场发展的结构性主体，是市场机制运行的核心动力源。因此，本书对于既有建筑节能改造市场主体行为策略的研究只涉及市场发展的结构性主体，即 ESCO、政府和业主，而对于银行、科研院所以及第三方认证机构等市场发展的辅助性主体不做重点分析。此外，此处的政府所扮演的角色仅是一个市场引导者和监管者，其目的在于运用相关政策工具为市场发展营造良好的环境，而不涉及中央与地方、地方与地方之间的利益博弈。

7.5.3 演化博弈相关理论阐述

博弈论，又称"对策论"，作为现代数学和运筹学范畴内的重要组成内容，它是在策略环境中运用严谨的数学模型来研究决策主体如何进行策略性决策和采取策略性行动的理论[65]。自20世纪40年代以来，以纳什（NASH）、泽尔滕（SELTEN）及海萨尼（HARSANYI）为代表的博弈论（传统博弈论）已成为现代经济学和管理学的重要分析工具，被广泛应用于分析和研究政治、经济、军事等领域相关问题[66]。传统博弈论在探讨决策主体行为时，包含三个基本前提假设：一是决策主体完全理性，即决策主体基于自身利益最大化诉求，在任何环境中均具有无限的信息处理能力和决策能力，可以在一次博弈时做出完美的判断；二是决策主体共同知识性，即不单是每个决策主体都知道的信息，而是每个决策主体都知道别人也知道该信息；三是博弈结构和博弈环境在博弈发生前事先给定[67]。在这些基本假设条件下，传统博弈论在研究相关问题时，其相比较经济学中的一般均衡理论，博弈均衡更加深入和贴近事实。然而就客观现实而言，传统博弈理论的这些基本前提假设有悖于实际情况，因为决策主体不论是信息处理能力还是学习能力均是有限的，尤其是在面对动态复杂的策略环境时，博弈往往存在多重均衡，而在传统博弈理论框架下，由于主体的完全理性和共同知识性，以及博弈结构和博弈环境静态，决策主体博弈策略是无法确定将达到哪一个均衡结果的，以及达到各个均衡的前提条件[68]。因此，在日益复杂和动态变化的博弈局势中，以传统博弈论作为分析工具得来的研究结果必然难以站住脚，存在明显的局限性。所以在决策主体有限理性的前提条件下，充分考虑结构和环境的动态变化特性成为博弈论的新需求。在此背景下，演化博弈论应运而生。

演化博弈论作为一种由生物进化论与非合作博弈理论完美结合的特殊博弈理论，是当前研究动态复杂性问题中主体行为策略的重要理论之一。演化博弈论较传统博弈论而言，演化博弈论摒弃了传统博弈论中决策主体完全理性的前提假设,并融入生态学中动态进化思想,认为决策主体是具有学习能力的有限理性人,即决策主体并不会在一次博弈下就达到最优稳定策略,而是在不断的选择和学习中通过反复调整其行为策略以达到某种策略均衡,然后再偏离、再均衡,是一个动态循环的过程[68-70]。因此,演化博弈论突破了传统博弈论中的局中人完全理性、信息完全对称以及环境静态可知的局限性,能够更为科学合理地预测博弈者行为。

7.6 既有建筑节能改造市场发展中政府作用过程三方主体行为博弈分析

7.6.1 既有建筑节能改造市场发展中基本假设与博弈模型构建

1. 模型基本假设及损益参数设定

假设1:构成博弈的局中人包括ESCO、政府和业主,且局中人均为有限理性人。

假设2:在既有建筑节能改造过程中,局中人均有两种不同的策略可供选择。从ESCO的角度来看,ESCO可凭借其市场信息整合能力和专业知识水平的优势,为谋取超额利润选择"提供不合格节能服务"策略,也可能因担心不合格节能服务在流入市场后影响企业信誉及市场份额,或顾忌政府发现不合格节能服务后受到惩罚,而严格执行相关标准,即选择"提供合格节能服务"策略。从政府的角度看,政府为推动既有建筑节能改造市场健康发展选择"实施调控"策略,即针对ESCO和业主实施正负激励措施来影响其市场行为,例如:针对ESCO的投机主义行为采取处以罚金、降低企业资质等负激励措施,而对于ESCO和业主积极行为则提供财政补贴、资金奖励等正激励措施;反之,政府也可能因为顾忌市场调控所需成本造成的财政压力,或市场管制的难度而选择"不实施调控"策略。从业主的角度看,业主可能为减少节能费用支出、提高室内舒适度以及获取政府的财政补贴而选择"接受节能改造"策略,也可能顾及ESCO提供不合格节能服务对其造成的损失而选择"不接受节能改造"策略。

假设3:ESCO选择"提供合格节能服务"策略的概率为x;政府选择"实施调控"策略的概率为y;业主选择"接受节能改造"策略的概率为z,且$0<x<1$,$0<y<1$,$0<z<1$。

假设 4：当业主选择"接受节能改造"策略时，ESCO 选择"提供不合格节能服务"的净收益为 R_1，此时若政府实施调控，政府对 ESCO 选择"提供不合格节能服务"策略的罚金为 D_1，且不合格节能服务流入市场后，导致企业信誉下降、市场份额降低以及合作伙伴流失，ESCO 需要为此支付的潜在损失为 D_2；而当 ESCO 选择"提供合格节能服务"策略时所需的成本为 C_1，此时若政府实施调控，政府对 ESCO 选择"提供合格节能服务"策略的补贴为 R_2，同时因 ESCO 选择"提供合格节能服务"策略会给企业信誉和品牌带来潜在收益为 R_3。反之，当业主选择"不接受节能改造"策略时，ESCO 选择"提供不合格节能服务"对彼此利益无实质影响，双方初始收益均为 0，但由于信息不对称，若 ESCO 选择"提供合格节能服务"策略时，由于支付了为使节能服务达到合格要求的努力成本，需要支付努力成本 C_2（$C_2 < C_1$），主要包括在设计、规划和谈判等方面付出的成本。

假设 5：当业主选择"不接受节能改造"策略时，不论 ESCO 选择何种策略，业主选择"不接受节能改造"策略的收益均为 0；当业主选择"接受节能改造"策略且 ESCO 选择"提供合格节能服务"策略，但政府未实施调控时的综合收益为 P_1，主要包括能源费用支出的减少、室内舒适度提升等；当业主选择"接受节能改造"且政府实施调控时，业主可获得政府的补贴为 P_2；但此时若 ESCO 选择"提供不合格节能服务"时，业主需要支付由于购买不合格节能服务所造成的成本及节能收益减少所带来的损失为 D_3。

假设 6：当政府选择"实施调控"策略时，除了 D_1、R_2、P_2 外，还需支付的监管成本为 C_3；当 ESCO 选择"提供不合格节能服务"策略时，不论政府是否实施调控，政府均需支付市场治理的成本为 D_4；当政府选择"不实施调控"策略时，ESCO 选择"提供合格节能服务"策略且业主选择"接受节能改造"策略对市场发展带来有利影响的定量化指标为 U。

2. 收益矩阵构建

根据上述基本假设和损益参数设定，可建立 ESCO、政府和业主三方博弈的模型，用表 7-5 所示的收益矩阵表示，其博弈策略组合共有 8 种：（合格，调控，接受）、（合格，调控，不接受）、（合格，不调控，接受）、（合格，不调控，不接受）、（不合格，调控，接受）、（不合格，调控，不接受）、（不合格，不调控，接受）、（不合格，不调控，不接受），矩阵收益结果排序为 ESCO、政府和业主。

表7-5 政府、ESCO及业主的三方博弈策略组合及收益矩阵

			业主	
			接受节能改造（z）	不接受节能改造（$1-z$）
ESCO 提供合格节能服务 (x)	政府 实施调控 (y)		$R_1 - C_1 + R_2 + R_3$ $U - R_2 - P_2 - C_3$ $P_1 + P_2$	$-C_2$ $-C_3$ 0
	政府 不实施调控 ($1-y$)		$R_1 - C_1 + R_3$ U P_1	$-C_2$ 0 0
ESCO 提供不合格节能服务 ($1-x$)	政府 实施调控 (y)		$R_1 - D_1 - D_2$ $D_1 - P_2 - C_3 - D_4$ $P_1 + P_2 - D_3$	0 $-C_3$ 0
	政府 不实施调控 ($1-y$)		$R_1 - D_2$ $-D_4$ $P_1 - D_3$	0 0 0

7.6.2 既有建筑节能改造市场发展中三方主体行为博弈模型求解

1. ESCO 的复制动态分析

根据表 7-5 所示，ESCO 选择"提供合格节能服务"策略的期望收益 G、选择"提供不合格节能服务"策略的期望收益 G'以及 ESCO 的平均收益 $\overline{G}$ 分别为

$$G = yz(R_1 - C_1 + R_2 + R_3) + y(1-z)(-C_2) + (1-y)z(R_1 - C_1 + R_3) + (1-y)(1-z)(-C_2) \quad (7-1)$$

$$G' = yz(R_1 - D_1 - D_2) + (1-y)z(R_1 - D_2) \quad (7-2)$$

$$\overline{G} = xG + (1-x)G' \quad (7-3)$$

由式（7-1）、式（7-2）和式（7-3），构造 ESCO 博弈方的复制动态方程为

$$F(x) = \frac{\mathrm{d}x}{\mathrm{d}t} = x(G - \overline{G}) =$$

$$x(1-x)[yz(R_2 + D_1) + z(R_3 + D_2 + C_2 - C_1) - C_2]$$

根据微分方程的稳定性定理与演化稳定策略的性质，演化稳定策略的必要条件是 $\mathrm{d}F(x)/\mathrm{d}x < 0$ [71]。

若 $y = [C_2 + z(C_1 - C_2 - D_2 - R_3)]/z(R_2 + D_1)$ 时，则 $F(x) \equiv 0$，即对于

所有 x 均为稳定状态。

若 $y \neq [C_2 + z(C_1 - C_2 - D_2 - R_3)]/z(R_2 + D_1)$ 时，令 $F(x) = 0$ 可得，$x = 0$，$x = 1$ 为 x 的两个稳定状态。由于 $z(R_2 + D_1) > 0$，此时存在以下两种情况（情况 A）：

1) 当 $y > [C_2 + z(C_1 - C_2 - D_2 - R_3)]/z(R_2 + D_1)$ 时，$\left.\dfrac{dF(x)}{dx}\right|_{x=0} > 0$，$\left.\dfrac{dF(x)}{dx}\right|_{x=1} < 0$，故 $x = 1$ 是局部渐进平衡点，$x = 0$ 是非局部渐进平衡点。

2) 当 $y < [C_2 + z(C_1 - C_2 - D_2 - R_3)]/z(R_2 + D_1)$ 时，$\left.\dfrac{dF(x)}{dx}\right|_{x=0} < 0$，$\left.\dfrac{dF(x)}{dx}\right|_{x=1} > 0$，故 $x = 0$ 是局部渐进平衡点，$x = 1$ 是非局部渐进平衡点。

综上可知，ESCO 在不同情况下演化博弈的动态趋势如图 7-6 所示。

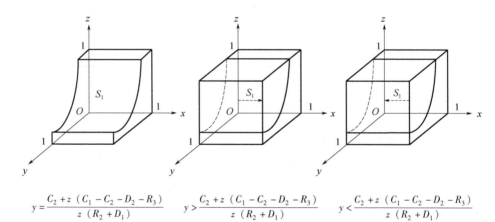

图 7-6 ESCO 演化博弈的动态趋势图

2. 政府的复制动态分析

根据表 7-5 所示，政府选择"调控"策略的期望收益 W、选择"不调控"策略的期望收益 W' 以及政府的平均收益 $\overline{W}$ 分别为

$$W = xz(U - R_2 - P_2 - C_3) + x(1-z)(-C_3) + (1-x) \cdot z(D_1 - P_2 - C_3 - D_4) + (1-x)(1-z)(-C_3) \quad (7-4)$$

$$W' = xzU + (1-x) \cdot z(-D_4) \quad (7-5)$$

$$\overline{W} = yW + (1-y)W' \quad (7-6)$$

由式（7-4）、式（7-5）和式（7-6），构建政府博弈的复制动态方程为

$$F(y) = \frac{dy}{dt} = y(W - \overline{W}) = y(1-y)[z(D_1 - P_2) - xz(R_2 + D_1) - C_3]$$

若 $x = [z(D_1 - P_2) - C_3]/z(R_2 + D_1)$ 时，$F(y) \equiv 0$，意味着对所有 y 均为稳定状态。

若 $x \neq [z(D_1 - P_2) - C_3]/z(R_2 + D_1)$ 时，令 $F(y) = 0$ 可得，$y = 0$，$y = 1$ 为 y 的两个稳定状态。但是由于 $z(R_2 + D_1) > 0$，故存在以下两种情况（情况 B）：

1）当 $x > [z(D_1 - P_2) - C_3]/z(R_2 + D_1)$ 时，$\left.\frac{dF(y)}{dy}\right|_{y=0} > 0$，$\left.\frac{dF(y)}{dy}\right|_{y=1} < 0$，故 $y = 1$ 为局部渐进平衡点，$y = 0$ 为非局部渐进平衡点。

2）当 $x < [z(D_1 - P_2) - C_3]/z(R_2 + D_1)$ 时，$\left.\frac{dF(y)}{dy}\right|_{y=0} < 0$，$\left.\frac{dF(y)}{dy}\right|_{y=1} > 0$，故 $y = 0$ 为局部渐进平衡点，$y = 1$ 为非局部渐进平衡点。

根据上述分析，政府在不同情况下演化博弈的动态趋势如图 7-7 所示。

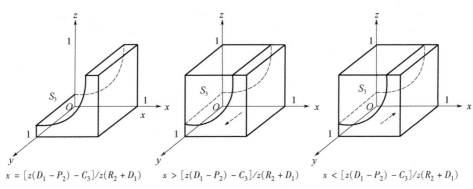

图 7-7 政府演化博弈的动态趋势图

3. 业主的复制动态分析

根据表 7-5，业主选择"接受节能改造"策略的期望收益 Q、选择"不接受节能改造"策略的期望收益 Q' 以及业主的平均收益 $\overline{Q}$ 分别为

$$Q = yx(P_1 + P_2) + (1-y)xP_1 + y(1-x)(P_1 + P_2 - D_3) + (1-y)(1-x)(P_1 - D_3) \quad (7-7)$$

$$Q' = yx \cdot 0 + (1-y)x \cdot 0 + y(1-x) \cdot 0 + (1-y)(1-x) \cdot 0 \quad (7-8)$$

$$\overline{Q} = zQ + (1-z)Q' \quad (7-9)$$

由式（7-7）、式（7-8）和式（7-9），构造业主博弈的复制动态方程为

$$F(z) = \frac{dz}{dt} = z(Q - \overline{Q}) = z(1-z)[yP_2 + D_3(x-1) + P_1]$$

若 $y = [(1-x)D_3 - P_1]/P_2$ 时，$F(z) \equiv 0$，故对所有 z 均为稳定状态。

若 $y \neq [(1-x)D_3 - P_1]/P_2$ 时，令 $F(z) = 0$ 可得，$z=0$，$z=1$ 为 z 的两个稳定状态。由于 $P_2 > 0$，故存在以下两种情况（情况C）：

1）当 $y > [(1-x)D_3 - P_1]/P_2$ 时，$\left.\frac{dF(z)}{dz}\right|_{z=0} > 0$，$\left.\frac{dF(z)}{dz}\right|_{z=1} < 0$，故 $z=1$ 为局部渐进平衡点，$z=0$ 为非局部渐进平衡点。

2）当 $y < [(1-x)D_3 - P_1]/P_2$ 时，$\left.\frac{dF(z)}{dz}\right|_{z=0} < 0$，$\left.\frac{dF(z)}{dz}\right|_{z=1} > 0$，故 $z=0$ 为局部渐进平衡点，$z=1$ 为非局部渐进平衡点。

基于上述分析，可得业主在不同情况下演化博弈的动态趋势如图7-8所示。

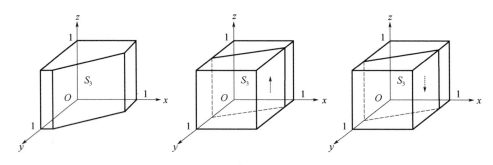

图 7-8　业主演化博弈的动态趋势图

7.6.3　既有建筑节能改造市场发展中三方主体行为博弈演化稳定策略

根据曾德宏关于多群体演化博弈的渐进稳定性分析研究成果，在三群体 $2 \times 2 \times 2$ 非对称演化博弈复制动态系统中，演化博弈均衡的渐进稳定性具有以下8个判定定理（表7-6）。其中博弈方分别记为 H，I，J，H 的策略集为 $K_1 = (H_1, H_2)$，I 的策略集为 $K_2 = (I_1, I_2)$，J 的策略集为 $K_3 = (J_1, J_2)$，三群体 $2 \times 2 \times 2$ 非对称演化博弈的收益矩阵如表7-7、表7-8所示。

表 7-6　多群体演化博弈均衡稳定性判定定理

编号	约束条件	平衡点稳定性判定
I	$e_6 < e_8$, $f_7 < f_8$, $l_4 < l_8$	平衡点 E_1 (0, 0, 0) 是渐进稳定的，E_1 为汇
II	$e_6 > e_8$, $f_5 < f_6$, $l_2 < l_6$	平衡点 E_2 (1, 0, 0) 是渐进稳定的，E_2 为汇
III	$e_5 < e_7$, $f_7 > f_8$, $l_3 < l_7$	平衡点 E_3 (0, 1, 0) 是渐进稳定的，E_3 为汇
IV	$e_2 < e_4$, $f_3 < f_4$, $l_4 > l_8$	平衡点 E_4 (0, 0, 1) 是渐进稳定的，E_4 为汇
V	$e_5 > e_7$, $f_5 > f_6$, $l_1 < l_5$	平衡点 E_5 (1, 1, 0) 是渐进稳定的，E_5 为汇
VI	$e_2 > e_4$, $f_1 < f_2$, $l_2 > l_6$	平衡点 E_6 (1, 0, 1) 是渐进稳定的，E_6 为汇
VII	$e_1 < e_3$, $f_3 > f_4$, $l_3 > l_7$	平衡点 E_7 (0, 1, 1) 是渐进稳定的，E_7 为汇
VIII	$e_1 > e_3$, $f_1 > f_2$, $l_1 > l_5$	平衡点 E_8 (1, 1, 1) 是渐进稳定的，E_8 为汇

表 7-7　J 选择策略 J_1 的收益矩阵

K	I_1	I_2
H_1	(e_1, f_1, l_1)	(e_2, f_2, l_2)
H_2	(e_3, f_3, l_3)	(e_4, f_4, l_4)

表 7-8　J 选择策略 J_2 的收益矩阵

K	I_1	I_2
H_1	(e_5, f_5, l_5)	(e_6, f_6, l_6)
H_2	(e_7, f_7, l_7)	(e_8, f_8, l_8)

根据演化博弈理论可知，若演化博弈均衡 X 是渐进稳定状态，则 X 一定是严格纳什均衡，而严格纳什均衡又是纯策略纳什均衡[72]。因此，对于 ESCO、政府和业主三方博弈的复制动态系统只需讨论 E_1 (0, 0, 0), E_2 (1, 0, 0), E_3 (0, 1, 0), E_4 (0, 0, 1), E_5 (1, 1, 0), E_6 (1, 0, 1), E_7 (0, 1, 1), E_8 (1, 1, 1) 等 8 个局部渐进平衡点的渐进稳定性即可，其他点均为非渐进稳定状态。基于此，根据表 7-5 可构建在业主不同策略下 ESCO、政府和业主的三方博弈收益矩阵（表 7-9、表 7-10）。

表 7-9　业主选择策略"接受节能改造"的收益矩阵

策略	实施管制	不实施管制
提供合格节能服务	$(R_1 - C_1 + R_2 + R_3,\ U - R_2 - P_2 - C_3,\ P_1 + P_2)$	$(R_1 - C_1 + R_3,\ U,\ P_1)$
提供不合格节能服务	$(R_1 - D_1 - D_2,\ D_1 - P_2 - C_3 - D_4,\ P_1 + P_2 - D_3)$	$(R_1 - D_2,\ -D_4,\ P_1 - D_3)$

表 7-10　业主选择策略"不接受节能改造"的收益矩阵

策略	实施管制	不实施管制
提供合格节能服务	$(-C_2,\ -C_3,\ 0)$	$(-C_2,\ 0,\ 0)$
提供不合格节能服务	$(0,\ -C_3,\ 0)$	$(0,\ 0,\ 0)$

根据 ESCO、政府和业主三方博弈的收益矩阵，结合多群体演化博弈均衡稳定性判定定理可知：

1) E_1 (0, 0, 0) 可能为稳定点，由已知条件可知 $e_6 < e_8$，$f_7 < f_8$，所以当 $P_1 - D_3 < 0$ 时，E_1 为汇，即 ESS。

2) E_2 (1, 0, 0) 为非稳定点，因为 $e_6 < e_8$，$l_2 > l_6$，所以 E_2 只能是源或鞍点。

3) E_3 (0, 1, 0) 为非稳定点，因为 $f_7 < f_8$，所以 E_3 只能是源或鞍点。

4) E_4 (0, 0, 1) 可能为稳定点，当 $R_1 - C_1 + R_3 < R_1 - D_2$，$D_1 - P_2 - C_3 - D_4 < -D_4$ 且 $P_1 - D_3 > 0$ 时，E_4 为汇，即 ESS。

5) E_5 (1, 1, 0) 为非稳定点，因为 $e_5 < e_7$，$f_5 < f_6$，$l_1 > l_5$，所以 E_5 只能是源或鞍点。

6) E_6 (1, 0, 1) 可能为稳定点，由已知条件可知 $f_1 < f_2$，$l_2 > l_6$，所以当 $R_1 - C_1 + R_3 > R_1 - D_2$ 时，E_6 为汇，即 ESS。

7) E_7 (0, 1, 1) 可能为稳定点，当 $R_1 - C_1 + R_2 + R_3 < R_1 - D_1 - D_2$，$D_1 - P_2 - C_3 - D_4 > -D_4$ 且 $P_1 + P_2 - D_3 > 0$ 时，E_7 为汇，即 ESS。

8) E_8 (1, 1, 1) 为非稳定点，因为 $f_1 < f_2$，所以 E_8 只能是源或鞍点。

7.7 既有建筑节能改造市场发展中基于博弈策略分析的主体行为选择

7.7.1 既有建筑节能改造市场发展中主体演化博弈策略分析

根据 ESCO、政府和业主的三方博弈模型求解结果，可以得出 ESCO、政府和业主在进行既有建筑节能改造的过程中，其行为策略演变规律具有以下几个方面的特征：

1) 由情况 A 和情况 B 可知：当政府对既有建筑节能改造市场改造主体进行管制的初始概率小于一定值（$y < [C_2 + z(C_1 - C_2 - D_2 - R_3)]/z(R_2 + D_1)$）时，ESCO 将趋于选择"提供不合格节能服务"策略，其概率逐渐增加至 1；反之，当政府对既有建筑节能改造市场改造主体进行管制的初始概率大于一定值时（$y > [C_2 + z(C_1 - C_2 - D_2 - R_3)]/z(R_2 + D_1)$），ESCO 将趋于选择"提供合格节能服务"策略。

2）由情况 C 可知：在既有建筑节能改造实践中，若政府对业主选择"接受节能改造"策略的激励概率小于某一数值（$y < [(1-x)D_3 - P_1]/P_2$）时，业主将趋于选择"不接受节能改造"策略，其概率逐渐增加至 1；反之，若政府对业主选择"接受节能改造"策略的激励概率大于某一数值（$y > [(1-x)D_3 - P_1]/P_2$）时，业主将趋于选择"接受节能改造策略"。

3）当 $P_1 - D_3 < 0$ 时，$E_1(0,0,0)$ 是演化稳定策略，即当政府趋于不进行市场调控时，若业主接受节能改造，但 ESCO 提供合格节能服务的收益小于 ESCO 提供不合格节能服务所造成的损失，业主由于在进行既有建筑节能改造过程中承担的风险过大，业主将逐渐趋于选择"不接受节能改造"策略；而 ESCO 则因为政府进行市场管制的概率较小，提供不合格节能服务不仅能节省改造成本支出，而且也不会得到政府的惩罚，故为了追求自身利益最大化而产生道德风险，即 ESCO 将逐渐趋于选择"提供不合格节能服务"策略。

4）当 $D_2 + R_3 < C_1$，$D_1 - P_2 < C_3$ 且 $P_1 - D_3 > 0$ 时，$E_4(0,0,1)$ 是演化稳定策略，即政府进行市场调控时，对 ESCO 选择"提供不合格节能服务"策略的惩罚力度较小，对业主接受节能改造的补贴力度较大，且能够弥补 ESCO 提供不合格节能服务所造成的损失，业主将会趋于选择"接受节能改造"，但政府将因此而导致市场管制成本过高，最终趋于选择"不实施管制"策略；而 ESCO 方面，由于政府对于其提供不合格节能服务惩罚力度较小，政府进行市场调控的概率较低，只要当其提供合格节能服务的成本大于提供合格节能服务的潜在收益与提供不合格节能服务的潜在损失之和时，ESCO 会因为提供节能改造服务成本过高而选择"提供不合格节能服务"策略。

5）当 $R_3 > D_2 + C_1$ 时，$E_6(1,0,1)$ 是演化稳定策略，即当 ESCO 因选择提供合格节能改造服务给企业带来的良好信誉、品牌影响力及市场份额等潜在收益较大时，大于提供合格节能服务的成本与提供不合格节能服务的潜在损失之和，ESCO 最终将会趋于选择"提供合格节能服务"策略，而业主也因为 ESCO 在市场建立的良好信誉，对于 ESCO 提供合格节能服务具有较高的信任度，故最终为获取节能改造所带来的综合收益，将趋于选择"接受节能改造"策略；而对于政府而言，在这种 ESCO 和业主具有良好合作关系，其市场行为积极的情况下，政府为减少其财政压力，最终会趋于不实施市场管制。

6）当 $R_2 + R_3 + D_1 + D_2 < C_1$，$D_1 - P_2 > C_3$ 且 $P_1 + P_2 > D_3$ 时，E_7（0，1，1）是演化稳定策略，即当政府进行市场调控成本较小，能通过对 ESCO 提供不合格节能服务的罚金来弥补其市场管制成本和业主的补贴时，政府将逐渐趋于选择"实施调控"策略，而业主由于政府补贴力度较大，对于 ESCO 提供不合格节能服务所造成的损失的敏感程度较低，最终会选择进行节能改造；而对于 ESCO 来说，尽管政府进行市场管制的概率较高，但是若提供合格节能改造的成本过高（$R_2 + R_3 + D_1 + D_2 < C_1$），ESCO 仍然会选择提供不合格节能服务。

7.7.2 既有建筑节能改造市场发展中基于均衡策略的主体行为选择

由上述博弈结果可知，既有建筑节能改造过程中，ESCO、政府和业主三者之间的行为策略彼此相互制约、相互影响。若要在推动既有建筑节能改造市场健康发展的前提条件下，实现各主体利益目标，需要从政府、ESCO 和业主三个方面共同采取措施，以加强市场主体之间协同合作，驱动市场机制有效运行。

（1）政府角度。

既有建筑节能改造市场的信息不对称和正外部特性决定了市场健康发展必然离不开政府科学有效的外在引导与约束作用。在当前市场运行动力不足和规范程度不够的背景下，如何调动市场主体改造积极性，促进市场规范化发展是政府参与市场建设的关键。

1）完善正负激励机制，激发市场发展活力。既有建筑节能改造的经济外部性内在决定了市场外部激励的必要性，通过完善正负激励机制不仅能有效降低正外部性对改造主体的消极影响，而且更能够调动市场主体积极性和约束不良行为。完善正负激励机制，一方面政府应实施多元化的激励措施，从而充分调动市场积极性，例如：在正激励方面，可采取财税补贴、税收优惠、以及资金奖励等多种激励措施；在负激励方面，就 ESCO 不良行为可实施经济处罚、企业资质降级等措施。另一方面完善正负激励机制应注意激励的力度，ESCO 和业主对于政府的激励敏感程度是有差异性的，确定合理的正负激励力度是决定 ESCO 和业主行为积极性的关键。

2）搭建信息共享平台，削弱市场信息不对称。搭建信息共享平台、实施市场信息披露是削弱市场信息不对称、增强市场透明度的有效途径。在信息不对称的市场环境中，ESCO 凭借其信息优势而谋取超额利润是导致我国既有建筑业主不愿接受节能改造的重要原因，通过搭建信息共享平台，一方面可以为业主提供获取可靠信息的渠道，从而缩小 ESCO 和业主信息地位的差距，避免由于信息不对称下 ESCO 投机行为对业主造成的损失；另一方面对于企业而言，业主通过能效标识制度、节能认证书和企业信用评价等可靠的信息披露平台，能够使业主对企业具有更加全面的了解，从而使 ESCO 能够以更低的谈判成本和业主达成交易。

(2) ESCO 角度。

节能服务公司作为既有建筑节能服务产业链上的供给端，是推动既有建筑节能改造市场运行的内在驱动力。ESCO 参与既有建筑节能改造最主要的目的在于追求自身利益的最大化，但在其从自然环境和社会环境汲取利益的同时，其发展也离不开自然环境和社会环境的支持，因此，ESCO 若要实现自身可持续发展，在追求自身利益最大化的同时也要承担相应的社会责任。

1) 积极创新节能技术，降低改造成本。从市场竞争角度来看，技术创新是提升企业市场核心竞争力的关键。基于博弈结果分析可知，提供合格节能服务所需要支付的成本是影响 ESCO 行为策略的关键因素，所以 ESCO 积极创新节能技术、建立低碳技术支撑体系既可以为其降低改造成本，增加节能收益，更能提升企业的市场核心竞争力，为企业可持续发展奠定坚实基础。此外，创新节能技术除了能为企业带来有利影响外，同时也能为社会发展带来更多的经济效益、环境效益和社会效益。

2) 合理追求自身利益，树立企业品牌。合理追求节能改造收益是 ESCO 与业主建立良好合作关系和打造优良市场品牌的根本要求。从短期来看，若 ESCO 在进行既有建筑节能改造的过程中为追求自身利益最大化而采取"提供不合格节能服务"策略，能为企业带来超额利润，但从长期考虑，提供不合格节能改造服务必然导致企业信誉丧失、合作伙伴流失和市场份额减少，不利于企业的长远发展。因此，ESCO 在节能改造中必须树立正确的价值观，合理追求自身利益。只有这样做，才能获得政府的政策支持，为企业打造市场品牌，也才能有利于企业未来的可持续化发展。

(3) 业主角度。

业主是既有建筑节能改造服务的消费者，处在节能服务产业链的需求端，是推动既有建筑节能改造市场运行的内原动力。消费的需求是生产的前提条件，所以业主的行为选择是既有建筑节能改造能否开展的前提。

1) 转变消费观念，增强社会责任意识。个人潜在意识形态的转变是引导行为发生变化的根本。目前我国既有建筑节能改造市场尚未形成规模化的需求，究其原因，既有 ESCO 不良行为挫伤业主参与节能改造的积极性，更有业主囿于传统消费观念，对于非节能既有建筑所造成的能耗损失敏感性较低。因此，业主只有积极响应国家低碳政策号召，转变消费观念，树立绿色低碳消费观，增强社会责任意识，并付诸实践，方能推动既有建筑节能改造事业发展。

2）积极参与改造，提升自身知识水平。从信息不对称产生的主客观原因来分析，业主自身知识水平的不足是导致信息不对称的重要主观原因。鉴于自身知识水平的不足，业主应积极参与到既有建筑节能改造实践中去，通过具体实践了解既有建筑节能改造的核心内容、改造流程以及实施标准等相关方面，以实现自身知识水平的提升，从而加强业主在既有建筑节能改造过程中的信息甄别能力，避免由于信息不对称产生道德风险而造成损失。

第8章 既有建筑节能改造市场发展中政府作用力实施运行机理与有效性评价

探索既有建筑节能改造市场发展中政府作用力实施过程与提升策略，必须明晰既有建筑节能改造市场发展中政府作用力实施的内在机理。政府作为既有建筑节能改造市场发展的外在引擎，其作用在于既有建筑节能改造市场发展的机制设计、政策路径以及确立发展战略与重点，在推动既有建筑节能改造市场快速、健康、持续发展方面发挥着重要作用。基于此，本章将着眼于既有建筑节能改造市场发展中政府作用力实施机理，在剖析既有建筑节能改造市场发展中政府作用逻辑与准则的基础上，构建既有建筑节能改造市场发展中政府作用机制模型，探究既有建筑节能改造市场发展中政府作用力实施的内在机理，并剖析既有建筑节能改造市场发展中政府作用力实施原则与有效性标准，为后续既有建筑节能改造市场发展中政府作用力提升策略的研究提供理论基础。

8.1 既有建筑节能改造市场发展中政府作用依据与逻辑

8.1.1 既有建筑节能改造市场发展中政府作用依据

1. 既有建筑节能改造市场推拉式发展模式

市场发展模式指的是市场从萌芽期到成熟期发展过程中确立、巩固并逐渐发展的方式。基于市场发展的驱动要素角度分析市场发展模式，既有建筑节能改造市场的形成与发展模式一般包括三种模式：政府培育的外推式发展模式、市场自发的拉动式发展模式以及市场自发选择和政府扶持相结合的推拉式发展模式[73]。从市场经济发展的客观规律角度来看，推行市场经济必须以市场为核心，遵循市场经济发展的客观规律，即充分发挥市场资源配置的决定性作用[74]。但既有建筑节能服务产业作为一种市场自发的新兴产业，形成与发展途径在一定程度上会存在盲目性与不确定性，容易波动，同时从产业萌芽到市场地位的最终确立，过程较长，速度比较缓慢。而完全纯粹的政府培育发展模式必然难以充分发挥市场经济的特有优势，导致既有建筑节能服务产业未通过自然市场的严格竞争与选择而难以适应和抵抗外部复杂环境的干扰。因此，凭借单一的市场自发的拉动式发展模式或政府培育的外推式发展模式，必将难以满足既有建筑节能改造市场快速、健康、可持续发展的内在要求。从全球各地既有建筑节能改造市场形成与发展的实践来看，市场自发选择和政府扶持相结合的推拉式发展模式是各国的基本模式，而完全的市场自发选择模式与完全的政府培育模式几乎不存在。在遵循市场经济的基础上，将政府与市场的特有优势有机结合，不仅能在很大程度上弥补市场自发选择和政府培育模式的天然不足，而且更能够形成政府推动和市场拉动的合力，有力推动既有建筑节能改造市场快速发展。

2. 有选择地干预"市场失败"的政府职能理论

市场失败即市场失灵，指的是市场配置资源不能实现资源的最优配置，达不到帕累托效率的状态。从市场经济发展的客观规律角度，发展市场经济不论从理论还是从实践的层面来论证，强调市场的绝对性地位，坚持市场配置资源的决定性作用是推动市场经济发展的关键。但是在现实世界的市场经济中，市场机制这只"看不见的手"并不是万能的，容易受市场内外部环境因素（例如：垄断、外部性、信息不对称以及公共产品等）的影响，导致市场机制难以通过自身的调节作用达到有效配置资源，即产生市场失灵[75]。既有建筑节能改造作为一种准公共品，既有建筑节能改造市场具有明显的正外部特性，加之主体间知识水平的差异性以及既有建筑节能改造自身的复杂性，主体间信息不对称是既有建筑节能改造市场的鲜明特点，在这多重因素的共同作用下，决定了既有建筑节能改造市场极易产生市场失灵。因此，由于市场机制这只"看不见的手"会产生失灵，针对市场失灵的领域必须让政府这只"看得见的手"介入，以弥补市场机制自我调节能力的不足，因为政府职能优势为其进行市场干预、调节经济提供了可能性和必要性[76]。但政府干预同样存在失灵现象，主要表现为对经济干预过度，造成市场进一步失灵，以及对经济干预不足而使市场不能有效运行。基于此，有选择地干预"市场失败"是政府进行既有建筑节能

第8章 既有建筑节能改造市场发展中政府作用力实施运行机理与有效性评价

改造市场建设的前提条件，政府调控的必要性必须源于市场失灵，干预的目的也在于矫正市场失灵。

3. 外部性理论

经济学中外部性指的是经济主体（包括厂商或个人）的经济活动对他人和社会造成的非市场化的影响，即一个经济主体的行为对另一个经济主体福利的影响，其产生的本质是经济主体的个体成本与社会成本、个体收益与社会收益之间存在着差异[77]。外部性分为正外部性和负外部性。正外部性是某个经济行为个体的活动使他人或社会受益，而受益者无须花费代价；负外部性是某个经济行为个体的活动使他人或社会受损，而造成负外部性的人却没有为此承担成本[78]。

对于市场来说，无论是正外部性还是负外部性均会对市场机制的资源配置产生不良影响，导致市场机制无法实现帕累托最优配置[79]。依据外部性理论，既有建筑节能改造市场主要表现为经济正外部性，即存在外溢效应，既有建筑节能改造的效益能够无偿地被他人享用。其主要原因在于 ESCO 与业主在进行既有建筑节能改造时，由于既有建筑节能改造具有准公共品属性，使既有建筑节能改造除了能够为投资主体带来节能改造收益外，还能够为社会整体带来福利，使非节能改造主体能够无偿享受既有建筑节能改造带来的效益，从而挫伤节能改造主体的积极性。此时，既有建筑节能改造市场往往容易出现市场失灵现象，即市场协调机制丧失作用，为使经济实现帕累托最优，政府的有选择性介入显得尤为重要，通过政府的有效协调不仅可以起到刺激市场主体积极性的作用，而且能够起到催化剂的作用，实现外部经济效应最大化，进一步提升社会福利。

4. 协同理论

协同理论（Synergetics）亦称"协同学"或"协和学"，是20世纪70年代以来在多学科研究基础上逐渐形成和发展起来的一门新兴学科，是系统科学的重要分支理论。协同理论主要研究远离平衡态的开放系统在与外界有物质或能量交换的情况下，如何通过自己内部协同作用，自发地出现时间、空间和功能上的有序结构[80]。该理论认为，尽管系统千差万别，且其属性也不尽相同，但在整个环境中，各个系统间普遍存在着相互影响和制约的关系，而若使系统功能或作用最大化，有效协调各系统之间的关系，促进各系统协同合作是关键。基于协同学视角审视既有建筑节能改造市场发展中政府作用力实施，主要包含两个方面的行为过程：一是政府部门内部系统之间的相互作用，这也是有效发挥政府市场作用力的前提保证；二是政府与既有建筑节能改造市场的相互作用。因此，政府在既有建筑节能改造实践过程中，有效发挥政府市场作用力，首先，必须在政府职能系统中达到纵向与横向、结构与程序上的相互协同，实现政府在既有建筑节能改造市场发展中层级与跨部门协同；其次，有效协同既有建筑节能改造市场相关主体，达到多主体协同驱动既有建筑节能改造市场健康可持续运行是关键。需要注意的是，协同概念更多地对应在协作（Collaboration）意义上，它既不是一般意义上的合作，也不是简单的协调，是合作和协调在程度上的延伸，是一种比合作和协调更高层次的集体行动[81]。

8.1.2 既有建筑节能改造市场发展中政府作用逻辑

既有建筑节能改造市场发展的非静态特性决定了在市场不同发展阶段，市场主体的行为动机和市场内外部环境等因素必然具有差异性。因此，在既有建筑节能改造市场实践过程中，政府所处的环境以及需要应对的各类问题均是动态和复杂多变的，固定单一的措施或手段必然难以满足市场健康可持续发展的要求。基于此，既有建筑节能改造市场发展中政府作用力的实施是一项复杂的系统工程，应该是动态的、灵活多变的，根据市场发展的阶段需求，同步于市场演进轨迹，其逻辑过程如图 8-1 所示。

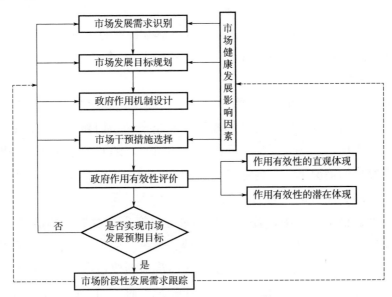

图 8-1 既有建筑节能改造市场发展中政府作用的逻辑过程

第 8 章 既有建筑节能改造市场发展中政府作用力实施运行机理与有效性评价

既有建筑节能改造市场发展中政府作用的逻辑过程主要是正向实施和反馈调节两个过程。正向实施过程政府主要结合既有建筑节能改造市场健康可持续发展的影响因素,识别既有建筑节能改造市场发展的内在需求,对既有建筑节能改造市场发展进行目标规划,设计推动既有建筑节能改造市场发展的政府作用机制,最后在此基础之上,选择具体的既有建筑节能改造市场干预措施,并对政府市场作用有效性进行综合评价。反馈调节则主要体现在政府作用有效性不足的再调整优化过程和市场阶段性发展需求变化的动态调整过程,再调整优化过程的主要原因在于基于当前市场发展阶段需求采取的市场干预措施未能达到预期目标,而需要重新进行调整、规划和设计;基于市场阶段性发展需求变化的动态调整过程则是根据既有建筑节能改造市场的动态发展,因时而异地对政府既有建筑节能改造市场的建设目标、规划以及实践措施进行调整,以满足不同阶段市场发展的内在需要。

8.2 既有建筑节能改造市场发展中政府作用机制

8.2.1 基于波特钻石模型政府对市场发展的影响机理

将市场与产业联系起来看待政府的行为本质,政府推动既有建筑节能改造市场发展的实质在于政府战略性扶持既有建筑节能服务产业、去除产业发展桎梏、优化产业结构。因此,从政府推动既有建筑节能改造市场发展的本质上分析,推动既有建筑节能改造市场发展就是推动既有建筑节能服务产业的发展。对于政府与产业发展的内在联系,美国著名战略管理学家迈克尔·波特于 1990 年提出了分析一个国家某种产业的国际竞争力的理论模型称之为波特钻石模型(Michael Porter Diamond Model),又称之为波特菱形理论,国家竞争优势理论。迈克尔·波特认为,国家某一特定产业竞争力的决定性要素主要包括企业战略、结构和同业竞争,相关支持产业,有关生产要素,需求条件等 4 个方面,波特将这 4 个方面的特质构成一个菱形,并认为当某些行业或行业内部门的菱形条件处于最佳状态时,该国企业取得成功的可能性最大。波特菱形同时还是一个相互促进增强的系统,任何一个特质的作用发挥程度取决于其他特质的状况。而在该 4 个决定性要素之外,还包含了政府与机遇 2 个变数,这 6 个要素彼此相互作用相互影响，形成一个完整的钻石体系，共同决定产业竞争力水平（图8-2）。

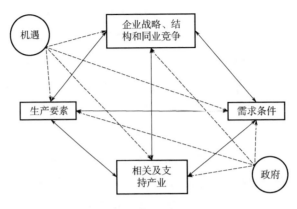

图8-2　波特钻石模型

在钻石体系中，机遇和政府是对国家某种产业竞争力产生重要影响的变量，机遇是无法控制的，政府政策的影响是不可漠视的。因为，机遇往往是可遇不可求的，机遇可以影响4个决定性要素发生变化，且机会往往是双向的，它使新的竞争者获得优势的同时，使原有的竞争者丧失优势，只有能满足新需求的厂商，才能有发展"机遇"。而政府作为现代社会经济中的公共物品提供者、宏观经济调控者以及市场秩序维护者，只有政府扮演好其角色，才能成为扩大钻石体系的外在驱动力量。因此，政府在节能服务产业发展中最重要的角色莫过于保证既有建筑节能改造市场处于活跃的竞争状态，制定竞争规范，避免托拉斯状态。

8.2.2　既有建筑节能改造市场发展中政府作用机制模型构建

不管是理论依据还是现实经验，政府作为现代社会经济中的公共服务提供者、宏观经济调控者以及市场秩序维护者，都证明政府在既有建筑节能改造市场发展中发挥着至关重要的作用。就我国当前既有建筑节能改造市场发展现状来看，既有建筑节能改造市场尚处于发展的初级阶段，既有建筑节能改造服务产业的培育与成长需要政府大力扶持，毋庸置疑，政府应作为既有建筑节能改造市场发展的引导者，充分发挥市场功能，以体制机制设计激活市场竞争活力，为既有建筑节能改造市场发展创造良好的成长条件及内外部环境，推动既有建筑节能改造市场快速、健康、可持续发展。

基于既有建筑节能改造市场的自身特性，依据既有建筑节能改造市场发展的政府作用依据与波特菱形理论，本书构建既有建筑节能改造市场发展的政府

第8章　既有建筑节能改造市场发展中政府作用力实施运行机理与有效性评价

作用机制模型,如图8-3所示。其主要包括市场激励机制、市场约束机制、公共服务平台支撑机制和市场治理机制,4个机制彼此相互影响、相辅相成,是推动既有建筑节能改造市场发展不可或缺的重要力量。

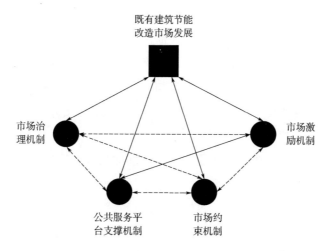

图8-3　既有建筑节能改造市场发展中政府作用机制模型

(1) 市场约束机制。

构建有效的市场约束机制,规范市场主体行为,促进市场规范化运行,是发展市场经济的前提要求。既有建筑节能改造涉及多方利益主体,各主体利益诉求多元化,且不同主体间利益往往存在对立冲突关系,为避免既有建筑节能改造市场无序竞争影响市场有序运行,运用强制性政策工具构建市场约束机制,保证既有建筑节能改造市场经济活动在法定范畴内进行,是推动既有建筑节能改造市场规范化、法制化发展的内在要求。

(2) 市场激励机制。

市场发展的内在活力直接关系既有建筑节能改造市场发展的进程与空间。既有建筑节能改造市场是一个正外部特性明显的市场,在正外部性作用下,市场主体积极性受抑制。此外,我国既有建筑节能改造市场起步较晚,ESCO规模普遍较小、市场信誉未建立,导致其在既有建筑节能改造融资过程中障碍重重,且业主节能意识与改造意愿不足。因此,实施多元化激励措施,架构完善的市场激励机制,调动市场主体积极性是解决当前既有建筑节能改造市场运行乏力、推动市场可持续发展的首要任务。

(3) 公共服务平台支撑机制。

发挥多元主体协同驱动市场机制高效运行，是推动既有建筑节能改造市场快速发展的关键。既有建筑节能改造是一项复杂的系统工程，加之各主体知识水平与信息获取及处理能力具有差异性，导致既有建筑节能改造市场存在严重的信息不对称现象。为避免信息不对称导致道德风险和逆向选择，构建信息披露平台，实施信息共享是有效途径。任何市场经济的发展，除了需要发挥市场结构性主体力量外，社会公众、第三方机构以及非政府组织等辅助性主体也是驱动市场发展的重要力量，搭建社会参与平台，为各主体参与既有建筑节能改造提供服务，对推动既有建筑节能改造市场发展具有重要意义。

(4) 市场治理机制。

遵循问题导向，构建市场治理机制，是推动既有建筑节能改造市场良性运行的重要保障。为推动既有建筑节能改造市场快速发展，我国自节能改造以来采取了法律法规、激励政策、能效标准等众多实践措施，为其发展带来了巨大的有益影响。但就当前既有建筑节能改造市场发展的现实状况来看，目前既有建筑节能改造市场还是一个机制体制很不健全的市场。因此，基于市场发展现实问题，实施市场治理，既是完善既有建筑节能改造市场体制机制和满足市场动态发展的内在要求，也是推动既有建筑节能改造市场良性运行的重要保障。

8.3 既有建筑节能改造市场发展中政府作用力实施运行的内在机理

8.3.1 既有建筑节能改造市场发展中基于市场约束的政府作用内在机理

既有建筑节能改造市场发展需要市场与政府的双重动力。推进既有建筑节能改造事业市场化发展，发挥市场内生动力的主要驱动作用是关键，但确保既有建筑节能改造市场健康发展，营造良好的市场环境，推动既有建筑节能改造市场规范化、法制化发展是必然前提，也是确保既有建筑节能改造市场可持续发展的根本保障。既有建筑节能改造作为构建绿色生态文明社会的一种有效途径，不仅能够有效降低建筑能耗，推动建筑行业可持续发展，而且能够有效改善整体社会生态环境，提升社会整体福利。但从市场经济的视角来看，既有建筑节能改造归根结底是一种社会经济活动，各主体均为有限理性的"经济人"，其参与既有建筑节能改造的根本目的仍在于实现自身价值追求与利益目标。因此，构建有效的市场约束机制，避免既有建筑节能改造相关利益主体在实践过程中，为追求自身利益最大化而采取投机策略，造成市场无序竞争，是实现多主体协同驱动既有建筑节能改造市场发展的前提条件。

基于市场规范化、法制化发展要求，政府在考虑我国既有建筑节能改造市场特殊性的基础上，借鉴国外既有建筑节能改造成功实践经验，构建既有建筑节能改造节能改造市场的约束机制，其基本内在作用机理如图8-4所示。概括来说，我国政府主要通过颁布约束性政策影响既有建筑节能服务产业链供需主体的心理，以引导既有建筑节能改造各主体在实践过程中选择理性合法的行为策略，从而为既有建筑节能改造市场创建一个有序的竞争环境，促进既有建筑节能改造市场规范化发展。

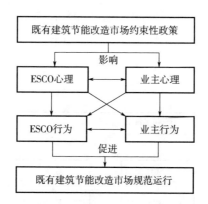

图8-4 既有建筑节能改造市场约束机制内在作用机理

8.3.2 既有建筑节能改造市场发展中基于市场激励的政府作用内在机理

基于市场主体内在需求，构建并完善市场激励机制以调动市场主体积极性，是激发既有建筑节能改造市场内在发展活力的关键。依据既有建筑节能改造市场特性分析可知，既有建筑节能改造市场是一个正外部特性明显的市场，内在决定了既有建筑节能改造市场外部激励的必要性。此外，由于我国既有建筑节能改造实践起步较晚，既有建筑节能改造市场节能服务公司规模普遍较小，市场可靠信誉尚未建立，所以在面对前期投资风险高、后期效益回收期长的既有建筑节能改造时，存在商业营利性质的金融机构对节能服务公司具有较低贷款意愿，导致ESCO在既有建筑节能改造实践过程中融资比较困难。而在业主方面，由于我国生活水平大幅度提升，但囿于传统的高消耗高支出生活惯性，以及社会整体节能意识较低，造成了既有建筑节能改造市场在发展过程中存在明显的需求不足。

鉴于既有建筑节能改造市场供给与需求不足导致市场运行乏力的现状，我国政府从财政补贴、税收优惠以及贷款贴息等方面构建了市场激励机制。其基本内在作用机理如图 8-5 所示。在节能服务公司方面，针对市场正外部性、企业融资困难等问题，政府通过采取具有针对性的激励政策为其创建良好的市场外部环境，以内化市场经济正外部性，去除市场融资障碍。而在业主方面，则针对既有建筑节能服务产业链上业主显性需求的问题，通过激励措施调动业主参与既有建筑节能改造的积极性，促使既有建筑节能改造市场业主需求显化。在此基础上，通过采取相应的保障措施，使 ESCO 在既有建筑节能改造市场活动中遵循特定的市场制度和交易规则，并提高业主参与节能改造的收益，降低其不确定性风险，从而促使在既有建筑节能改造市场发展中形成规模化的供给与需求，充分激发市场发展内在活力，推动既有建筑节能改造市场快速发展。

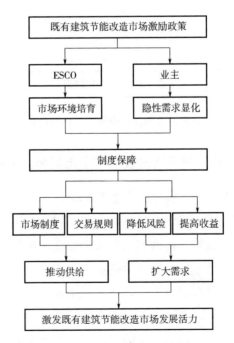

图 8-5　既有建筑节能改造市场激励机制内在作用机理

8.3.3 既有建筑节能改造市场发展中基于公共服务平台的政府作用内在机理

实现既有建筑节能改造市场多主体协同驱动，有效发挥公共服务平台支撑作用必不可少。既有建筑节能改造市场作为一个由多元主体构成的市场，各主体市场职能与作用各不相同，实现各主体积极参与既有建筑节能改造活动，充分发挥其市场有效驱动效应，对既有建筑节能改造市场发展具有重要意义。公共服务平台作为针对某类主体特定时期的公共产品需求，通过组织创新、资源集成优化，提供可共享共用的基础设施、设备和信息资源的各类渠道，以期为其公共需求提供统一的辅助解决方案，这是有效发挥政府公共产品服务职能，调动多元主体共同参与既有建筑节能改造市场建设的重要途径。我国政府为满足既有建筑节能改造市场主体对公共产品服务的需求，解决市场信息不对称、人才供给不足、融资渠道狭窄以及技术水平较低等对既有建筑节能改造市场发展带来的不利影响，构建了如图 8-6 所示的既有建筑节能改造市场公共服务平台。其基本内在作用机理在于，通过多种服务模块，在特定的运行机制下，为既有建筑节能改造市场相关主体系统服务，并通过各主体的资源协助进一步提升既有建筑节能改造市场公共服务平台的功能。需要特别关注的是，我国虽基本构建了既有建筑节能改造市场公共服务平台，但目前公共服务平台尚未得到足够重视，各服务子平台尚不完善，且不同子平台之间的协同互动程度也相对较低。因此，未来既有建筑节能改造市场发展过程中，有效发挥政府既有建筑节能改造市场服务职能，加大公共服务平台的建设是一个需要重点关注的方面。

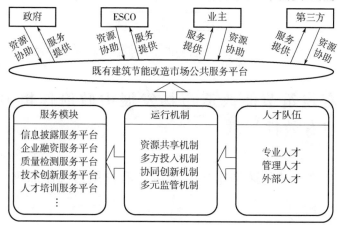

图 8-6 既有建筑节能改造市场公共服务平台总体框架图

8.3.4 既有建筑节能改造市场发展中基于市场治理机制的政府作用内在机理

立足于治理理念,寻求与市场发展相符合的治理体系,实现政府市场治理能力现代化,是提升政府作用力的必然要求。既有建筑节能改造市场发展的非静态性决定了市场内外部要素始终处于不断的动态变化状态,并随着主体在与环境或其他主体的交互作用过程中,"流"(物质、信息、能量等资源)的涌入导致系统远离平衡态而出现涨落。而伴随既有建筑节能改造市场的动态发展,不仅会推动既有建筑节能改造市场发育成熟度的不断提升,而且也会涌现出众多难以预测的问题。因此,推动既有建筑节能改造市场健康可持续发展,发挥市场治理机制作用具有重要意义。市场治理机制作为应对既有建筑节能改造市场发展问题的重要保障,其内在作用机理如图8-7所示。即在市场发展问题搜寻的基础上,采取相应的市场治理措施,并对市场治理效果进行检验。若经检验后市场发展问题未解决,则重新进行市场发展问题搜寻和采取改进后的市场治理措施;检验通过则对市场实施动态跟踪,确保市场机制有效运行。

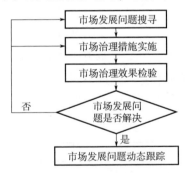

图8-7 既有建筑节能改造市场治理机制内在作用机理

8.4 既有建筑节能改造市场发展中政府作用力实施原则与有效性标准

8.4.1 既有建筑节能改造市场发展中政府作用力实施原则

1. 公共性原则

政府作用力实施的实质是政府对公共权力的行使,确保既有建筑节能改造市场发展中，以实现公共利益为根本目的，坚持公共性原则，是政府作用力实施的首要原则。政府管制是应市场主体公共产品需求，削减市场自发调节风险的一种方式。政府权力来源于人民，是社会整体普遍意志凝聚而形成的结晶。政府在既有建筑节能改造市场发展实践过程中，政府作用力实施的目的既不是实现管制者个人的私利，也并非如俘获理论所断言一般只为市场被管制者的利益服务，而应该是以坚持提升社会整体福利为宗旨，遵循公共性原则，服务于社会整体公共利益。因此，既有建筑节能改造市场发展中政府作用力的实施不是为了某一部分人谋福利，而是在综合考量各方权益基础上进行的，所以说公共性原则是政府作用力实施的首要原则，也是良好政府管制的重要反映。

2. 法治性原则

法律法规在整个社会中具有不可动摇的权威地位，坚持政府管制法治性原则，是政府进行既有建筑节能改造市场建设的基本要求。任何市场秩序的生成不可能完全通过市场机制自我调节完成，而是由市场嵌入政治、经济制度而形成的结果。即政府参与既有建筑节能改造实践本身是政府制定具有普遍效力规则并付诸实施的行为过程，其本身可视为一种特殊的立法与执法行为。政府作为既有建筑节能改造市场的立法者与执行者，在既有建筑节能改造市场发展中就必须遵循法治性原则，政府市场行为必须限定在法律的范畴内，不能允许丝毫逾越。

3. 开放性原则

开放性原则即政府在既有建筑节能改造市场建设过程中，不论是市场相关政策的制定，还是政府决策的实施都必须遵循开放透明的原则。政府进行既有建筑节能改造市场建设的实质在于服务公共利益，为社会整体谋取福利，所以政府任何市场行为必须实现开放性与透明化，如果不能实现政府市场管制的开放性，市场主体就难以参与或监督政府管制过程，如此政府所采取的市场干预措施必然也难以体现社会公众的意愿。因此，既有建筑节能改造市场发展中政府作用力的实施必须遵循开放性原则，这也是促进既有建筑节能改造市场多元协同驱动的必然要求。

4. 必要性原则

必要性原则即政府对既有建筑节能改造市场的干预必须有的放矢，而不能盲目或过分进行市场管制。政府参与既有建筑节能改造实践的原因在于弥补市场机制的天然缺陷,以避免市场失灵对既有建筑节能改造市场发展产生不利影响。也就是说政府在既有建筑节能改造市场发展中,有效发挥政府作用力必须遵循必要性原则,只有当具有充分证据证明市场失灵的确存在才可进行,而不能无理由地对既有建筑节能改造市场进行不必要的强制性干预。因此,在既有建筑节能改造市场发展中,厘清政府与市场的边界,坚持发挥市场资源配置绝对性作用及更好地发挥政府作用,是科学合理发挥政府市场职能作用的关键。

5. 可行性原则

坚持政府能力有限的理念,遵循市场管制可行性原则,是有效发挥政府作用力、避免政府失灵的核心。既有建筑节能改造市场发展中,政府作用力实施可行性原则必须贯穿市场发展全过程。政府作为既有建筑节能改造市场发展的外在引擎,其目的在于解决市场发展问题,基于市场发展需求提供公共服务,引导既有建筑节能改造市场健康运行。但需要注意的是政府本身能力是有限的,而不是万能的,不科学不合理的市场管制同样存在政府失灵。因此,政府在既有建筑节能改造市场实践过程中,首先必须正视自身能力,遵循政府作用力实施可行性原则。

6. 有效性原则

有效性原则主要针对政府作用力实施过程与结果而言,保证政府作用力实施过程与结果的有效性,是衡量政府既有建筑节能改造实践成效的核心标准。过程与结果两者存在的是一种因果联系关系,过程直接决定结果。政府在既有建筑节能改造市场发展中,若要有效发挥政府作用力,确保政府在市场管制过程中执行有效是关键。只有保证执行过程有效,方可达到预期设定的政策目标。而要实现执行过程有效,首先需要建立一个有效的管制执行体系,一个能够选择正确战略、有效完成执行任务的管制执行体系是实现政府市场推动作用的必要条件。

8.4.2 既有建筑节能改造市场发展中政府作用力实施有效性标准

既有建筑节能改造市场作为一个由多主体构成的复杂开放系统,各主体相互作用、相互影响,共同构成驱动市场发展的动力系统。在这动态复杂的系统中,政府作用力实施对既有建筑节能改造市场影响是多层面、多维度的。因此,衡量既有建筑节能改造市场发展中政府作用力实施的有效性,其标准

第8章　既有建筑节能改造市场发展中政府作用力实施运行机理与有效性评价

的选取必须基于系统全面的视角，能够综合反映既有建筑节能改造市场发展中政府作用有效性。鉴于政府进行既有建筑节能改造实践的直接原因与最终目的，政府进行既有建筑节能改造市场干预的直接原因在于当前既有建筑节能改造市场机制体制不健全，还存在市场运行动力缺失、市场无序竞争以及改造效果与水平不佳等问题，需要政府进行合理市场干预，才能确保既有建筑节能改造市场健康发展。而从其最终目的来看，当前我国能源供需矛盾日益突出，政府进行既有建筑节能改造市场建设不仅能有效降低建筑能源消耗，还能够提升社会整体福利。基于此，从政府进行既有建筑节能改造实践的直接原因与最终目的来分析，对既有建筑节能改造市场发展中政府作用实施有效度量的标准，可以从市场驱动有效性和社会效益贡献有效性两个角度解析。

（1）市场驱动有效性。

政府作为既有建筑节能改造市场发展的外在引擎，市场驱动有效性是考量政府作用力实施有效性最直观的标准。针对政府对既有建筑节能改造市场发展的驱动有效性，从宏观上来看，政府作用力实施有效程度体现在其对市场整体运行状况的改善；从中观层面分析，政府推动既有建筑节能改造市场发展的关键在于扶持节能服务产业发展；从微观层面考察，政府实施既有建筑节能改造相关政策的直接作用主体是参与节能改造的利益相关方，市场主体行为特征的变化是政府市场驱动有效性度量的微观标准。基于此，从市场驱动有效性的角度分析既有建筑节能改造市场发展中政府作用力实施的有效标准。其有效标准体现在宏观层面的市场运行状况、中观层面的产业发展水平，以及微观层面主体行为特征等3个方面。

（2）社会效益贡献有效性。

政府作为社会公共利益的创造人与维护者，其推动既有建筑节能改造市场发展的最终目的在于提升社会公共福利。既有建筑节能改造作为我国推进两型社会创建，打造绿色协调生态文明社会的重要途径，不仅能够为我国可持续发展带来经济上的效益，还能够为社会生态环境、社会文化等方面带来有益影响。此外，政府有效推动既有建筑节能改造市场发展，必然提升社会公众对政府的满意度。因此，从社会效益贡献的角度来测度政府作用力实施的有效性，其标准主要体现在社会经济效益贡献、社会环境效益贡献、社会文化效益贡献以及社会政治效益贡献等4个方面。

8.5 既有建筑节能改造市场发展中政府作用有效性评价内涵及意义

目前,学术界就既有建筑节能改造市场发展相关理论已展开了有益探索,但就市场主体动力方面相关理论而言,至今还未得到学术界的重视,鲜有学者对此展开深入的研究。因此,目前对既有建筑节能改造市场发展中政府作用的有效性尚未有明确的定义,对于政府作用有效性的评价指标体系也未有统一的标准。有鉴于此,由于既有建筑节能改造具有公共品属性,本书在考虑既有建筑节能改造市场自身特性的基础上,梳理一般公共服务市场相关研究成果,对既有建筑节能改造市场发展中政府作用有效性内涵进行界定,并对评价的内容及意义进行分析。

8.5.1 既有建筑节能改造市场发展中政府作用有效性评价内涵

基于有效性的字面含义可知,有效性指的是完成策划的活动和达到策划结果的程度。由此可见,有效性即行为主体为达到特定目的而采取相关行动措施后,其行动所得结果与预期目标之间的贴近程度。基于这一逻辑思维,既有建筑节能改造市场发展中政府作用有效性指的是,政府为达到其既定目标而进行市场干预后,是否促使既有建筑节能改造市场依指定轨道运行,以及所取得市场发展成果是否达到预期设想和达到的程度。其表征为政府在推动既有建筑节能改造市场发展中,所实施相关政策、法规及制度等措施对推动市场健康发展的效益和效率。

基于上述既有建筑节能改造市场发展中政府作用有效性含义的界定,明晰既有建筑节能改造市场发展中政府作用有效性评价的内涵,需要明确了解政府进行既有建筑节能改造的目的。基于第6章的既有建筑节能改造市场发展中政府行为特征及需求演变规律可知,市场自发性调节失灵与社会利益最大化是政府进行既有建筑节能改造的根本动机,所以既有建筑节能改造市场发展中政府作用有效性评价的内涵应包含两层含义:一是针对市场失灵采取行政干预后对市场发展所起到的驱动作用;二是进行既有建筑节能改造市场建设对增加社会福利所起的贡献作用。

8.5.2 既有建筑节能改造市场发展中政府作用有效性评价意义

既有建筑节能改造市场发展中政府作用的有效评价，是一个立足于系统性和全面性原则，运用科学分析方法，对政府在推动既有建筑节能改造市场发展中所发挥的驱动效力进行科学度量与判断评定的过程。整个评价过程基于一个系统全面的视角，在借鉴一般公共服务市场相关理论成果的基础上，结合既有建筑节能改造市场的自身特性，尽可能更全面和更科学地将相关评价要素考虑进去，建立一套既有建筑节能改造市场发展中政府作用有效性评价的指标体系，为有效认识我国既有建筑节能改造市场发展中政府作用的有效程度和探究制约症结提供科学的可信途径，更重要的是为提升我国政府既有建筑节能改造市场发展的作用力提供了理论参照。

近年来，既有建筑节能改造市场发展问题已然成为学术界研究的热门话题，纵观当前既有建筑节能改造市场领域研究动态，以武涌、刘玉明、刘长滨等学者为该领域代表性研究学者，但梳理众学者已有理论成果可发现，市场激励机制、运行模式、融资体系以及能效标识制度等方面理论是其研究的重点，而既有建筑节能改造市场主体动力相关理论研究尚处于空白状态[82-90]。因此，基于市场动力视角，探究既有建筑节能改造市场发展中政府作用有效性，不仅对于本书后续理论研究具有重要支撑作用，而且更在理论上对丰富既有建筑节能改造市场发展理论体系具有重要理论价值，同时在实践层面上对有效发挥政府作用力、推动既有建筑节能改造市场健康发展具有重要现实意义。

8.6 既有建筑节能改造市场发展中政府作用有效性评价体系架构

架构科学合理的评价指标体系是确保评价结果客观有效的根本要求。既有建筑节能改造市场发展中政府作用有效性评价是一项复杂的系统工程，其指标体系的合理性将直接决定评价过程的科学性及评价结果的有效性。因此，在政府作用有效性评价指标体系构建过程中，必须在特定范围内基于特定的设计原则，运用科学有效的方式构建评价指标体系。

8.6.1 既有建筑节能改造市场发展中政府作用有效性评价指标体系设计原则

政府作用有效性评价指标体系作为测度政府市场驱动效果的工具，是一个复杂的信息反馈系统，为确保评价指标体系能够有效反映客观事实，在指标体系构建过程之中有必要遵循下列设计原则与方法：

（1）科学性原则。

科学性原则是指指标选取、信息收集、体系构建以及涉及范围等都必须有科学依据，而不能存在过分的主观臆测[91]。评价指标体系作为既有建筑节能改造市场发展中政府作用有效性评价的根本依据，其不科学设计不仅有可能导致评价结果与实际情况相偏离，而且更有可能对后续理论研究形成错误的指导。因此，在评价指标体系设计过程中，遵循科学性原则是对市场发展中政府作用有效性进行综合评价的首要原则。

（2）全面性原则。

评价指标作为对政府作用有效性某一特征的刻画与描述，其评价指标体系是从多个维度和层面对其整体性能和特征等属性的综合考量，所以评价指标的全面性是反映评价对象本质的关键。政府作用有效性评价指标体系是评价既有建筑节能改造市场发展中政府作用有效性的信息反馈系统，其反馈信息的丰富性与全面性决定评价结果与客观事实符合程度。因此，政策有效性评价指标体系的构建必须遵循全面性原则，从多维度、多层次以及多时空进行综合度量，以确保评价指标体系可真实反映既有建筑节能改造市场发展中政府作用的有效程度。需要注意的是，全面性原则不应以指标数量的多寡来体现，而应以指标的代表性为核心，既要做到避免指标选取的片面性和出现重要遗漏，也要做到防止指标重复性选择。

（3）系统性原则。

系统性原则又称为整体性原则，要求将评价指标体系视为一个系统，需要考虑系统内部各细部要素之间的关联关系和影响关系。政府作用有效性评价指标体系作为评价既有建筑节能改造市场发展中政府作用有效性的复杂信息系统，各评价指标之间存在着相互关联相互影响的内在逻辑关系。因此，其指标体系的构建首先必须基于系统的视角，分析各要素之间的内在逻辑关系；其次，在厘清各评价指标系统关系的基础上，需要考虑指标体系的整体均衡性，以保证评价指标体系内部要素之间的相互制衡，形成内部制衡机制，防止评价结果受外部人文因素干扰，增加分析结果的客观性和科学性。

(4) 层次性原则。

层次性原则强调的是评价指标体系是一个复杂系统，其由众多子系统有机组合而成，而各子系统又可分为若干次级子系统，所以评价指标体系应有层次分级，设计成为多层级的结构性体系[81]。由于政府在既有建筑节能改造市场发展过程中，对市场的影响是多维度的，所以其市场作用效果也存在宏微观分明、直接效应与间接影响明显的层级特征。因此，在评价指标体系构建的过程中应有意识注意指标体系的结构化，设计成层级分明的评价指标体系，从而有层次地揭示政府对既有建筑节能改造市场发展的作用效果。但在此需要注意的是，在划分评价指标体系层级结构时，评价指标除了在口径与范围上保持一致外，需要注意评价指标在不同时空、不同对象之间具有可比性。

(5) 可操作性原则。

构建一个具备可操作性的评价指标体系是保证评价可实施的关键所在。由于既有建筑节能改造市场发展中各要素间的关系错综复杂，在政府作用有效性评价指标体系设计时必须充分考虑其可操作性，以确保指标体系在能够有效反映对象的全部信息的基础上，保证实际操作能够顺利进行。就具体操作而言，要从两个方面加以注意：一是对于指标体系的设计应力求简洁，以尽可能少的指标来反映系统的总体状态；二是要保证指标体系测量所需的数据容易获得，并且评价的计算方法容易掌握。

8.6.2 既有建筑节能改造市场发展中政府作用有效性评价内容分析与指标体系构建

1. 评价内容分析

市场自发性调节失灵与提升社会整体福利是政府对既有建筑节能改造市场发展进行干预的根本目的。因此，政府作用有效评价指标体系的构建应立足于系统的视角，其指标体系的具体内容，既要囊括直观明显的市场发展反映性指标，也需要考虑反映社会整体效益的潜在影响对象。故而，本章在构建政府作用有效性评价指标体系时，将以促进既有建筑节能该改造市场健康发展和提升社会福利为导向，从市场驱动效果和社会效益贡献两个方面来对政府在既有建筑节能改造市场发展中的作用有效性进行综合评价。

(1) 市场驱动有效性。

鉴于市场自发性调节的自然缺陷,以治理市场为目的,驱动市场健康发展是政府对既有建筑节能改造市场发展进行干预的最直接原因。既有建筑节能改造市场的经济正外部性和信息不对称等特性决定了依靠市场自发性调节难以有效防范外部性经济、道德风险及逆向选择对市场的不利影响。因此,政府基于行政职能对市场进行合理的行政干预以弥补市场内在不足,是确保市场健康可持续发展必不可少的条件。所以,评价政府对于既有建筑节能改造市场发展的作用有效性,市场驱动有效性是最直接的反应性指标。由于政府进行市场干预的目的在于治理市场来促进市场良性运行,所以市场驱动有效性主要考察市场运行状况、产业发展水平和市场主体行为特征3个方面。

(2) 社会效益贡献。

政府作为社会大众意志和权利的维护与代言人,其任何决策和行动的根本目的在于为社会谋取福利,以实现社会利益最大化。既有建筑节能改造作为我国实现节能减排目标和促进社会绿色可持续发展的重要举措,是改善全民生活质量和生活水平,提高社会整体福利的关键环节。因此,评价政府在既有建筑节能改造市场发展中作用有效性,除了需要关注与市场直接相关的因素之外,还需要考虑政府推动既有建筑节能改造市场发展而为社会整体带来的效益。具体而言,社会效益包含多个方面,下面主要从政府推动既有建筑节能改造市场发展所带来的经济效益、环境效益、政治效益和文化效益4个层面展开。

2. 评价指标体系构建

为确保评价结果符合客观事实,本书立足于上文的指标体系设计原则,采用征询专家意见的方法对指标体系进行构建。具体过程,即采用当面咨询、电话约谈和邮件联系相结合的方式,向10位来自高校和企业从事建筑节能相关工作的专家进行咨询,其前后共分四轮,前三轮运用德尔菲法(Delphi Method)通过"专家意见征询—归纳统计—意见反馈—再归纳统计"的形式确定指标体系的最终内容,第四轮应用网络层次分析法(ANP)确定指标体系权重,即通过调查问卷打分的形式收集专家对指标的赋值信息,在此基础上,将收录信息输入SD(Super Decision)软件进行权重计算,最终评级指标体系如图8-8所示。

第8章 既有建筑节能改造市场发展中政府作用力实施运行机理与有效性评价

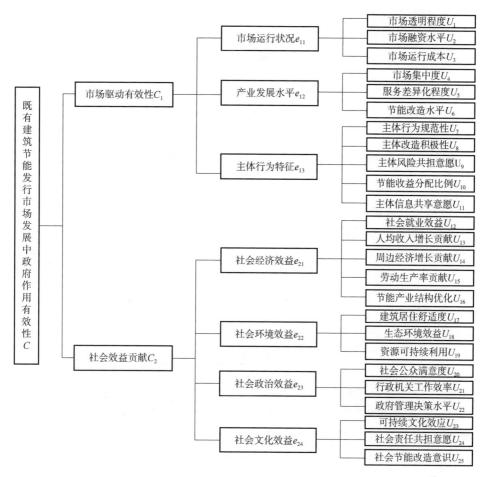

图 8-8 既有建筑节能改造市场发展中政府作用有效性评价指标体系

8.7 既有建筑节能改造市场发展中政府作用有效性评价量化过程

8.7.1 既有建筑节能改造市场发展中政府作用有效性评价指标量化

1. 基于 ANP 对评价指标赋权

既有建筑节能改造市场发展中政府作用有效性评价体系是一个复杂的信息系统，科学评价政府市场作用有效性必须考虑各要素之间的关联关系。层次分析法（AHP）作为一种将定性与定量分析相结合的多准则决策方法，被广泛应用于社会经济管理领域，对于解决多准则、多目标或无结构特性问题具有重要的现实意义。但 AHP 仅考虑下层元素受到上层元素的主导作用，却忽视了同层次要素间的关联关系，对于解决关联关系复杂的问题存在一定局限性[92-94]。而网络层次分析法（ANP）在 AHP 的基础上，考虑了层次结构之间的依存与反馈关系，能更科学地描述元素间的非线性关系，对处理既有建筑节能改造市场发展中政府作用有效性评价指标权重更加有效并贴近事实，所以本书采用 ANP 进行赋权，其具体步骤如下：

（1）建立评价 ANP 结构。

ANP 的典型结构包括控制层与网络层两部分，控制层即最高准则层，包括目标及决策准则，所有决策准则彼此独立，仅受目标元素支配；网络层是由受控制层支配的若干元素组成的，元素彼此之间互不隶属，但相互依存与支配[95]。分析各个指标之间的关系，既有建筑节能改造市场发展中政府有效性评价 ANP 结构如图 8-9 所示。

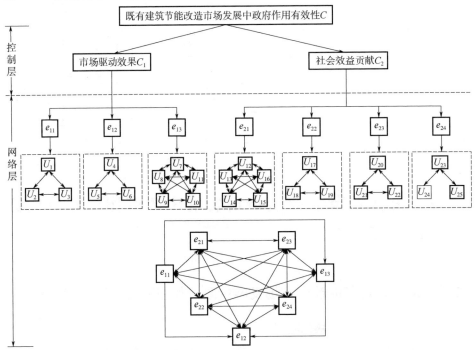

图 8-9　既有建筑节能改造市场发展中政府作用有效性评价 ANP 结构

（2）构造 ANP 超级矩阵计算权重。

由于超级矩阵计算复杂，采用 SD 软件进行计算。首先，利用 ANP 法分析网络层元素相互关系，邀请相关专家根据 1~9 标度法原理对各指标两两之间进行间接优势度比较评分，打分界面示例如图 8-10 所示。并将评分结果整理输入 SD 软件之中并进行一致性检验（$CR<0.1$）得初始为加权超级矩阵，一致性检验示例如图 8-11 所示。其次，考虑各组间元素相互依存，为准确反映各组间元素的依存关系，对超级矩阵进行加权并进行稳定性处理，得到加权超矩阵、极限超矩阵以及各级指标全局权重，以二级指标为示例，其未加权超矩阵、加权超矩阵、极限超矩阵及全局权重如图 8-12~图 8-15 所示；同理可得三级指标权重。最后，将 SD 软件计算结果整理填至表 8-1 中。

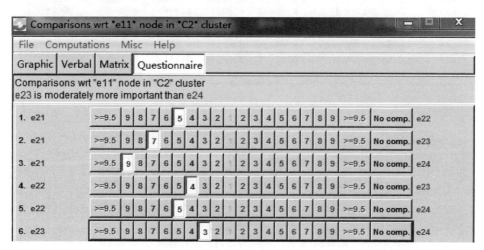

图 8-10　SD 软件打分界面示例（截图）

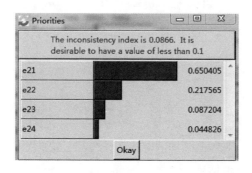

图 8-11　一致性检验结果示例（截图）

Super Decisions Main Window: Unnamed file 0: Unweighted Super Matrix

	e11	e12	e13	e21	e22	e23	e24
e11	0.00000	0.80000	0.83333	0.68698	0.68698	0.68698	0.68698
e12	0.66667	0.00000	0.16667	0.18648	0.18648	0.18648	0.18648
e13	0.33333	0.20000	0.00000	0.12654	0.12654	0.12654	0.12654
e21	0.65041	0.65041	0.65041	0.00000	0.78539	0.73519	0.72230
e22	0.21757	0.21757	0.21757	0.67381	0.00000	0.20669	0.20499
e23	0.08720	0.08720	0.08720	0.22554	0.14882	0.00000	0.07272
e24	0.04483	0.04483	0.04483	0.10065	0.06579	0.05811	0.00000

图 8-12　未加权超矩阵示例（截图）

Super Decisions Main Window: Unnamed file 0: Weighted Super Matrix

	e11	e12	e13	e21	e22	e23	e24
e11	0.00000	0.60000	0.62500	0.51524	0.51524	0.51524	0.51524
e12	0.50000	0.00000	0.12500	0.13986	0.13986	0.13986	0.13986
e13	0.25000	0.15000	0.00000	0.09491	0.09491	0.09491	0.09491
e21	0.16260	0.16260	0.16260	0.00000	0.19635	0.18380	0.18057
e22	0.05439	0.05439	0.05439	0.16845	0.00000	0.05167	0.05125
e23	0.02180	0.02180	0.02180	0.05638	0.03720	0.00000	0.01818
e24	0.01121	0.01121	0.01121	0.02516	0.01645	0.01453	0.00000

图 8-13　加权超矩阵示例（截图）

Super Decisions Main Window: Unnamed file 0: Limit Matrix

	e11	e12	e13	e21	e22	e23	e24
e11	0.36410	0.36410	0.36410	0.36410	0.36410	0.36410	0.36410
e12	0.23578	0.23578	0.23578	0.23578	0.23578	0.23578	0.23578
e13	0.15012	0.15012	0.15012	0.15012	0.15012	0.15012	0.15012
e21	0.14250	0.14250	0.14250	0.14250	0.14250	0.14250	0.14250
e22	0.06689	0.06689	0.06689	0.06689	0.06689	0.06689	0.06689
e23	0.02712	0.02712	0.02712	0.02712	0.02712	0.02712	0.02712
e24	0.01349	0.01349	0.01349	0.01349	0.01349	0.01349	0.01349

图 8-14　极限超矩阵示例（截图）

Super Decisions Main Window: Unnamed file 0: Priorities

Here are the priorities.

Icon	Name	Normalized by Cluster	Limiting
No Icon	e11	0.48547	0.364101
No Icon	e12	0.31437	0.235780
No Icon	e13	0.20016	0.150119
No Icon	e21	0.57002	0.142504
No Icon	e22	0.26757	0.066891
No Icon	e23	0.10848	0.027119
No Icon	e24	0.05394	0.013485

Okay　Copy Values

图 8-15　部分全局权重计算结果示例（截图）

第8章 既有建筑节能改造市场发展中政府作用力实施运行机理与有效性评价

表8-1 既有建筑节能改造市场发展中政府作用有效性评价指标体系及其权重

目标	一级指标及权重	二级指标及权重	三级指标及权重	
既有建筑节能改造市场发展中政府作用有效性（C）	市场驱动有效性（C_1） 0.532 47	市场运行状况（e_{11}） 0.485 47	市场透明程度（U_1）	0.302 51
			市场融资水平（U_2）	0.401 14
			市场运行成本（U_3）	0.296 35
		产业发展水平（e_{12}） 0.314 37	市场集中度（U_4）	0.518 64
			服务差异化程度（U_5）	0.220 51
			节能改造水平（U_6）	0.261 03
		主体行为特征（e_{13}） 0.200 16	主体行为规范性（U_7）	0.153 65
			主体改造积极性（U_8）	0.109 53
			主体风险共担意愿（U_9）	0.200 17
			节能收益分配比例（U_{10}）	0.343 92
			主体信息共享意愿（U_{11}）	0.192 73
	社会效益贡献（C_3） 0.467 53	社会经济效益（e_{21}） 0.570 02	社会就业效益（U_{12}）	0.391 43
			人均收入增长贡献（U_{13}）	0.225 11
			周边经济增长贡献（U_{14}）	0.102 35
			劳动生产率贡献（U_{15}）	0.106 41
			节能产业结构优化（U_{16}）	0.174 70
		社会环境效益（e_{22}） 0.267 57	建筑居住舒适度（U_{17}）	0.553 47
			生态环境效益（U_{18}）	0.324 36
			资源可持续利用（U_{19}）	0.122 17
		社会政治效益（e_{23}） 0.108 48	社会公众满意度（U_{20}）	0.439 78
			行政机关工作效率（U_{21}）	0.259 67
			政府管理决策水平（U_{22}）	0.300 55
		社会文化效益（e_{24}） 0.053 94	可持续文化效应（U_{23}）	0.356 41
			社会责任共担意愿（U_{24}）	0.315 73
			社会节能改造意识（U_{25}）	0.327 86

8.7.2 既有建筑节能改造市场发展中政府作用有效性评价过程量化

1. 模糊综合评价方法适用性分析

模糊综合评价方法（Fuzzy）是以模糊数学为基础，应用模糊关系合成的原理，将一些边界不清、不易定量的因素定量化，基于多要素对被评价事物隶属等级状况进行综合评价的一种方法[96]，其最大的特点在于能够对模糊性问题做出科学的评判。既有建筑节能改造市场发展中政府有效性评价作为一项复杂的系统工程，其具有明显的模糊特性，主要原因在于：

1）既有建筑节能改造市场的特殊性。既有建筑节能改造市场是一个正外部性和信息不对称的市场，评价对象受众多不可测、边界模糊的因素影响。

2）评价目标的模糊性。既有建筑节能改造市场发展中政府作用有效性是一个模糊的概念，没有固定边界且无法用可视化测量工具去度量。

3）评价过程的模糊性。评价过程的模糊性体现在评价指标的选取与权重的确定上，因为评价者对既有建筑节能改造市场发展的认知与判定均具有模糊性，所以评价指标的选择与权重确定均受评价者专业知识水平、个人偏好等因素影响。

综上所述，基于模糊综合评价方法与评价目标所具有的特点，模糊综合评价法能有效处理评价目标，在所面临的模糊环境下做出较为科学的评判，使评判结果贴近事实。此外，既有建筑节能改造市场影响因素众多，影响要素间递阶关联性强，做到科学评判需要以多层次、多指标方式揭示影响要素的系统性与关联性。而多级模糊综合评价作为模糊综合评价的改进评级方法，对于降低线性补偿与解决非线性关联问题具有重要作用，因此，下面为实现评价的有效性采用多级模糊综合评价方法进行评价。

2. 多级模糊综合评价量化实施过程

多级模糊综合评价法作为一种在模糊环境下，基于特定目的对某一事物进行综合评判的方法，是一种揭示和认识复杂系统本质特征的有效方法及途径。其基本原理是在确定评价因素集和权重集的基础上，通过确立各评价因素集的权重及其隶属度向量以获得综合评价矩阵，最后运用模糊算子将综合评价矩阵和权向量进行模糊计算而得到评价结果[97]。其具体量化实施过程主要包含以下几个步骤：

1）构建综合评价因素集与评语集。设综合评价因素集为 $C = \{C_1, C_2, C_3, \cdots, C_{m-1}, C_m\}$，再依据各因素间的隶属关系，将每一因素 C_i 细分为不同等级的隶属因素集 C_{ij}，例如：$C_i = \{C_{i1}, C_{i2}, C_{i3}, \cdots, C_{in}\}$，其中 m，n 为评价因素的个数（$i = 1, 2, \cdots, m$）。设评语集为 $V = \{v_1, v_2, \cdots, v_k\}$，评语集是刻画每一因素所处状态的 K 种决断，其中 K 为评价等级的个数，V_j 表示因素为第 j 中可能的评价结果。

2）确定综合评价权重集。基于综合评价因素集，确定各因素集对应的综合

评价权重集为 $W_i = (w_{i1}, w_{i2}, \cdots, w_{in})$，$w_{ij}$ 表示第 j 个等级的第 i 个因素集或因素（当为最底层元素时）所对应的权重集或权重，其中 $\sum_{i=1}^{m}\sum_{i}^{n} w_{ij} = 1$。

3）构造判断矩阵。设因素集 C_{ij} 中第 i 个因素 C_i ($i = 1, 2, \cdots, m$) 对评价对象的评价等级 v_j ($j = 1, 2, \cdots, k$) 的隶属度为 r_{ij}，则因素集 C_{ij} 中第 i 个因素 C_i 的评判集为 $r_i = (r_{i1}, r_{i2}, \cdots, r_{ik})$。如此则得到第 i 个因素的判断矩阵为

$$\underset{\sim}{R}_i = (r_{ij})_{m \times k} \begin{bmatrix} r_{i11} & r_{i12} & \cdots & r_{i1k} \\ r_{i21} & r_{i22} & \cdots & r_{i2k} \\ \vdots & \vdots & & \vdots \\ r_{im1} & r_{im2} & \cdots & r_{imk} \end{bmatrix}$$

4）实施多级模糊综合评价。首先，着眼于评价指标体系最底层单因素，基于权重集和与之对应的判断矩阵，对评价对象实施一级模糊综合评价。由此可得一级模糊综合评价集为

$$\underset{\sim}{B}_i = \underset{\sim}{W}_i \cdot \underset{\sim}{R}_i = (w_{i1}, w_{i2}, w_{i3}, \cdots, w_{in}) \begin{bmatrix} r_{i11} & r_{i12} & \cdots & r_{i1k} \\ r_{i21} & r_{i22} & \cdots & r_{i2k} \\ \vdots & \vdots & & \vdots \\ r_{in1} & r_{in2} & \cdots & r_{ink} \end{bmatrix} = (b_{i1}, b_{i2}, b_{i3}, \cdots, b_{ik})$$

然后，在此基础上可构造二级模糊综合评价矩阵为

$$R = \begin{bmatrix} \underset{\sim}{B}_1 \\ \underset{\sim}{B}_2 \\ \vdots \\ \underset{\sim}{B}_m \end{bmatrix} = \begin{bmatrix} W_1 \cdot \underset{\sim}{R}_1 \\ W_2 \cdot \underset{\sim}{R}_2 \\ \vdots \\ W_m \cdot \underset{\sim}{R}_m \end{bmatrix} = (r_{ij})_{m \times k} \quad (i = 1, 2, \cdots, m; j = 1, 2, \cdots, k)$$

由此可得二级模糊综合评价集为

$$\underset{\sim}{B} = \underset{\sim}{W} \cdot \underset{\sim}{R} = W \cdot \begin{bmatrix} W_1 \cdot \underset{\sim}{R}_1 \\ W_2 \cdot \underset{\sim}{R}_2 \\ \vdots \\ W_m \cdot \underset{\sim}{R}_m \end{bmatrix} = (b_1, b_2, b_3, \cdots, b_k)$$

同理可求得多级模糊综合评价结果。

5）评价结果综合判定。基于多级模糊综合评价结果，对评价等级 V 进行量

化赋值后进行加权处理，则可得到各级指标综合评价数值。

8.8 既有建筑节能改造市场发展中政府作用有效性评价算例分析

8.8.1 既有建筑节能改造市场发展中政府作用有效性评价背景介绍

自20世纪末既有建筑节能改造正式被纳入节能减排重任的关键组成部分以来，我国政府基于能源市场化的视角，将建筑节能与市场相结合，出台了大量政策法规，以逐步推进既有建筑节能改造事业趋于产业化和市场化发展。就其实践成果来看，近20年来，政府就既有建筑节能改造市场化发展战略目标，已基本架构了一套相对系统的政策法规体系，为市场发展提供了基本的配套支撑服务体系，并取得了较为可观的阶段性成果。然而从既有建筑节能改造市场整体运行现状来看，我国虽在各阶段内超额完成了其规划目标，取得了不俗成绩；但目前我国既有建筑节能改造市场尚处于发展阶段，既有建筑节能改造活动仍以粗放式经营为主，市场的自发性交易能力较差，大多数既有建筑节能改造实践活动均由政府主导实施，还存在改造主体积极性不足、市场信息不对称和产业竞争无序等问题。因此，从市场发展效果层面来看，政府对于既有建筑节能改造市场发展的推动作用，不能仅仅只通过既有建筑节能改造目标完成与否来审视，而应该考虑政府是否弥补了市场自身的内在不足，就市场经济正外部性、信息不对称以及市场自组织交易能力不足等市场失灵问题，政府的外在干预是否积极有效进行评判。基于此，本节就政府在既有建筑节能改造市场发展中的相关实践事实，对既有建筑节能改造市场发展中政府作用有效性进行评价算例分析。

8.8.2 既有建筑节能改造市场发展中政府作用有效性评价实施过程

基于既有建筑节能改造市场发展中政府作用有效性评价指标体系架构及其量化结果，邀请10位业内专家就当前市场发展的实际情况进行打分，以多级模糊综合评价法为度量工具，对我国既有建筑节能改造市场发展中政府有效性进行综合评价。

(1) 构建综合评价因素集与评语集。

第8章 既有建筑节能改造市场发展中政府作用力实施运行机理与有效性评价

1)构建综合评价因素集。基于有效性评价指标体系结构,设 U_1,U_2,U_3,…,U_{24},U_{25} 为第一级评价因素;e_{11},e_{12},e_{13},e_{21},e_{22},e_{23},e_{24} 为第二级评价因素;C_1,C_2 为第三级评价因素。其中第一级评价因素隶属于第二级评价因素,第二级评价因素则隶属于第三集评价因素。基于此,设第一级因素集为 $C = \{U_1, U_2, U_3, \cdots, U_{24}, U_{25}\}$;第二因素集分别为 $e_{11} = \{U_1, U_2, U_3\}$,$e_{12} = \{U_4, U_5, U_6\}$,$e_{13} = \{U_7, U_8, U_9, U_{10}, U_{11}\}$,$e_{21} = \{U_{12}, U_{13}, U_{14}, U_{15}, U_{16}\}$,$e_{22} = \{U_{17}, U_{18}, U_{19}\}$,$e_{23} = \{U_{20}, U_{21}, U_{22}\}$,$e_{24} = \{U_{23}, U_{24}, U_{25}\}$;第三级因素集分别为 $C_1 = \{e_{11}, e_{12}, e_{13}\}$,$C_2 = \{e_{21}, e_{22}, e_{23}, e_{24}\}$。

2)构建综合评价评语集。以政府市场作用有效性为评价对象,设评语集 $V = \{v_1, v_2, v_3, v_4, v_5\} = \{很好,较好,一般,较差,很差\}$,代表刻画每一因素所处状态的5种决断,令评语集评语对应的测评标度为 $V = (5, 4, 3, 2, 1)$。

(2)确立有效性评价权重集。

基于上文政府作用有效性评价指标体系框架及其 ANP 赋权量化结果,设 $W = (0.53247, 0.46753)$,$W_1 = (0.48547, 0.31437, 0.20016)$,$W_2 = (0.57002, 0.26757, 0.10848, 0.05394)$,$W_{11} = (0.30251, 0.40114, 0.29635)$,$W_{12} = (0.51864, 0.22051, 0.26103)$,$W_{13} = (0.15365, 0.10953, 0.20017, 0.34392, 0.19273)$,$W_{21} = (0.39143, 0.22511, 0.10235, 0.10641, 0.17470)$,$W_{22} = (0.55347, 0.32436, 0.12217)$,$W_{23} = (0.43978, 0.25967, 0.30055)$,$W_{24} = (0.35641, 0.31573, 0.32786)$。

(3)构造单因素评价判断矩阵。

根据综合评价因素集与评语集,通过问卷发放形式,邀请10位业内专家对当前既有建筑节能改造市场发展中政府作用有效性进行评分,基于专家评分结果,通过整理并进行归一化处理后,得到单因素模糊评价判断矩阵

$$R_{11} = \begin{bmatrix} 0.15 & 0.20 & 0.30 & 0.25 & 0.10 \\ 0.15 & 0.15 & 0.35 & 0.20 & 0.15 \\ 0.10 & 0.15 & 0.30 & 0.25 & 0.20 \end{bmatrix} \quad R_{12} = \begin{bmatrix} 0.15 & 0.20 & 0.30 & 0.25 & 0.10 \\ 0.10 & 0.10 & 0.25 & 0.35 & 0.20 \\ 0.10 & 0.25 & 0.35 & 0.20 & 0.10 \end{bmatrix}$$

$$R_{13} = \begin{bmatrix} 0.10 & 0.20 & 0.25 & 0.25 & 0.20 \\ 0.15 & 0.25 & 0.25 & 0.20 & 0.15 \\ 0.15 & 0.30 & 0.20 & 0.20 & 0.15 \\ 0.20 & 0.30 & 0.25 & 0.15 & 0.10 \\ 0.15 & 0.20 & 0.30 & 0.25 & 0.10 \end{bmatrix} \quad R_{21} = \begin{bmatrix} 0.25 & 0.20 & 0.25 & 0.15 & 0.10 \\ 0.20 & 0.30 & 0.25 & 0.15 & 0.10 \\ 0.15 & 0.25 & 0.25 & 0.20 & 0.15 \\ 0.20 & 0.25 & 0.25 & 0.15 & 0.15 \\ 0.20 & 0.25 & 0.25 & 0.15 & 0.15 \end{bmatrix}$$

$$R_{22} = \begin{bmatrix} 0.20 & 0.30 & 0.20 & 0.15 & 0.15 \\ 0.15 & 0.25 & 0.25 & 0.20 & 0.15 \\ 0.20 & 0.25 & 0.25 & 0.20 & 0.10 \end{bmatrix} \quad R_{23} = \begin{bmatrix} 0.25 & 0.20 & 0.20 & 0.15 & 0.10 \\ 0.15 & 0.25 & 0.25 & 0.20 & 0.15 \\ 0.20 & 0.30 & 0.20 & 0.20 & 0.10 \end{bmatrix}$$

$$R_{24} = \begin{bmatrix} 0.25 & 0.25 & 0.20 & 0.15 & 0.15 \\ 0.15 & 0.25 & 0.30 & 0.20 & 0.10 \\ 0.20 & 0.25 & 0.35 & 0.10 & 0.10 \end{bmatrix}$$

(4) 一级模糊综合评价。

根据所求得的单因素模糊评价判断矩阵,运用模糊算子 M ($\cdot$, $+$)进行合成运算,可求得一级模糊综合评价集为

$$\underset{\sim}{B}_{11} = W_{11} \cdot R_{11} =$$

$$(0.30251, 0.40114, 0.29635) \begin{bmatrix} 0.15 & 0.20 & 0.30 & 0.25 & 0.10 \\ 0.15 & 0.15 & 0.35 & 0.20 & 0.15 \\ 0.10 & 0.15 & 0.30 & 0.25 & 0.20 \end{bmatrix} = (0.13518,$$

$0.16513, 0.32006, 0.22994, 0.14969)$

同理可求得

$\underset{\sim}{B}_{12} = W_{12} \cdot R_{12} = (0.12595, 0.19137, 0.30208, 0.25904, 0.12207)$

$\underset{\sim}{B}_{13} = W_{13} \cdot R_{13} = (0.15951, 0.25989, 0.24963, 0.20012, 0.13139)$

$\underset{\sim}{B}_{21} = W_{21} \cdot R_{21} = (0.21425, 0.27551, 0.23043, 0.16576, 0.11406)$

$\underset{\sim}{B}_{22} = W_{22} \cdot R_{22} = (0.18378, 0.27767, 0.22233, 0.17233, 0.14389)$

$\underset{\sim}{B}_{23} = W_{23} \cdot R_{23} = (0.20901, 0.24304, 0.21298, 0.17801, 0.11298)$

$\underset{\sim}{B}_{24} = W_{24} \cdot R_{24} = (0.20203, 0.25000, 0.28075, 0.14939, 0.11782)$

(5) 二级模糊综合评价。

根据一级模糊综合评价所得,同理采用模糊算子 M ($\cdot$, $+$)合成运算可得

$$\underset{\sim}{B}_1 = W_1 \cdot R_1 = W_1 \cdot \begin{bmatrix} \underset{\sim}{B}_{11} \\ \underset{\sim}{B}_{12} \\ \underset{\sim}{B}_{13} \end{bmatrix} = (0.48547, 0.31437, 0.20016) \cdot$$

$$\begin{bmatrix} 0.13518 & 0.16513 & 0.32006 & 0.22994 & 0.14969 \\ 0.12595 & 0.19137 & 0.30208 & 0.25904 & 0.12207 \\ 0.15951 & 0.25989 & 0.24963 & 0.20012 & 0.13139 \end{bmatrix} = (0.13715, 0.19235,$$

0.300 31，0.233 12，0.137 34）

同理可求得

$$\underset{\sim}{B}_2 = W_2 \cdot R_2 = (0.204\ 87,\ 0.271\ 19,\ 0.229\ 09,\ 0.167\ 97,\ 0.122\ 13)$$

（6）三级模糊综合评价。

基于二级模糊综合评价结果，运用模糊算子 $M(\cdot,+)$ 合成运算可得既有建筑节能改造市场发展中政府作用有效性评价结果为

$$\underset{\sim}{B} = W \cdot R = W \cdot \begin{bmatrix} R_1 \\ R_2 \end{bmatrix} = (0.532\ 47,\ 0.467\ 53)$$

$$\begin{bmatrix} 0.131\ 15 & 0.192\ 35 & 0.300\ 31 & 0.233\ 12 & 0.137\ 34 \\ 0.204\ 87 & 0.271\ 19 & 0.229\ 09 & 0.167\ 97 & 0.122\ 13 \end{bmatrix} = (0.165\ 62,\ 0.229\ 21,$$

0.267 01，0.202 66，0.130 23）

8.8.3 既有建筑节能改造市场发展中政府作用有效性评价结果综合判定

基于上述评价过程可知，$\underset{\sim}{B}$ 为既有建筑节能改造市场发展中政府作用有效性评价结果，将评语集 $V = \{v_1, v_2, v_3, v_4, v_5\} = \{$很好，较好，一般，较差，很差$\}$ 中的因素量化赋值为 100，80，60，40，20，进行加权计算可得

$V = 100 \times 0.165\ 62 + 80 \times 0.229\ 21 + 60 \times 0.267\ 01 + 40 \times 0.202\ 66 + 20 \times 0.130\ 23 = 61.630$

进一步计算各级指标的模糊评判数值，可得 $V_1 = 59.193$，$V_2 = 65.089$，$V_{11} = 58.123$，$V_{12} = 58.832$，$V_{13} = 62.353$，$V_{21} = 66.203$，$V_{22} = 63.702$，$V_{23} = 62.503$，$V_{24} = 65.380$，其中 V_1，V_{11}，V_{12} 均低于综合评价值。

综上评价结果可知，首先，从整体来看，我国既有建筑节能改造市场发展中政府作用有效性综合评价结果为 61.630，仅达到"一般"水平，且介于"一般"与"较差"的临界点处；其次，从细部分析结果来看，各子系统综合评价结果皆为"一般"或"较差"水平，其中尤其以市场驱动有效性水平较差，主要体现在市场运行状况和产业发展水平两个维度上，均未达到整体综合评价值。由此说明，尽管我国自 20 世纪末以来，政府大力实施既有建筑节能改造，且从国家定期规划目标来看，也取得了较为不错的实践成果。但基于市场主体动力视角，以系统的思维来审视政府在既有建筑节能改造事业中作用有效性，政府

在推动既有建筑节能改造市场发展的过程中尚未有效发挥其市场作用力，仍存在较大的优化提升空间。纵观当前我国既有建筑节能改造市场发展过程中，市场信息不透明、产业竞争力弱、主体积极不足以及市场监管缺位等现实问题，评价结果基本符合当前市场发展现状，较为科学地反映了我国政府在既有建筑节能改造市场发展中的作用有效性程度。

8.8.4 基于既有建筑节能改造市场发展中政府作用有效性评价结果的实践启示

基于既有建筑节能改造市场发展中政府作用有效性评价结果，可得到以下几个方面的实践启示：

（1）关注主体需求变化以提升政策实施效果。

既有建筑类型的差异性以及市场发展的动态性，决定了市场主体需求的差异性和渐增性。由于我国国土面积巨大，气候环境的差异性决定了不同地区既有建筑建筑类型不尽相同，加之由于既有建筑用途的不同，既有建筑可分为既有居住建筑、既有公共建筑以及既有工业建筑等不同类型，而不同的既有建筑决定了相关利益主体的需求不尽相同。此外，既有建筑节能改造市场是一个非静态市场，而在动态发展的过程中，主体的需求必然随着市场的发展而渐增。因此，未来政府在既有建筑节能改造实践过程中，关注主体需求变化，实施调整市场发展策略与措施，是提升政策实施效果的有效途径。

（2）重视市场运行环境优化以促进市场良性运行。

既有建筑节能改造市场是一个多元利益主体的市场，创建良好的市场运行环境是推动既有建筑节能改造市场健康发展的关键。基于既有建筑节能改造市场发展中政府作用有效性综合评价结果可知，我国既有建筑节能改造市场运行过程中尚存在市场运行环境不透明，市场主体融资渠道狭窄和市场运行成本过高的问题。所以，政府在既有建筑节能改造市场建设过程中，为市场发展营造一个良好的运行环境，不仅是既有建筑节能改造市场规范化发展的内在要求，而且也是既有建筑节能改造市场良性运行的前提保障。

（3）注重企业能力建设以提高产业发展水平。

既有建筑节能改造市场整体企业能力的高低决定了节能服务产业的发展水平。既有建筑节能改造市场归根结底是一种社会主义体制下的市场经济，提高企业改造水平是提升既有建筑节能改造市场发展水平的必然要求。基于综合评

第8章 既有建筑节能改造市场发展中政府作用力实施运行机理与有效性评价

价结果可见，目前我国节能服务产业整体发展水平较低，其市场集中度、服务产品差异化程度以及节能改造水平等均不高。基于此，未来在既有建筑节能改造市场发展中，注重企业核心竞争能力的建设既是 ESCO 自身需要关注的地方，也是政府在实践过程中需要重视的要点。

第 9 章　既有建筑节能改造市场发展中政府作用力提升实施策略

既有建筑节能改造市场发展中政府作用力提升机理研究的直接目的在于指导未来政府在市场建设过程中的具体实践操作，而指导政府在未来市场实践中具体操作的有力工具在于架构科学系统的政府作用力提升框架。探讨既有建筑节能改造市场发展中政府作用力提升实施框架的具体内容，是既有建筑节能改造市场发展中政府作用力提升机理由理论层面向实际应用维度的过渡，实现了政府作用力提升实施机理研究的实际落地，为指导既有建筑节能改造市场发展中政府作用力提升实施策略的选择提供关键性支撑作用。因此，本章在前述已有理论研究的基础上，从国内外既有建筑节能改造市场发展中政府实践特征剖析入手，分析我国政府在既有建筑节能改造市场中的实践困境，通过探讨既有建筑节能改造市场发展中政府作用力提升框架及具体内容，提出既有建筑节能改造市场发展中政府作用提升实施路径选择和实施策略，以期实现既有建筑节能改造市场发展中政府作用力提升机理研究从理论转向实际，为政府推动既有建筑节能改造市场健康发展提供借鉴。

9.1　发达国家既有建筑节能改造市场治理实践经验及启示

发达国家为实现能源可持续发展，早于 20 世纪 70 年就展开了既有建筑节能改造实践，其既有建筑节能改造市场发展较为成熟，政府在既有建筑节能改造实践上取得丰硕的成果，并积累了丰富的实践经验。

9.1.1　发达国家既有建筑节能改造市场治理实践经验

建筑用能作为国家能源供应链上的主要消耗大户，提升建筑用能水平一直

第9章 既有建筑节能改造市场发展中政府作用力提升的实施策略

是发达国家实现能源可持续利用的主要关注对象。既有建筑作为建筑领域能源消耗的最主要成员,培育并完善既有建筑节能改造市场体制机制,充分调动市场主体节能改造积极性,推动既有建筑节能改造市场健康良性运行,是德国、美国及日本等发达国家提升建筑用能效率以促进能源可持续化供应的重要途径。由于既有建筑节能改造市场具有经济正外部性和信息不对称性等特点,以促进市场规范化、法制化发展为导向,充分激发市场发展活力是发达国家政府进行既有建筑节能改造市场实践活动的主要特征。基于此,以下重点从发达国家既有建筑节能改造市场规范化建设、良性竞争环境创建以及市场发展协同激励等方面对政府实践路径进行探析。

1. 市场规范化建设的实施路径

市场规范化建设的目的在于限定市场运行的边界,确保市场在法定的框架内运行,使市场主体行为符合市场发展要求,以保证市场机制有序运行。市场规范化运行是市场健康可持续发展的前提条件,发达国家为推动既有建筑节能改造市场规范化发展,其实践路径主要包括完善法律法规体系和建立节能改造标准体系两个方面。

(1) 以完善法律法规体系保障市场规范化运行。

鉴于法律法规所具有的规范性、权利义务性以及强制性等基本属性,决定了法律法规是规范市场主体行为最直接有效的措施。发达国家法律法规体系的完善体现在两个方面:

1) 注重法律法规内容的全面性。英国现行的建筑能效法规对能效标识的职责与展示、空调系统的检验、能效测评人员、标识和报告相关信息的注册和公开、实施等都有详细的规定[98]。建筑能耗是美国的第一终端能耗,为实行既有建筑节能改造美国政府制定了门类齐全的法案规定,例如节能技术及产品规范法案、节能改造流程法案、节能激励专项预算法案等。

2) 注重法律法规应用的实时性。既有建筑节能改造市场是一个动态发展的市场,随市场的不同发展阶段具有不同特性,与此同时既有法律法规对于市场的有效引导与约束作用效果也不同,因此适时调整和修订法律法规对既有建筑节能改造市场发展具有重要意义。基于此,德国政府自颁布《联邦德国节能法》(EnEv)以来,为契合不同时期市场的发展,分别于1982年、1994年、2001年和2007年进行了4次修改[99];德国法律分联邦政府层面法律法规体系与地方州节能法律条例,各州政府以EnEv为核心,在此基础上提出符合各州具体情况的节能法律条例。日本自 1979 年《节约能源法》制定，分别于 1993 年、1998 年、2002 年和 2005 年重新修订该法[100]。此外，注重法律法规体系的层次性。层次性的法律法规体系是实现法律法规有效性与针对性的前提，达到在宏观层面上统筹管理、把握全局，在微观上实现法律法规的可执行性，发挥其作用。美国设有国会法律议案、联邦政府行政法规、各州节能法案三个层次的法律体系框架。

（2）以建立节能改造标准体系推动市场规范化发展。

基于统一的建筑节能改造实施标准体系，是避免低水平节能改造导致资源低效利用和确保既有建筑节能改造市场整体运行水平的有效途径。发达国家为促进既有建筑节能改造市场规范化发展，严格执行建筑节能改造标准是其市场规范化建设的重要实施路径。法国为推动既有建筑节能改造市场规范化发展，早于 1973 年石油危机之后就颁布并实施了第一部建筑节能规范（RT1974）。该规范明确规定了建筑单位面积的采暖能耗，并对建筑物维护结构的热工性能提出了强制性要求；在此基础上，为进一步提升既有建筑节能改造市场整体改造水平，法国分别于 1977 年、1982 年、1988 年、2000 年和 2005 年先后对该规范进行了修订[100]，并提出了更高的改造要求。美国作为世界能耗大国，进行既有建筑节能改造是其降低社会能耗的重要举措，但由于美国各州经济不平衡，且政府管理体系和气候具有差异性，政府提出各州可以根据自身的具体情况用《IECC 标准》或《ASHRAE90.1 标准》的某一版本为标准进行既有建筑节能改造，也可对其进行修订后，采用本州独立编写的标准[101]。

2. 市场良性竞争环境创建的实施路径

良性的市场竞争环境是促进节能服务企业优胜劣汰、增强市场资源更优配置和推动市场整体发展水平的关键。发达国家为营造一个竞争环境良好的既有建筑节能改造市场，其实践路径主要包括市场信息传导机制的构建和优化市场融资环境两个方面。

1）以构建市场信息传导机制提升市场透明度水平。

既有建筑节能改造市场是一个信息不对称特征明显的市场，信息不对称的两个核心内容——逆向选择与败德行为都会严重影响市场主体行为。发达国家政府为防止市场主体的逆向选择与败德行为，建立了以能效标识制度、咨询机构和节能证书等为构成要素的信息传导机制，从而削弱了既有建筑节能改造市场信息不对称问题。如德国的 DENA 建筑能耗认证证书，德国政府在住宅交易

第9章 既有建筑节能改造市场发展中政府作用力提升的实施策略

中明确规定,要求销售方必须出具"能源消费证明",目的在于使消费者能明确该住宅每年所需能耗;此外,政府还需向房屋所有者提供优惠的节能咨询服务,并为该服务承担一切费用。美国政府为促进市场透明,美国能源部和环保署组织实施了能源之星建筑标识项目;而且美国能源部为减少业主对 ESCO 选择的盲目性,运用互联网手段在特定平台将具有资格的 ESCO 的相关信息向社会公布。其他具有代表性的信息传导机制还有加拿大的 EnerGuid 标识制度、丹麦 EM 体系。

2)以优化市场融资环境解决市场主体融资困境。

既有建筑节能改造具有项目种类繁多、投资规模不一、专业性强且分散,以及项目评估模式难以复制等特点,造成银行贷款经验难以重复利用、贷款风险难以评估和跟踪审批成本过高。这导致 ESCO 融资困难,对节能改造主体改造积极性形成抑制作用,直接制约了既有建筑节能改造市场的发展。发达国家为解决 ESCO 的融资困境,提升 ESCO 的改造积极性,融资环境优化成为政府进行既有建筑节能改造市场建设的重要方面。发达国家政府对既有建筑节能改造市场融资环境的优化主要从深化既有融资体系和创新融资模式两个方面着手。

在深化既有融资体系上,发达国家主要是加强财政激励力度和督促商业贷款银行为市场贷款主体提供贷款优惠。欧盟在财政方面提供财政补贴、税收优惠以及科研支持;银行贷款方面设立绿色贷款、零利率贷款以及优惠贷款等。例如:德国复兴信贷银行主要针对节能投资和节能技术开发项目给予贴息贷款、无息贷款或低息贷款,且节能改造贷款利率比普通商业银行的利率低 0.5%[102];法国政府在个人与企业的建筑节能投资方面采取减免个人所得税和政府补贴,在银行贷款方面,法国政府规定对住宅节能改造项目的业主实行零利率贷款。创新融资模式体现在发达国家设立专项基金、合同能源管理融资等方面,如美国州能源项目(State Energy Program Funds,SEP)基金与德国 KFW 基金;在合同能源管理融资上有业主融资、ESCO 融资、第三方融资可供选择。

3. 市场发展协同激励的实施路径

市场主体是驱动市场机制运行的动力来源,实施市场发展协同激励措施,提升市场主体积极性与能动性是增强市场运行动力的有效途径。发达国家为调动市场主体积极性和充分发挥市场主体的能动性,有效激发市场发展活力,其实践路径主要体现在构建市场激励机制和转变市场管理模式两个方面。

(1)以构建市场激励机制提升市场主体积极性。

既有建筑节能改造市场动力机制

在既有建筑节能改造市场，由于客观存在的正外部性与信息不对称，既有建筑节能改造市场发展中 ESCO 普遍承担着不合理的成本与风险，并同时造成本就节能意识薄弱的业主更加难有节能的意愿，从而导致整个市场主体积极性不足。鉴于此，构建有效的激励机制成为所有发达国家政府实践的共同特点。发达国家激励机制的构建主要体现在两个方面：

1）激励政策的多元化。美国政府在税收方面对 ESCO 提供税收豁免、税收扣除、优惠税率、延期纳税和退税等优惠政策；在贷款方面提供担保和优惠，并实施贴息贷款和贷款投资担保等；德国为激励市场主体积极性，采取的激励政策主要有税收改革、优惠贷款、财政补贴以及效果奖励政策等。

2）高强度的激励力度。美国在 2001 年安全法案中提出，在既有建筑节能改造中，保温和窗户节能能达到节能 20%，可每年每套享受 2000 美元的税收减免；德国政府规定，当项目改造完成并经检验，节能效果高于国家标准则可免去 15% 的贷款偿还额，并且再给予 10% 的项目补贴。

（2）以转变市场管理模式充分发挥市场主体能动性。

如何长期维持市场机制的有效性，防止政策颁布实施后效力迅速回落，保证政策的连续性、稳定性和长效性，是发达国家政府在既有建筑节能改造中关注的重点。发达国家政府在既有建筑节能改造市场起步阶段，以政府强制性管制方式为主，管理方式比较单一，但长此以往，导致市场主体被动式的接受，使其积极性逐渐消落。鉴于此种市场状况，发达国家政府的市场管理模式逐渐由单一的政府管制模式转型成强调市场主体能动性的管理模式，鼓励企业以合同能源管理市场运作模式开展改造活动，政府协助市场主体进行既有建筑节能改造，并支持非政府组织参与市场。如：美国、德国政府等均积极支持 ESCO 采用合同能源管理参与既有建筑节能改造，且政府带头为 ESCO 提供相关发展平台，并给予各种优惠政策；在英国负责节能减排的政府部门的主要职责是制定相关节能政策和法规，管理政府对能效投资的资金，但不对节能项目进行直接的组织管理；法国于 1992 年成立了独立于各部门的综合机构——法国环境与能源控制署，负责管理全国节能和对环境污染的控制工作，将提高能源效率与控制环境污染结合在一起，该管理机构要求重点用能企业做出自愿节能保证，并通过中介组织向企业推广节能措施。

基于上述发达国家既有建筑节能改造市场发展中政府实践经验，再以系统的视角来审视其政府改造实践的内在特征可发现，发达国家政府在既有建

第9章 既有建筑节能改造市场发展中政府作用力提升的实施策略

筑节能改造市场发展过程中,架构了一个环环相扣且彼此协同制约的市场管制框架(图9-1),不仅能有效推进既有建筑节能改造市场发展,而且能利用市场反馈信息对政府既有建筑节能改造市场管制方式方法进行及时调整,以保证政府在既有建筑节能改造市场动态发展过程中有效发挥市场作用力。具体而言,其中发达国家政府在既有建筑节能改造市场管制实践过程中,完善的法律法规体系是其进行管制的根本,贯穿于整个既有建筑节能改造市场运行过程之中,通过法律法规的强制性作用,引导既有建筑节能改造市场主体行为规范化,确保既有建筑节能改造市场在合法正确的轨道上运行。在此基础上,通过激励机制、融资机制以及信息传导机制等市场服务性系统的协同作用,推动既有建筑节能改造市场健康发展,并通过彼此之间的制约与信息反馈进一步优化各个机制。

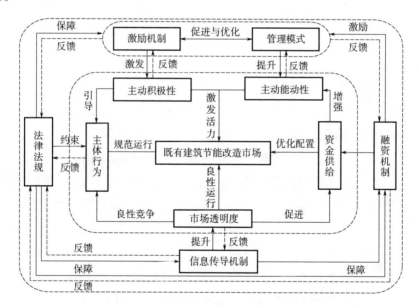

图 9-1 发达国家既有建筑节能改造市场政府实践实施路径

9.1.2 既有建筑节能改造市场发展中政府作为有效启示

通过梳理发达国家既有建筑节能改造市场发展中政府实践经验,本节在总结发达国家既有建筑节能改造市场政府管制实践有益经验的基础上,结合我国既有建筑节能改造市场的特殊性,对我国政府在既有建筑节能改造市场发展过程中,如何有效提高政府市场作用力的实践经验总结如下:

既有建筑节能改造市场动力机制

（1）注重市场运行环境优化，全力推进市场良性运行。

创建良好的市场运行环境是推动既有建筑节能改造市场良性运行的内在要求。总结各发达国家既有建筑节能改造市场发展中政府实践经验，基于既有建筑节能改造市场的内在特性，结合本国既有建筑节能改造市场的特殊性，为市场营造良好的运行环境是其共同实践特征。

发达国家在既有建筑节能改造市场发展中，主要通过架构并完善既有建筑节能改造市场法律法规体系，促使既有建筑节能改造市场在法制框架内运行，然后在此基础之上，进一步建立市场信息传导机制和优化市场融资机制，不仅为既有建筑节能改造市场提供一个透明的竞争环境，而且更为不同既有建筑节能改造主体提供可供自己选择的最佳融资渠道，共同为既有建筑节能改造市场快速发展营造一个良好的市场运行环境。所以，我国在既有建筑节能改造市场发展中，为其创建一个良好的运行环境是推动既有建筑节能改造市场健康发展的重中之重。

（2）注重市场激励多元组合，充分激发市场内在活力。

基于市场主体利益诉求，采用多元化的激励手段和措施，是充分调动市场主体积极性以激发市场内在发展活力的有效途径。无论是发达国家还是发展中国家，既有建筑节能改造的公共品属性内在决定了既有建筑节能改造经济效益外部溢出的必然。发达国家为解决市场经济正外部性作用下，非节能改造主体可不支付任何成本共享节能改造收益，而对既有建筑节能改造参与主体积极性造成抑制作用的问题，根据市场节能改造主体合理利益诉求，通过财政补贴、税收优惠和贷款贴息等多元组合的激励政策来内化经济正外部性对市场的不利影响，是其普遍特点。因此，我国政府在未来既有建筑节能改造市场管制过程中，基于市场多方利益主体的价值诉求，采用多元化的激励措施并将其有效组合，从多方位调动市场主体积极性是激发市场发展活力的关注要点。

（3）注重市场管理理念转变，积极发挥市场配置作用。

正确对待政府与市场之间的关系，合理界定政府市场干预的行为边界，是充分发挥市场资源配置绝对性作用和更好发挥政府作用的关键。从发达国家既有建筑节能改造市场实践历程来看，其在早期主要以政府主导模式推进既有建筑节能改造实践，且以强制性管制方式为主，市场管理方式比较单一。但随着市场的发展，为能充分发挥市场经济的特有优势，以确保市场机制长效运行，政府逐渐转变了其市场管理理念，树立了市场在资源配置中的绝对地位，并通

第9章 既有建筑节能改造市场发展中政府作用力提升的实施策略

过采用柔性的管制措施，积极发挥市场与社会对于既有建筑节能改造市场的推动作用。鉴于我国计划经济体制下，政府代替市场进行资源配置的行为惯性，我国政府在既有建筑节能改造市场发展中，转变其市场管理理念是从根本上发挥市场经济特有优势的关键所在。

（4）注重市场多元主体协同，有效实现市场多元驱动。

多方利益主体共同参与的既有建筑节能改造市场内在决定了实现市场机制有效运行，需要有效协同多方利益主体，实现市场多元驱动。既有建筑节能改造市场是一个多主体共存的市场，各主体在既有建筑节能改造市场发展中发挥着不可替代的作用，协同多方利益主体，有效发挥各主体自身作用，对既有建筑节能改造市场发展具有至关重要的作用。梳理发达国家既有建筑节能改造市场实践经验可知，以法律法规体系为根本，协同多方利益主体，架构市场管制框架是其内在特征。基于此，我国政府在既有建筑节能改造市场发展中，政府如何协调政府与市场之间的关系，做到政府与市场主体、市场主体与市场主体间协同驱动既有建筑节能改造市场运行，既是提升既有建筑节能改造市场发展中政府作用力的关键，也是推动既有建筑节能改造市场快速发展的重要环节。

9.2 我国既有建筑节能改造市场发展中政府实践现状及困境分析

相较于发达国家而言，我国既有建筑节能改造市场起步较晚，当前既有建筑节能改造市场尚处于发展阶段。在既有建筑节能改造事业进程中，我国政府为推动既有建筑节能改造市场发展而采取了众多措施，为市场发展起到了积极的促进作用，但我国政府在实践中存在的问题依然突出。基于此，为探究我国既有建筑节能改造市场发展中政府的实践特征，本节将基于政策工具视域，以内容分析法为工具对我国政府实践现状进行探究，并在此基础上对政府实践困境进行剖析。

9.2.1 我国既有建筑节能改造市场发展中政府实践现状

1. 研究方法与样本选择

（1）研究方法。

既有建筑节能改造市场动力机制

内容分析法的实质是通过识别目标文本中关键特征,将语言类非数量化文本转换为数量表示资料,从而通过统计分析文本内容的"量",探寻出反映文献本质内容且易于计数的特征,是一种可将具有明确特性的信息内容进行客观、系统和定量描述的研究方法[103]。

内容分析法较传统定性研究,突破了定性研究的主观性和不确定性缺陷,能更深刻和更准确地认识文献的"质",被广泛应用于新闻传播学、政治学、图书馆学、社会学等领域,其主要分为提出研究问题或假设、抽取研究样本、选择分析单元、建立分析框架、定量处理与计算等五个步骤[104]。

基于此,本书按照内容分析法的基本流程,首先,选择我国现行有效的既有建筑节能改造政策作为研究样本;其次,根据政策工具相关理论建立政策文本分析框架;再次,对分析单元进行定义并进行频数统计,即在将选取的既有建筑节能改造政策文本中的政策工具内容进行编码后,把契合政策文本框架的政策编号归入分析框架中进行频数统计;最后,在量化分析的基础上对我国既有建筑节能改造政策进行分析,并给出相应的政策建议。

(2) 数据来源与样本选择。

以既有建筑节能改造相关政策为研究对象,将全国人大、中共中央、国务院及相关部门所发布的政策文件作为既有建筑节能改造政策量化分析的客观凭证,利用北大法律信息网及相关政府官方网站进行政策文本的收集。为确保政策文本信息内容与研究主题契合,保证政策文本的代表性和分析的科学性,本书遵循以下两个方面的原则进行既有建筑节能改造政策文本整理与遴选:

1) 为确保研究结论反映国家总体情形,政策文本以中央级文件为研究对象,地方性法律规程等不纳入选取范围。

2) 为保证政策文本的权威性和有效性,政策性质属于现行有效的法律范畴的立法性文件,以及由相关政府部门颁布的具有约束力的规划、意见、办法、细则、条例、公告、通知等规范性文件,行业标准或已失效文件均不纳入选取范围。基于上述原则,以"既有建筑""既有居住建筑""既有公共建筑""既有工业建筑""旧城区住宅改造"等作为关键词进行全文检索,初步获得现行有效既有建筑相关政策文本248份;通过对此248份政策文本逐一进行全文阅读,剔除相关度不高的政策文本,最终梳理出有效政策文本120份,其时间跨度为1996—2017年,共包括直接相关的政策条款221条,如表9-1所示。

第9章　既有建筑节能改造市场发展中政府作用力提升的实施策略

表 9-1　我国既有建筑节能改造相关政策文本（节选）

编号	政策文本名称	颁布机构	颁布年份
1	公共机构节能条例（2017 修订）	国务院	2017
2	关于促进建筑业持续健康发展的意见	国务院办公厅	2017
3	关于印发贯彻落实促进建筑业持续健康发展意见重点任务分工方案的通知	住房和城乡建设部	2017
⋮	⋮	⋮	⋮
118	关于印发建设部科技司 2003 年工作要点的通知	建设部	2003
119	建设部建筑节能"十五"计划纲要	建设部	2002
120	建筑节能技术政策	建设部	1996

2. 政策文本分析框架构建

政策工具作为政府治理经济社会的重要手段与有效途径，是政策目标与实施结果之间的桥梁和纽带[105]。基于政策工具视域构建既有建筑节能改造政策分析框架，可以更加深入了解和把握我国当前既有建筑节能改造政策体系的特点、规律和趋势。鉴于此，本书根据政策工具理论，从政策工具、政策主体和政策层级三个维度着眼，构建既有建筑节能改造政策的三维分析框架，对我国既有建筑节能改造政策进行分析。

（1）X 维度：政策工具维度。

政策工具是政策组成的基本单元，是达到具体政策目标的手段、方法和措施。鉴于既有建筑节能改造涉及多方主体，改造主体的积极性与主观能动性是市场发展的关键，本书从政府市场干预强度的角度出发，将既有建筑节能改造政策分为管制型政策工具、激励型政策工具和社会型政策工具三个类别进行分析。

管制型政策工具即以政府强制性管制为主，具有命令色彩，目的在于规范市场主体行为，促进既有建筑节能改造市场规范化、法制化发展，确保市场有序运行。

激励型政策工具主要以调动市场主体改造积极性为目标，着眼于市场正外部性，依托于市场机制，通过财政补贴、税收优惠等措施调节市场主体的成本收益，内化市场正外部性，从而激发市场发展活力。

社会型政策工具即自愿型社会工具，即在没有或很少有政府参与的情况下，由社会群体在自愿提供的基础上运作，以实现所期望的政策目标[106]。

（2）Y 维度：政策主体维度。

政策主体即政策制定发布部门，其涉及政策问题的提出、分析、议程以及政策制定的全过程，是直接影响既有建筑节能改造政策体系自身和实施效果好坏的重要因素。而其中决定政策体系好坏的关键在于政策制定部门间的协同程度，部门间良好的协同合作不仅有利于确保政策制定趋于合理化，而且更能避免部门间协调工作不足而导致在政策实施后彼此间相互冲突。基于此，本书对于既有建筑节能改造政策主体维度的分析主要从政策制定参与部门的数量入手，根据政策制定参与主体数量的不同，将既有建筑节能改造政策划分为单部门发布政策和多部门联合发布政策。单部门政策即由特定政府部门单独制定和发布的政策文件；多部门联合发布政策则是由两个及以上的政府部门共同参与，在彼此责任共担、利益共享的情况下设计颁布的政策文件。

（3）Z维度：政策层级维度。

特定情境下基于特定问题而制定的既有建筑节能改造政策决定了其所发挥的市场作用效果必然不同。根据政策所发挥的市场作用不同，本书借鉴汪涛等[103]对于政策的层级分析，将既有建筑节能改造政策划分为根政策、干政策和枝政策三个层级。

根政策即最高层级的宏观性政策，是指从国家未来长远发展角度出发，具有前瞻性、导向性和战略性的政策，主要涉及国家发展的总体目标、理念和战略布局。

干政策即处于中观层面的战术性政策，是在宏观性政策的基础上对某一特定领域发展做出的指导和部署，相比根政策具有更明确的目标与方向。

枝政策即处于微观层面的执行性政策，是对根政策和干政策的贯彻落实，是决定根政策与干政策的预期目标能否实现的决定性政策。

基于上述分析，本书建立如图9-2所示的既有建筑节能改造政策文本量化分析框架。

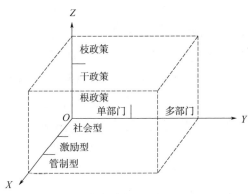

图9-2 既有建筑节能改造政策文本量化分析框架

3. 政策文本编码及频数统计

基于上述政策文本分析框架，借鉴内容分析法普遍采用的文本编码规则——政策编号-政策条款序列号，对从 120 个既有建筑节能改造政策文本中遴选出的 221 条政策条款进行编码，形成基于政策工具视域的我国既有建筑节能改造政策文本内容分析单元编码表，如表 9-2 所示。

表 9-2 政策文本内容分析单元编码（节选）

编号	政策文本名称	政策内容分析单元	编码
1	公共机构节能条例（2017 修订）	公共机构新建建筑和既有建筑维修改造应当严格执行国家有关建筑节能设计、施工、调试、竣工验收等方面的规定和标准	1-20
1	公共机构节能条例（2017 修订）	国务院和县级以上地方各级人民政府管理机关事务工作的机构会同有关部门制订本级公共机构既有建筑节能改造计划	1-21
2	关于促进建筑业持续健康发展的意见	在新建建筑和既有建筑节能改造中推广普及智能化应用，完善智能化系统运行维护机制	2-14
⋮	⋮	⋮	⋮
120	建筑节能技术政策	对采暖区热环境差、能耗大的既有建筑的节能改造工作，2000 年起重点城市成片开始，2005 年起各城市普遍开始，2010 年重点城市普遍推行	120-2

4. 我国既有建筑节能改造政策文本量化分析

基于图 9-2 的政策文本分析框架，从政策层级、政策主体以及政策工具等维度着眼，对编码后的既有建筑节能改造政策文本进行频数统计，得到政策工具在不同政策主体及政策层级上的分布结果，如表 9-3 所示。在此基础上，分别从单维和多维的角度对我国既有建筑节能改造政策文本进行量化分析。

（1）我国既有建筑节能改造政策文本单维量化分析。

1）政策工具维度。221 条既有建筑节能改造政策条款中，管制型政策条款为 144 条，占全部相关政策条款的 65.16%；而激励型政策和社会型政策相关的政策条款分别为 49 条和 36 条，仅占全部相关政策条款的 18.55% 和 16.29%，如表 9-3 所示。这一结构反映我国既有建筑节能改造政策偏向于管制型政策工具使用，而激励型政策工具和社会型政策工具的使用存在明显的不足和缺失，未能得到足够重视。

表 9-3　我国既有建筑节能改造政策文本频数统计表

政策工具类型	名称	主体	条文编号 根政策	条文编号 干政策	条文编号 枝政策	合计	占比（%）
管制型	目标规划	单部门	9-12、23-3、26-13、42-2、43-3、49-1、52-14、90-3	10-48、35-1、46-5、48-4、50-3、51-1、51-2、53-3、57-1、57-7、63-11、70-19、77-2、81-1、87-5、87-6、90-5、94-12、95-1、97-1、111-1、113-3、114-9、117-8、118-6、120-2	1-21、10-34、15-9、28-4、34-15、36-5、39-6、42-5、50-6、50-8、51-4、70-20、84-25、94-6、97-8、100-6、100-12、105-10、112-6、119-10	54	65.16
管制型	目标规划	多部门	30-18、33-4、61-6、82-3、102-11	19-1、47-6、65-1、78-4	21-11、91-3、107-5	12	
管制型	法规管制	单部门	50-16、57-25	12-4、38-7、45-1、57-29、79-1、84-36、88-4	44-8、50-10、50-11、51-7、51-8、51-12、84-26、90-10、99-1、99-2、99-3、99-4、100-7、104-7、104-8、116-2	25	
管制型	法规管制	多部门	80-6	65-6、78-6、83-1	13-10、75-11	6	
管制型	标准实施	单部门	18-1	22-12、50-4、54-1、57-26、57-30、58-2、68-5、76-1、77-1、79-4、84-24、85-3、93-19、110-11	1-20、6-14、10-38、29-9、32-10、37-9、44-3、44-6、51-3、55-5、56-2、66-17、67-2、74-1、84-28、84-29、87-21、87-22、87-23、87-24、89-1、97-2、97-3、103-3、103-4、106-22	41	
管制型	标准实施	多部门	—	3-10	5-4、19-14、60-4、71-2、92-4	6	

第9章 既有建筑节能改造市场发展中政府作用力提升的实施策略

（续）

政策工具 类型	名称	主体	条文编号 根政策	干政策	枝政策	合计	占比（%）
激励型	财税调控	单部门	62-16、110-9	27-17、50-21、51-10、57-23、57-31、84-30、94-2、94-18、113-8	35-9、42-17、42-15、50-19、50-23、51-5、81-7、84-8、87-25、90-12、90-13、97-4、100-9	24	18.55
激励型	财税调控	多部门	7-1	7-3、7-4、65-3、65-4	72-1、107-14、109-6	8	18.55
激励型	资金奖励	单部门	—	57-8	50-20、51-6	3	18.55
激励型	资金奖励	多部门	—	65-2	—	1	18.55
激励型	金融扶持	单部门	—	40-9	16-21	2	18.55
激励型	金融扶持	多部门	—	4-5、24-7	17-1	3	18.55
社会型	自愿性行为	单部门	64-3	20-11、23-8、50-30	2-14、11-9、31-8、57-33、59-8、90-9、112-13	11	16.29
社会型	自愿性行为	多部门	—	14-6、25-6、41-9、65-5	8-5	5	16.29
社会型	信息与劝诫	单部门	—	84-4、85-4、86-1、90-4	44-5、51-9、51-11、57-32、77-3、84-27、90-11、108-14、110-15、113-4、115-28	15	16.29
社会型	信息与劝诫	多部门	—	69-1	73-4、75-8、96-15、101-15、	5	16.29
合计	N/A	N/A	21	85	115	221	N/A
占比（%）	N/A	N/A	9.50	38.46	52.04	N/A	100

进一步研究可发现（图9-3），管制型政策工具中，以"目标规划"类工具应用频率最高，占管制型政策工具的45.83%；"标准实施"和"法规管制"类工具分别占32.64%、21.53%，表明我国在既有建筑节能改造的实践过程中，多以目标规划的形式为不同地区分派节能改造任务。

激励政策方面主要包括"财税调节""资金奖励""金融扶持"三类工具，

其中以财政补贴、税收优惠为核心的"财税调控"类工具使用最常见,占整个激励型政策工具的 78.05%,而金融扶持和资金奖励分别仅占 12.20%、9.75%,可以看出我国目前激励机制尚不完善,还存在着激励手段单一和金融扶持机制不成形的问题。另外,社会型政策工具中,自愿性行为和信息与劝诫类政策工具使用较为均衡,分别占社会型政策工具的 44.44%、55.56%,但社会型政策工具在政策工具维度中整体占比最小,是我国未来制定既有建筑节能改造政策应适当调整的方向。

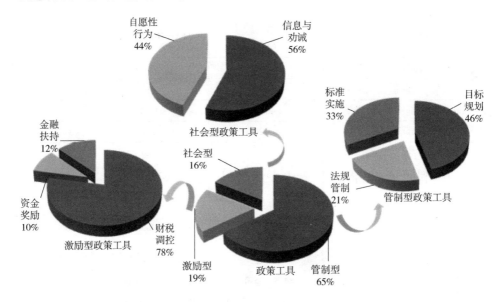

图 9-3 我国既有建筑节能改造政策工具的分布情况

2)政策层级维度。从政策层级维度分析可发现,我国自 1996 年《建筑节能技术政策》发布以来,在国务院、住房和城乡建设部、财政部以及国家发展改革委等相关部门的推动下,已制定了一系列推动既有建筑节能改造事业发展的相关政策。从全局来看,我国 1996—2017 年总计出台相关政策共 221 条,其中根政策 21 条、干政策 85 条、枝政策 115 条,分别占比 9.50%、38.46%、52.04%,在结构上基本形成了以宏观政策指导全局、中观政策细化改造领域和微观政策贯彻实施的政策体系。

从局部来看(图 9-4),我国既有建筑节能改造相关政策发布时间跨越 4 个五年规划时期,通过政策文本发布数量统计和内容解读可知,"九五"和"十五"期间我国发布的既有建筑节能改造政策数量较少,在改造实践中主要以试

第9章 既有建筑节能改造市场发展中政府作用力提升的实施策略

点示范工程为主，呈现改造规模小、探索性强的特点。而大力推行既有建筑节能改造正式始于"十一五"期间，政策发布数量共计达到88条，其中2008年发布政策数量最多，达到47条，尤其干政策占比达到48.936%，为细化我国既有建筑节能改造领域的相关工作提供了指导。在此后的"十二五"期间，我国既有建筑节能改造步伐进一步加快，政策发布数量达到96条，期间根政策相对于前三个五年规划时期有明显增加，达到14条，反映国家对于既有建筑节能改造的重视程度在不断提升，逐渐上升为国家的重要议事日程。

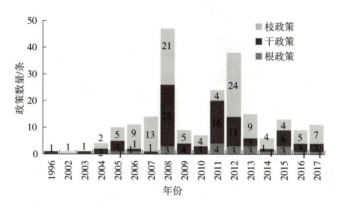

图9-4 各层级政策数量分布图

除此之外，从各层级政策数量时间序列的演进角度来看，以每一个五年规划为单位，我国既有建筑节能改造政策数量演进规律呈现逐期递增的趋势，且自"十一五"开始，每一个五年规划期呈现先增长后下降的态势，如图9-5所示。

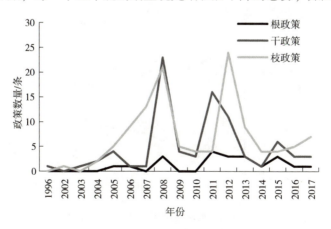

图9-5 各层级政策数量变化趋势图

3) 政策主体维度。基于政策制定参与部门数量分析既有建筑节能改造政策，有助于明晰政策之间的兼容性和协同程度。在总体层面上，我国现行有效的 120 个既有建筑节能改造政策文本中，单部门发布政策和多部门联合发布政策文本数量分别为 77 份和 43 份，分别占全部政策文本的 64.17% 和 35.83%（图 9-6）。

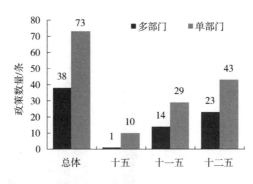

图 9-6　政策制定部门分布图

由此可知，我国政府在进行既有建筑节能改造实践中，对于政策的制定多以单部门独立完成为主，而由多部门协同参与制定的政策则相对较少。在此基础上，进一步从时间的角度分析既有建筑节能改造的演进规律可发现，从"十五"到"十二五"期间，虽然我国单部门发布的既有建筑节能改造政策数量仍占大部分比例，分别为 90.909%、67.442%、59.649%；但是从演变的趋势来看，我国多部门联合发布政策所占比例呈上升态势，所占本期间总政策文本的百分比从 9.091% 上升至 40.351%，如图 9-7 所示。

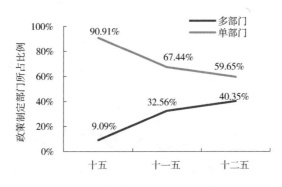

图 9-7　政策制定部门占比演变趋势图

（2）我国既有建筑节能改政策文本多维量化分析。

第9章 既有建筑节能改造市场发展中政府作用力提升的实施策略

基于政策文本的频数统计结果可知，221条既有建筑节能改造政策对不同的政策工具、政策主体以及政策层级均有涉及。基于此，在上述政策文本单维量化分析的基础上，将政策层级、政策主体，以及政策工具等维度相结合，综合考虑其分布状况，得到不同类型政策工具在不同政策层级和政策主体上的分布统计图，如图9-8所示。

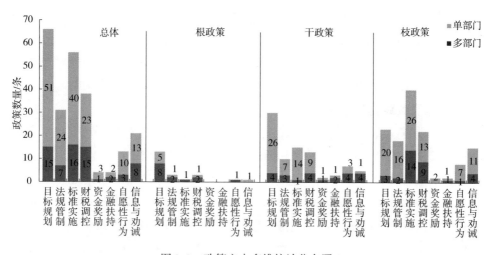

图9-8　政策文本多维统计分布图

首先，从不同类型政策工具的总体分布情况来看，我国既有建筑节能改造政策工具的选择偏好于"目标规划""标准实施""财税调控""法规管制"4个方面，其分别占政策工具总体的29.86%、25.34%、17.19%和14.03%，共计占比达到86.42%。其次，在此基础之上，结合政策层级和政策主体两个维度进行分析可发现，在根政策层面，我国既有建筑节能改造政策以"目标规划"类工具使用最多（占根政策层级所有政策数量的59.09%），但资金奖励政策和金融扶持政策缺失，而在政策制定主体参与数量上，我国既有建筑节能改造根政策以多部门为主（占根政策层级所有政策数量的63.64%）；在干政策层面，我国既有建筑节能改造政策以单部门制定政策为主（占干政策层级所有政策的72.94%），而在政策工具选择上，"目标规划"类政策工具是我国政府进行既有建筑节能改造实践的首要手段（占干政策层级所有政策的35.29%），其次为"标准实施""财税调控""法规管制"3种工具（分别占干政策层级所有政策的17.65%、15.29%、11.76%）；在枝政策层面，我国既有建筑节能改造政策主要以单部门制定为核心（占枝政策层级所有政策数量的73.85%），而工具选择则以"标准实施"类政策工具使用居首（占枝政策层级所有政策数量30.77%），"目标规划""财税调控""法规管制""信息与劝诫"4类政策工具次之（分别占枝政策层级所有政策数量的17.69%、16.92%、13.85%和11.54%）。

综上可知，目前我国在政策工具应用上，管制型政策工具在既有建筑节能改造实践中占据了绝对的地位，但激励型和社会型政策工具尚未受到足够重视，甚至在宏观层面上还存在政策工具缺失；而在政策制定部门间的协同上，单部门制定政策在整个政策群中仍占绝大部分，加强部门间的政策协同制定发布将是未来我国工作的重点，尤其应以中微观层面的干政策和枝政策为重点。

5. 政府实践现状分析

基于既有建筑节能改造政策文本三维分析框架，通过对我国既有建筑节能改造政策文本的分类统计与量化分析，可得到以下研究结论：

（1）管制型政策工具运用过溢，整体政策工具体系应用比例失衡。

综合政策文本频数统计与分析结果，我国政府在进行既有建筑节能改造实践过程中以管制型政策工具应用最为频繁，而激励型和社会型政策工具应用存在明显的不足和缺失，呈现出管制型政策工具选择过溢，但激励型和社会型政策工具应用频率过低的结构性失衡。其中尤其以"目标规划"和"标准实施"类工具的使用最为常见，二者共计占据了所有管制型政策工具的78.472%，这也反映了我国当前既有建筑节能改造市场主要的运作模式，即以政府为主导推进既有建筑节能改造事业发展。

管制型政策工具使用频繁主要有两个原因：一是我国既有建筑节能改造尚处于起步阶段，以强制性的行政管制方式能快速将既有建筑节能改造拉入国家发展轨道；二是由于先前制定的政策未能达到预期目标或未能有效执行，因此在后续政策制定过程中给予了高度重视。如此以管制工具为核心的政策体系结构，虽能在短期内快速达到预期效果，但从长远的角度来看，频繁使用具有命令色彩的政策工具，必将挫伤市场主体能动性和积极性，影响市场的健康可持续运行。

（2）激励型政策工具选择单一，金融扶持机制尚未成形。

从频数统计结果中可发现，目前我国政府在既有建筑节能改造实践中，激励型政策工具的应用频率远小于管制型政策工具的应用水平，在所有政策工具中仅占18.55%，主要涉及财税调控、资金奖励和金融扶持3类工具，其中以

第9章 既有建筑节能改造市场发展中政府作用力提升的实施策略

"财税调控"类工具应用最多,仅一项占比达到78.049%;而"资金奖励"与"金融扶持"共计不到22%,尤其是对于既有建筑节能改造市场发展具有至关重要作用的金融扶持类政策,占比仅为12.195%,呈现激励工具应用频率较低、激励手段单一和金融扶持机制尚未成形的特点。

在这种金融扶持机制尚未成形、以财政支出为核心激励方式的政策体系下,面对当前我国超过600亿 m^2 的既有建筑,不仅难以满足庞大既有建筑节能改造的经济需求,而且更难以调动市场主体积极性,同时也给政府带来了巨大的财政压力,对于内化市场正外部性、激发市场发展活力捉襟见肘。

(3) 社会型政策工具应用不足,有效运行平台尚未建立。

社会型政策工具作为一种体现政府执政愿景,期望社会群体按照政府意愿而自愿执行的政策工具,其不仅能够降低政府的管理成本,而且能够解决政府强制性管制所不能处理的问题,对于发挥市场主体主观能动性、激发市场主体积极性具有重要意义。

但从我国既有建筑节能改造政策文本量化分析结果来看,目前我国政府在进行既有建筑节能改造过程中,社会型政策工具尚未受到足够重视,其在所有政策工具中使用频率最小,仅占所有政策工具数量的9.756%。此外,在社会型政策工具的具体运用方面,在既有建筑节能改造市场尚未建立有效的运行平台,仅有的"自愿性行为"类和"信息与劝诫"类工具主要也是进行笼统的政策倡导与宣传,而鲜有政策涉及社会型政策工具的具体运用与实施。

(4) 政策层级结构互补性良好,但部门间协同性有待提升。

综合政策文本单维和多维量化分析表明,我国既有建筑节能改造政策在层级结构上,根政策、干政策和枝政策之间的相互衔接性较好,基本已经形成了以宏观政策指导全局、中观政策细化改造领域和微观政策贯彻实施的政策体系。

然而,从政策参与部门数量的统计分析结果来看,部门间协同性虽在时间序列上呈上升态势,但其在政策层级维度上,目前仅有根政策是以多部门共同参与为主,而在干政策和枝政策层面尚以单部门为核心,二者所占比分别达到了72.94%和73.85%。其中在宏观政策上以多部门参与为主,在中微观层面以单部门决策为纲的执政体系,虽能为我国既有建筑节能改造事业在宏观战略层面提供前瞻性的引导作用,但对于需要多部门协同参与的中微观执行层面,过多的单部门参与政策制定不仅有可能导致不同政策之间相互冲突,而且更有可能导致宏观政策难以达到预期的目标。

9.2.2　我国既有建筑节能改造市场发展中政府实践困境

基于上述既有建筑节能改造市场发展中政府实践现状分析可知，管制工具应用过溢、激励型政策有效供给不足、社会型政策工具应用缺失以及部门协同程度较低等现象是当前我国政府既有建筑节能改造实践的外在表征。但究其内在根本，我国既有建筑节能改造市场发展中政府作用效果不佳的实践困境在于理念、动力、体制、机制和路径等5个方面。

（1）理念困境。

思维理念是指导主体行为习惯并付诸相应实践的根源。长期以来，我国政府在既有建筑节能改造市场建设过程之中，政府受传统守旧观念和计划经济体制下管理理念的定式思维影响，是导致政府在市场发展中难以从本质上取得突破的根本原因。具体来说，政府在既有建筑节能改造市场发展中的理念困境主要体现在政府能力万能和官本位上面，即政府在既有建筑节能改造市场建设中，由于受新中国成立以来计划经济体制以及封建传统文化等因素的影响，"政府万能论"的价值理念在人们心中根深蒂固[107]，认为以政府为中心和替民做主的官本位思想理所当然。因此，政府往往越位代替市场进行资源配置，坚持政府行政权力支配一切，造成本该由市场来完成的事情，全权由政府代为管理，从而使市场经济的特有优势在既有建筑节能改造市场发展中未能从根本上得到体现。

（2）动力困境。

政府进行既有建筑节能改造市场管制从本质上来说就是一个平衡社会利益与市场主体私人利益的过程。政府作为既有建筑节能改造市场的公共服务者，从应然的角度来说，政府是市场发展中的一个"利益平衡器"，而不应该在市场主体的利益博弈中与民争利。但是由于我国的科层管理制度以及职能部门间的利益纠缠，政府在既有建筑节能改造市场发展中，本应该为市场主体提供普遍平等的公平服务，逐渐转变成有差别的行政管理，由此在既有建筑节能改造市场发展中政府自身利益或本部门单位的小团体利益成为其实践的主要动力，从而在实践过程中尽可能地维护自身利益并不断争取扩大自身权利。因此，在既有建筑节能改造市场发展中，如何解决政府实践的动力困境，有效协同政府部门和层级之间的权与利，是提升政府作用力必须解决的问题。

（3）体制困境。

第9章 既有建筑节能改造市场发展中政府作用力提升的实施策略

体制是国家机关，企事业单位的机构设置，隶属关系和权利划分等方面的具体体系和组织制度的总称。我国政府为推动既有建筑节能改造事业市场化发展，根据以往的市场经济体制改革经验，目前已基本为其架构了一套市场经济运行框架。但由于我国公共管理体制脱胎于计划经济体制，且受困于传统文化的影响，因而目前在我国既有建筑节能改造市场发展中，尚存在很大的体制性障碍影响既有建筑节能改造市场的发展。诸如政府组织结构设置不合理，行政体制条块分割，政府职能错位、越位与缺位等，造成各组织部门在既有建筑节能改造市场实践过程中权责边界模糊，从而彼此之间相互扯皮和责任推诿。

（4）机制困境。

机制是各要素之间的结构关系和运行方式，政府机制则是机制概念在政府中的应用和引申，即将机制概念或机制原理引入政府管理中，并通过制度性安排，形成相对稳定的政府管理模式[107]。随着国家可持续发展战略与能源供给短缺的矛盾关系日益突出，我国政府对既有建筑节能改造的重视程度逐渐提高，为推动既有建筑节能改造市场发展提供了越来越多的财力和物力。但是，我国政府在既有建筑节能改造市场建设过程中仍然存在的一个突出问题是，政府在既有建筑节能改造市场的公共服务提供机制还很不完善，如激励机制、约束机制及问责机制尚不完善，这也是我国既有建筑节能改造市场发展过程中未能解决市场主体积极性不足、运行秩序混乱等问题的重要原因。

（5）路径困境。

推动既有建筑节能改造市场发展，提升政府市场作用力，必须通过制度变迁的路径来达到目的。政府推动既有建筑节能改造市场发展的实践过程，是一个动态调整的制度变迁过程，但制度变迁过程中存在有路径依赖特性，即路径困境，指政府对于既有建筑节能改造市场相关制度的调整，会对现有制度的安排存在一定的依赖关系。造成政府在既有建筑节能改造市场发展中形成路径困境的原因在于存在一个内在强化机制，即政府在制度改革过程中，囿于其行为习惯的惯性力量，加之脱离以往制度进行改革所需要的初始成本过高及不确定性较大，为避免减少制度改革的成本支出和不确定性对未来收益的影响，政府进行制度改革往往是依赖于现有制度而进行，从而造成政府在既有建筑节能改造市场发展中构建服务型政府的努力难以从制度内寻得突破。

9.3 既有建筑节能改造市场发展中政府作用力提升框架设计

既有建筑节能改造市场作为一个复杂开放的巨系统，政府在既有建筑节能改造实践过程中涉及利益主体众多，政府作用力实现的内外部影响因素关联反馈关系复杂，而且随着市场的动态发展，政府对于既有建筑节能改造市场的作用效力因时而异。若要实现既有建筑节能改造市场发展中政府作用力提升实施策略决策有效，科学架构既有建筑节能改造市场发展中政府作用力提升框架对指导对策抉择具有重要意义。

9.3.1 既有建筑节能改造市场发展中政府作用力提升框架设计思路

科学架构既有建筑节能改造市场发展中政府作用力提升框架，厘清框架设计的基本思路是确保设计结果行之有效的前提保证。基于第7章有关政府作用力实现过程内在运行机理的揭示，可知政府在既有建筑节能改造实践过程之中，其作用力实现是一个动态管控并需适时进行反馈调节的复杂过程。因此，在既有建筑节能改造市场发展中政府作用力提升框架设计中有必要遵循以下设计思路：

（1）了解既有建筑节能改造市场运行的内在基本特性。

既有建筑节能改造市场作为政府进行既有建筑节能改造实践的作用客体，了解其市场运行的内在基本特性是架构政府作用力提升框架的基本内在要求。基于第6章有关既有建筑节能改造市场运行特性及发展规律分析可知，既有建筑节能改造市场是一个经济正外部性与信息不对称性明显的市场，且其是一个非静态市场，随着相关要素的不断调整、补充与完善，既有建筑节能改造市场趋于成熟化演进。

（2）抓住既有建筑节能改造市场发展缓慢的主要矛盾。

基于既有建筑节能改造市场发展现状，剖析既有建筑节能改造市场运行乏力的影响制因，并抓住造成市场发展缓慢的主要问题，是进行政府作用力提升框架设计的引导指南。由第6章有关既有建筑节能改造市场运行实践瓶颈分析可知，当前我国既有建筑节能改造市场发展缓慢既存在着既有建筑节能改造起步晚、企业整体水平较差以及业主节能改造意识较低等客观原因，更主要的是我国政府在既有建筑节能改造实践过程中，政府存在着监管缺位、激励不足和协调不力等主观原因，造成既有建筑节能改造市场在运行过程中存在主体动力不足、市场运行混乱等问题。

（3）掌握市场发展中政府作用有效性不足的根本原因。

以提升政府市场作用力为框架设计目标，掌握既有建筑节能改造市场发展中政府作有效性不足的根本原因，是进行既有建筑节能改造市场发展中政府作用力提升框架设计的核心。根据第7~9章有关既有建筑节能改造市场发展中政府作用力实现影响机理、市场作用有效性评价以及政府实践现实困境等内容的分析结果可知，既有建筑节能改造市场受众多因素影响，目前其市场作用有效性水平仅为"一般"，其中造成政府作用效果不佳的根本原因在于政府囿于计划经济体制下的市场管制思维，政府未能正确与市场处理好两者之间的关系，造成政府在市场管制过程中未能调动市场主体的积极性。

（4）满足既有建筑节能改造市场多方主体的利益需求。

既有建筑节能改造涉及多方利益主体，考虑各方主体的市场利益诉求，满足其在既有建筑节能改造市场发展中的合理利益需求，是确保既有建筑节能改造市场发展中政府作用力提升框架生效的重要条件。基于第7章有关既有建筑节能改造市场发展中政府作用过程行为博弈分析可知，既有建筑节能改造市场主体利益诉求多元化，各方利益主体行为策略的抉择受利益相关方行为策略的影响。因此，政府作用力提升框架设计过程中，考虑政府行为策略选择在既有建筑节能改造实践中对于市场主体利益的影响具有重要意义。

9.3.2 既有建筑节能改造市场发展中政府作用力提升框架设计原则

（1）问题导向性原则。

坚持问题导向性原则架构政府作用力提升框架，是指引政府在推动既有建筑节能改造市场发展过程中，扫除市场运行障碍并朝健康有序方向发展的路标。问题即事物的矛盾，哪里有没解决的矛盾，哪里就有问题存在，而且随着旧问题的解决，又会产生新的问题[97]。政府对既有建筑节能改造市场进行干预的原因在于市场存在矛盾问题，影响既有建筑节能改造事业顺利进行，而政府市场作用不佳的内在原因也在于政府未能有效解决相关问题，从而难以有效发挥政府的外在引擎作用。因此，在政府作用力提升框架设计过程中，必须从始至终遵循问题导向性原则，并且需要关注新问题的产生，及其产生对政府进行既有建筑节能改造市场建设的影响。

（2）可操作性原则。

满足政府作用力提升框架设计的可操作性原则,是保证政府作用力提升框架具有现实意义的关键。政府作用力提升框架的可操作性原则主要包括两个方面:一是确保政府作用力提升框架设计过程的可操作性,即在既有建筑节能改造市场发展中政府作用力提升框架的设计过程之中,确保设计过程具备可操作性是进一步深入展开研究的前提;二是确保政府作用提升框架未来实际应用的可操作,即需要保证研究设计的结果在未来实践过程之中具备应用价值,而不是一个形而上的空想架构,这也是在整个设计过程中需要遵循的基本原则,它同时也是设计过程与提升架构科学性与有效性的反映。

(3) 系统全面性原则。

全面梳理系统相关要素并准确把控要素之间的逻辑关联关系,以系统全面的眼光架构政府作用力提升框架,将直接决定政府作用力提升框架应用价值的广度和深度。既有建筑节能改造市场作为一个动态开放的复杂巨系统,内在决定了政府在实践过程中有效发挥其市场作用力必然受众多要素干扰。因此,在政府作用力提升框架设计时,应秉承系统全面性的理念,全面梳理政府作用力提升的系统要素,并厘清其间的相互作用关系,这是决定框架是否切实贴近客观现实并能有效提升政府作用力的核心所在。然而由于系统要素的多样性以及彼此间作用关系的复杂性,全面并准确地把控系统要素间的逻辑关系是进行框架设计的难点,也是整个设计过程中需要时刻关注的重点。

(4) 动态反馈性原则。

从动态的视角出发,注重政府作用力提升框架内部的反馈调节能力,是政府作用力提升框架设计的要点,也是确保其能够适应市场环境不断变化的本质要求。既有建筑节能改造市场发展在本质上是一个动态运行的过程,随着市场内外部环境的变化,市场主体的价值诉求也会发生变化。由于市场要素的变动,政府对于市场的约束、激励以及协调作用也会出现差异。因此,在政府作用力提升框架设计过程中,设置政府作用力提升框架的动态反馈调节机制,对于政府在既有建筑节能改造市场动态发展过程中,适应市场内外部环境变化和有效发挥政府作用力具有重要意义。

9.3.3 既有建筑节能改造市场发展中政府作用力提升框架体系构建

既有建筑节能改造市场发展中政府作用力提升框架体系构建的目的在于将理论研究向实践运行过渡,为政府作用力提升实施路径及对策的选择提供支撑。

第9章 既有建筑节能改造市场发展中政府作用力提升的实施策略

基于前面针对既有建筑节能改造市场发展中政府作用力提升机理已完成的相关研究，要切实有效地提高政府在既有建筑节能改造市场发展中的作用效力，必须实现深度和广度上的双重优化。

在深度上必须解决政府市场作用有效性不足的根源性问题，即针对既有建筑节能改造市场发展中政府实践的理念、体制、机制等现实困境，重新审视政府在既有建筑节能改造市场中的角色，坚持市场配置资源决定性作用与更好发挥政府作用的导向，合理界定政府在市场发展中的权力边界，有效处理好政府与市场的关系，从而实现在政府内部职能优化上取得根本性的突破，以正确的管理理念进行既有建筑节能改造市场建设，避免陷入"政府行政"的狭隘圈子。而在广度上面则需要从政府进行既有建筑节能改造实践的过程出发，由于政策是其进行市场管理的应用工具，必须确保政策在既有建筑节能改造市场发展中得到贯彻落实，然后在此基础之上，基于既有建筑节能改造市场的具体问题，控制相关系统要素，对市场相关机制体制进行优化，从而实现政策运行机制的优化。

基于此，本书在遵循上述政府作用力提升框架设计基本思路与原则的基础上，认为既有建筑节能改造市场发展中政府作用力提升框架主要由控制系统、控制参量以及政府作用力实现系统三个部分组成，构建既有建筑节能改造市场发展中政府作用力提升框架如图9-9所示。

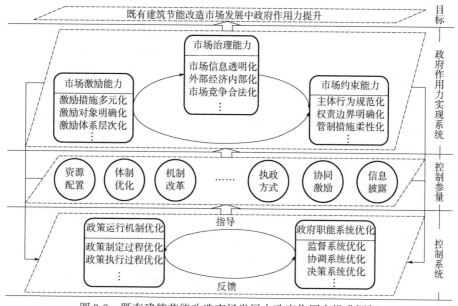

图9-9 既有建筑节能改造市场发展中政府作用力提升框架

既有建筑节能改造市场动力机制

其中控制系统是政府作用力提升框架的宏观实践理路,主要包括政府职能系统优化和政策运行机制优化两个方面的内容,通过从本质上对政府内部职能系统的优化,促进政策运行机制在实际运行过程中取得成效,并通过市场信息的反馈进一步对政府内部职能系统进行再优化。控制参量则是在政府作用力提升实践过程中的微观控制元素,也是政府既有建筑节能改造市场管理理念转变的外在要求,其中主要包括信息披露机制优化、协同激励机制优化以及机制体制优化等细部优化。

政府作用力实现系统主要包括市场治理能力、市场约束能力以及市场激励能力三个方面的内容,是既有建筑市场发展中政府作用力的基本构成部分,也是政府作用力提升实践过程的导向目标,通过从宏观系统的优化到微观参量的控制,有效提升政府在既有建筑节能改造市场发展中的治理能力、约束能力和激励能力,从而在确保既有建筑节能改造市场良性运行的前提条件下,推动既有建筑节能改造市场健康快速发展。

综上所述,本书已经架构了既有建筑节能改造市场发展中政府作用力提升的逻辑框架,但对于既有建筑节能改造市场发展中政府作用力提升框架具体运行机制尚有待进一步展开研究。基于此,在上述政府作用力提升逻辑框架的基础上,考虑政府职能系统与政府作用力实现过程,构建既有建筑节能改造市场发展中政府作用力提升框架的运行机制,如图9-10所示。

既有建筑节能改造市场发展中政府作用力提升框架运行机制由多个职能系统组成,主要包括动力系统、职能分派系统、协调系统、监督系统、决策系统、执行系统及问责系统等7个政府职能系统,其整个政府作用力提升实践运行过程包含了正向执行应用和反向调控再优化两个过程,彼此构成一个动态反馈的运行优化系统。正向执行应用过程首先从动力系统和职能分派系统出发,通过内外部激励作用与政府部门职能的界定与分派,共同作用于协调系统、监督系统和决策系统。其中,协调系统主要通过横向职能部门与纵向层级政府间的协调,改善政府与市场和社会之间的关系,实现多元主体有效协同驱动市场发展;决策系统主要体现的是政策制定过程的优化,由政策问题界定、政策目标确认、政策方案设计以及策略抉择4个步骤构成一个动态反馈系统,实现政府在既有建筑节能改造市场发展中做出科学有效的决策;而监督系统则作为作用力提升的有效约束机制,系统内外部共同监督,使政府作用力提升实践措施得到有效落实,并确保系统良性运行。最后由协调、监督与决策系统,共同作用于问责

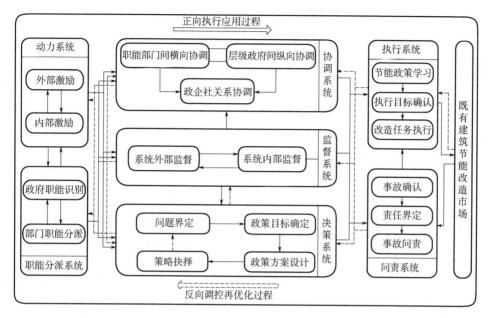

图 9-10 既有建筑节能改造市场发展中政府作用力提升框架运行机制

系统与执行系统,并通过问责系统对政策执行过程中的相关问题进行界定与追责。而反向调控再优化过程是既有建筑节能改造市场发展中政府作用力提升框架的信息反馈过程,通过市场的反馈信息作用于政府作用力提升框架运行机制,进一步对政府作用力提升框架系统进行调整与优化。

9.3.4 既有建筑节能改造市场发展中政府作用力提升框架实施要点

政府作用力提升框架的构建为既有建筑节能改造市场发展中有效提高政府市场作用力提供了实践指南,但有效应用该实施框架应注意以下两个要点:

(1) 满足政府作用力提升框架的动态反馈性。

满足政府作用力提升框架的动态反馈性,是政府在实施过程中根据市场反馈信息做出快速调整并对系统进行优化的关键。政府作用力提升框架的实施本质是一个动态的反馈系统,在采取政府作用力提升实践措施的过程中,实施障碍和市场促进信息都会反馈到系统中,面对实施障碍系统会做出相应响应,并制定相应的障碍清除措施来进行优化,而面对实践有效信息,系统则会进一步加强该行为来提升政府作用力提升框架的运行效率。既有建筑节能改造市场本质上是一个开放复杂的巨系统,其主体众多且利益关系复杂,政府在协同内外部主体共同驱动市场的过程中，会面临众多不确定性因素，而市场影响因素的不确定性必然会决定政府在推动既有建筑节能改造市场发展的实践过程中面临实践措施效力的不确定性。所以，满足政府作用力提升框架实施的动态反馈性是确保政府作用力提升框架运行系统有效运作的关键。

（2）满足政府作用力提升框架的市场嵌入性。

既有建筑节能改造市场发展中政府作用力提升不仅是在特定时期内多路径协同优化，而且应该是贯穿于整个既有建筑节能改造市场不同发育期的，只有将政府作用力提升框架嵌入于既有建筑节能改造市场发育全过程中，才能达到有效推动既有建筑节能改造市场健康发展的目的。基于第 6 章的关于既有建筑节能改造市场内在特性分析可知，既有建筑节能改造市场必然历经市场培育期、发展期、成长期和成熟期 4 个阶段，随着市场发育成熟度的提升，由于市场要素的变动，政府市场作用效力也会发生变化。因此，在政府作用力提升框架实施过程中，应针对市场的不同发展界定设置障碍识别系统和信息反馈机制，且预设与市场发展不同节点可能出现的障碍相对应的应对措施，从而将政府作用力提升框架嵌入市场成熟化演进的全过程之中，实现政府对市场发展全过程的有效驱动。

9.4 既有建筑节能改造市场发展中政府作用力提升路径选择及实施对策

实现理论指导实践，为政府作用力提升路径及实施对策选择提供决策依据，是既有建筑节能改造市场发展中政府作用力提升机理研究的最终目的。政府作用力提升框架的构建为既有建筑节能改造市场发展中提升政府市场作用力提供了实践的理论支撑框架，实现了既有建筑节能改造市场发展中政府作用力提升机理从理论研究层面向实际应用层面的过渡，但要实现既有建筑节能改造市场发展中政府作用力提升机理理论研究真正在既有建筑节能改造市场建设中产生实效，依据政府作用力提升框架为既有建筑节能改造市场发展中提升政府作用力提出科学合理的实施路径与实施对策，具有重要意义。基于此，本节在前述理论研究的基础上，就既有建筑节能改造市场发展中政府作用力提升提出具体的路径选择及实施对策，以期为我国政府在既有建筑节能改造市场实践过程中的决策提供参考。

9.4.1 既有建筑节能改造市场发展中政府作用力提升路径选择

正确的实践理路是确保实践最终能否达到预期目标的关键。既有建筑节能改造市场发展中政府作用力的提升并不是一蹴而就的,而是一个随市场发展持续推进并不断进行动态调整再优化的过程,也是政府在既有建筑节能改造市场实践中理念转变、过程控制与方法择优的过程。所以,有效发挥并提升政府在既有建筑节能改造市场发展中的外在驱动效力,必须在遵循市场经济客观规律的基础上,选择科学合理且切实可行的实践路径。鉴于既有建筑节能改造市场发展中政府作用力提升是一个理念改变、过程控制与方法择优的过程,本书从理念、过程和方法3个方面对政府作用力提升实践理路的选择展开探讨。

1. 政府作用力提升实践理念的实施路径选择

(1)坚持市场资源配置主导地位,更好发挥政府作用。

政府作用力提升实践过程中理念的转变,在本质上就是在既有建筑节能改造市场发展中重新审视并理顺政府与市场的关系,从而科学合理界定政府与市场各自的职能与角色,确保在市场发展过程中能有效发挥各自优势作用。在市场经济体制下,政府与市场的职能定位各不相同。具体来说,在市场经济体制下,市场在资源配置中处于绝对核心地位,并发挥着基础性和决定性的作用。然而由于市场经济正外部性、信息不对称等因素的影响,市场在资源配置过程中会出现市场失灵,进而需要政府进行市场干预以弥补市场机制的内在不足,促进市场正常运行。但是政府进行市场干预同样存在着局限性,即有可能导致政府失灵,所以政府在既有建筑节能改造市场干预的实践过程中,必须在遵循市场经济客观规律的基础之上推进市场发展,而不能代替市场进行资源配置。

鉴于此,在政府作用力提升的实践过程中,政府应厘清自己与市场之间的关系,找准政府与市场各自的职能定位,从而实现市场资源配置的决定性作用及更好地发挥政府作用。

(2)坚持市场规范化法制化发展道路,全力构建法治政府。

在任意国家或同一国家市场经济发展的任何阶段,要确保市场经济运行有序,政府科学合理的市场干预必不可少。既有建筑节能改造市场作为一个由多元利益主体构成的信息不对称市场,各主体的利益诉求随市场发展而变化,在信息不对称的市场运行环境下,政府科学合理运用行政、经济、法律等具有强制性、有偿性和权威性的措施,能有效引导和约束市场主体经济行为,避免信息不对称背景下主体非合作博弈导致市场运行秩序混乱。

基于此,在既有建筑节能改造市场政府作用力提升实践中,坚持市场规范化法制化发展道路,深化政府行政体制机制改革,全力构建法治政府,以有效发挥政府的市场约束作用,既是保证既有建筑节能改造市场规范化法制化发展的基本前提,也是推动既有建筑节能改造市场良性运行的基本保障。

(3) 高度重视市场公共服务供给机制创新,积极形塑服务型政府。

社会主义市场经济体制决定了既有建筑节能改造市场发展离不开政府公共服务的供给,市场公共服务供给有效是推动既有建筑节能改造市场健康快速发展的重要保证。从形式上来看,既有建筑节能改造市场建设是政府为满足市场发展需求而不断提供公共服务的过程。在社会主义市场经济体制下,以市场主导为核心,遵循市场发展的客观规律是发展市场经济的首要原则,但是在市场体制机制尚不完善的既有建筑节能改造市场,推动既有建筑节能改造事业市场化发展,必须依靠政府公共服务的供给来构建和完善市场体系,并维护市场运行环境。而确保市场可持续健康发展,坚持公民本位和社会本位理念,防止传统计划经济体制下官本位思想的泛滥,创新市场公共服务供给机制,是将市场与政府两者有机结合在一起共同推动市场发展的关键。

因此,政府在既有建筑节能改造市场发展中,坚持公民本位和社会本位的理念,秉承政府服务的公益性、非营利性、公开性与服务性原则,进一步细化市场公共服务的范围、标准和程序,积极形塑服务型政府对提升政府作用力具有重要意义。

2. 政府作用力提升实践过程的实施路径选择

(1) 建立健全政府决策机制,确保实施策略抉择科学。

有效提升既有建筑节能改造市场发展中政府作用力,实现政府作用力提升实施策略的科学决策是根本前提。根据市场发展的内在需求及运行的现实障碍,选择相应的应对策略是政府进行既有建筑节能改造市场建设实践的第一步,也是政府作用力实现和提升实践过程中的第一步,所以确保政府在既有建筑节能改造市场发展中实施策略决策科学,对有效解决市场问题和推动市场快速发展至关重要。既有建筑节能改造市场实践实施策略的产生是由多部门通过多个环节共同制定和决策的结果,其决策过程既受信息搜集和处理能力等客观因素的影响,更受部门利益影响下决策的规程、程序与环境等主观要素的影响[108]。而当前我国既有建筑节能改造市场发展中政府作用力实现除了受政策执行过程中未能得到贯彻落实的影响外，实施策略决策不科学也是重要原因。

因此，在既有建筑节能改造市场发展中政府作用力提升的实践过程中，建立健全决策机制，优化市场管制策略决策过程、程序和环境，促进决策信息的公开与交流，健全决策的评估与责任制度，是提升政府作用力的事前保障。

（2）创立创新政策运行机制，确保实施策略执行有效。

根据部门职责与职能，各部门分工协作，积极贯彻落实既有建筑节能改造市场相关政策与措施，既是实现政府顶层设计落地生效的重要环节，也是确保政府作用力提升实施策略执行有效的重要保障。既有建筑节能改造政策作为既有建筑节能改造市场再分配的重要手段，以推进市场主体公平交易、保障主体合法权益和促进市场健康发展为目标，是政府推动既有建筑节能改造市场发展的核心工具，而要使既有建筑节能改造政策达到设计和决策时所期望的目标，必须以科学合理的节能政策运行机制为保障。节能政策运行机制涵盖了既有建筑节能改造政策行动的全过程，包含了政策主体组织形式、资源调动机制、受益者选择机制以及市场服务机制等各个方面[109]。科学长效的政策运行机制，不仅有助于化解既有建筑节能改造市场发展的各类矛盾，协调社会建设与经济建设的步伐，而且能够确保既有建筑节能改造政策改革的总体方向不发生偏离，促进既有建筑节能改造市场政策的革新。

因此，创立创新既有建筑节能改造政策运行机制，实现政策运行机制科学长效运行，是避免既有建筑节能改造市场发展问题治理碎片化，实现既有建筑节能改造市场发展中政府作用力提升的重要保障。

3. 政府作用力提升实践方法的实施路径选择

（1）加强市场内外部柔性化管理，提升政府软执行力。

对于多主体的既有建筑节能改造市场而言，充分激发市场主体主观能动性对有效发挥各主体市场作用具有重要意义。长期以来，我国政府在既有建筑节能改造实践过程中，囿于政府本位、官本位的行政理念，强制性和刚性的管制模式成为我国既有建筑节能改造市场管制实践中的基本特质。刚性的市场管制模式针对我国既有建筑节能改造实践起步较晚而社会能源供给日益紧张的局势而言，通过强制性手段介入既有建筑节能改造市场发展，有利于快速将既有建筑节能改造事业提上日程，推进既有建筑节能改造事业快速发展。但推进既有建筑节能改造事业市场化发展，归根结底要遵循市场经济发展的客观规律，需要主体能够自组织实现对资源的配置。所以说，随着市场发育成熟度的提升，偏安一隅的强制性管制模式必然抑制市场自组织能力的提升，难以有效发挥各市场主体自身特有优势，不利于既有建筑节能改造事业市场化发展。

因此，加强市场内外部柔性化管理，实现既有建筑节能改造市场管制模式的转型，不仅是未来既有建筑节能改造市场成熟化发展的必然要求，而且也是在既有建筑节能改造市场发展中提升政府软执行能力的关键。

（2）推进市场管制方式方法多元化，拓宽政府实践路径。

实现政府市场管制方式方法多元化，对有效应对和解决动态运行市场中所产生的各类复杂问题具有重要意义。既有建筑节能改造市场发展是一个动态演进的过程，其在动态运行过程中受众多因素影响和制约。基于市场运行障碍，我国政府在既有建筑节能改造市场实践过程中为维护市场运行环境，从行政、经济以及法律等各个方面为市场营造良好运行环境做出了不懈努力。但就既有建筑节能改造市场发展实际情况来看，市场主体积极性不足、行为不规范等影响市场健康发展的各类问题尚未得到有效解决。究其原因，除了既有建筑节能改造市场动态运行过程中不可控因素的影响，更主要的是政府针对既有建筑节能改造市场发展问题的市场管制措施比较单一，面对复杂多变的市场环境，单一的市场管制方式方法难以全盘有效应对，如针对市场主体积极性不足的问题，我国现行的经济激励措施比较单一，主要以政府补贴来解决。

基于此，在既有建筑节能改造市场政府作用力提升实践过程中，推进市场管制方式方法多元化，有效拓宽政府实践的路径和渠道，对于有效应对和解决动态复杂市场中各类发展问题显得至关重要。

（3）推行制度供给全面质量管理，实现政府适时调控。

基于市场动态反馈信息，实施制度供给全面管理，是实现政府在动态运行市场中有效管控市场，对市场发展相关问题及时制定应对策略的重要途径。全面质量管理（Total Quality Management，TQM），指的是一个组织以质量为核心，以全员参与为基础，目的在于通过顾客满意和本组织所有成员及社会受益而达到长期成功的管理途径。其基本工作程序遵循 PDCA 管理循环，即包含计划、实施、检查、处理（Plan，Do，Check，Action）4 个基本阶段，全面质量管理基本工作程序与原理如图 9-11 所示。基于已有研究可知，随着相关体制机制的架构与完善，既有建筑节能改造市场逐渐趋于成熟化演进，而在既有建筑节能改造市场发展的过程中，市场主体的行为动机和需求也会随之变化，进而会影响市场主体的行为。在既有建筑节能改造市场动态发展过程中，既有政策法规在新的市场发展阶段，其市场效用也必然发生变化。因此，在既有建筑节能改造市场政府作用力提升实践中，根据市场发展的现实需求和问题，推行制度供给全面质量管理，是确保政府有效制度供给充足的关键。

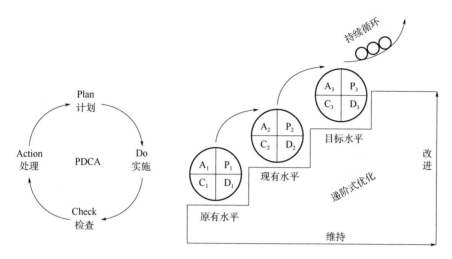

图 9-11　全面质量管理基本原理与工作程序

9.4.2　既有建筑节能改造市场发展中政府作用力提升实施对策

基于既有建筑节能改造市场发展中政府作用力提升路径选择，提出政府作用力提升具体实施对策，将便于政府在既有建筑节能改造市场发展中有效发挥其市场作用，促进既有建筑节能改造市场健康可持续发展。

1. 政府市场约束能力提升实施对策

（1）完善市场法律法规体系，促进市场有序运行。

根据动态运行市场发展的内在要求，完善市场法律法规体系是推动既有建筑节能改造市场健康可持续发展的根本保证。无论在经济领域还是非经济领域，法律法规都是确保一切社会活动运行有序的根本保障，它凝聚了社会大众的普遍意志和意愿。既有建筑节能改造作为一项多主体参与的社会经济活动，其间利益是绝大部分主体参与既有建筑节能改造的根本目的，而面对市场主体的利益追求，以法律法规来约束各市场主体行为，防止其在市场活动中为谋求自身利益最大化而出现投机行为，是确保既有建筑节能改造市场运行有序的关键。我国在既有建筑节能改造实践过程中，为推动既有建筑节能改造市场法制化、规范化发展，从顶层设计入手已基本架构了较为系统的法律法规体系。但面对

既有建筑节能改造市场动力机制

复杂多变的市场，当前的法律法规体系仍有待进行修改与完善，在既有建筑节能改造实践过程中尚存在钻法律空子的现象。因此，在未来既有建筑节能改造市场建设实践过程中，根据市场发展的阶段性需求，丰富法律法规内容、完善法律法规体系，既是推动既有建筑节能改造市场有序运行的根本保证，也是提升政府作用力的内在要求。

（2）搭建市场信息共享平台，促进市场良性竞争。

在既有建筑节能改造市场发展过程中，构建信息共享平台、实施市场信息披露，是提高市场透明度、营造良性市场竞争环境的有效途径。市场经济归根结底是一种契约经济、竞争经济，市场自由竞争是其根本特征，也是市场经济特有的优势，通过市场竞争机制的优胜劣汰，可以实现市场资源配置。而市场经济作为一种自由竞争机制，要实现市场竞争的健康开展，合理配置市场资源、良好的市场竞争环境是关键。基于既有建筑节能改造市场运行内在特性分析可知，市场信息不对称是其基本特征，也是影响当前既有建筑节能改造市场良性运行的重要障碍。其不仅会导致 ESCO 与业主在既有建筑节能改造实践过程中，因追求自身利益最大化而产生道德风险的现象，还会造成逆向选择现象，导致市场存劣汰优，影响整个既有建筑节能改造市场发展的水平。鉴于此，若要推动既有建筑节能改造市场良性运行，提升政府在市场发展中的作用力，搭建市场信息共享平台，对市场信息实施披露是必然要求。

（3）建立健全市场监督机制，确保节能政策有效落实。

政策是基于特定目的而设计的行动方案，而政策目标能否达到预期目标的关键是政策能否贯彻落实。基于既有建筑节能改造市场发展中政府作用有效性评价可知，我国自正式实施既有建筑节能改造实践以来，政府虽为推动既有建筑节能改造市场快速发展采取了众多措施，但就政府市场作用有效性来看，我国在既有建筑节能改造实践中并未取得良好的效果，究其原因，既有建筑节能改造市场发展缓慢，有节能技术水平落后、起步较晚等客观原因的影响，但更主要的是政府在既有建筑节能改造市场建设过程中存在明显的市场监管不足，甚至缺位，从而未能有效贯彻国家顶层设计。政策作为政府进行既有建筑节能改造市场管制的唯一工具，要想达到政策设计时的预期目标必须在政策执行过程中坚决贯彻落实。基于此，建立健全市场监督机制，确保既有建筑节能改造政策在实施后得到有效贯彻落实，对提升政府作用力具有重要意义。

（4）建立健全市场问责机制，提升市场主体责任意识。

权力的行使必然伴随着应尽的责任与义务，建立健全市场问责机制是政府在既有建筑节能改造市场建设中有效约束主体行为的最终保障。在既有建筑节能改造市场发展过程中，切实有效发挥政府市场约束作用必须有始有终，既要有事前、事中的引导和约束，也要有事后责任事故的追究。法律法规、信息共享平台以及监督机制均是在既有建筑节能改造事前和实践过程中对主体市场行为提出要求，并进行行为过程监督，从而在市场主体参与既有建筑节能改造的事前和事中起到预警和引导的作用，以便市场主体在既有建筑节能改造市场发展中认识到什么该做和什么不该做，以及违反法律法规可能受到的惩罚。而市场问责机制则是基于已有法律条文和政策规定，针对市场主体不正当行为进行责任追究，其主要包含了不正当市场行为的处罚和对市场不利影响的纠正或弥补。基于此，在既有建筑节能改造市场政府作用力提升实践过程中，建立健全市场问责机制，是有效发挥政府市场约束作用的最终保障，对有效提高市场主体责任意识具有重要意义。

2. 政府市场激励能力提升实施对策

（1）完善市场激励机制，调动市场主体积极性。

从激励手段的多元化、激励政策的阶段化、激励对象的针对性、激励标准的合理化4个方面全面完善我国既有建筑节能改造市场激励机制。既有建筑节能改造市场是一个正外部性现象明显的市场，易导致市场失灵现象，挫伤ESCO积极性，政府采取激励措施是提升ESCO积极性最直接有效的方式。目前我国既有建筑节能改造市场激励手段比较单一，以财政补贴为主，所能达到的激励效果十分有限，为此我国政府应采取多元化的激励手段，多角度多路径提升ESCO积极性。同时完善激励机制应注重激励政策的阶段化。既有建筑节能改造市场为非静态市场，随管理制度、政策法规等的建立与完善动态演进，不同市场阶段激励政策具有不同的效力，政府应随市场发展阶段适时调整与完善激励政策，保证激励政策的有效性。

完善激励机制要注重激励对象的针对性。既有建筑节能改造市场是一个涉及多主体的市场，但由于正外部性的原因，使市场相关主体在没有任何资本投入的情况下受益，而相关资本投入主体却未享受任何激励，因此激励政策应加强激励对象的针对性。

完善激励机制应注重激励标准的合理化。目前我国享受相关激励性政策的标准主要以完成既定改造面积为主，而改造效果却未得到足够重视，如此不仅导致激励资金的浪费,而且也抑制了高改造水平 ESCO 的积极性。

(2) 优化市场融资环境,突破市场发展瓶颈。

基于市场主体融资困境,优化市场融资环境,是突破市场发展瓶颈的必由之路。在既有建筑节能改造市场发展中,造成市场主体融资困难的原因主要来自于两个方面:一是既有建筑节能改造项目自身的特殊性;二是市场主体方面的原因。这二者也是导致我国既有建筑节能改造市场发展缓慢的重要客观原因。

就既有建筑节能改造项目自身特性来分析,既有建筑节能改造作为建筑工程领域里一种特殊的工程项目,具有前期投资大、后期效益回收期长、投资规模不一、专业性较强以及项目评估模式难以复制等特点,从而导致以商业盈利为主的融资机构在既有建筑节能改造领域贷款方面,银行贷款经验难以重复利用、贷款风险难以评估、跟踪审批成本过高,以至于银行不愿意贷款。而从市场主体方面来说,由于我国既有建筑节能改造市场起步较晚,企业以中小型为主,造成 ESCO 在筹措节能改造运行资金时面临市场信誉未建立的局面。

综上所述,由于市场主体融资障碍重重,最终导致 ESCO 参与节能改造积极性被抑制。因此,优化市场融资环境,解决市场主体融资障碍,是未来推动既有建筑节能改造市场发展必须解决的重要问题。

(3) 明确市场资源配置地位,发挥市场决定性作用。

明确市场资源配置中的核心地位,切实发挥市场在资源配置中的决定性作用,是提高资源配置效率,激发市场蕴藏活力,推动建筑节能改造事业市场化发展的内在要求。市场决定资源配置是市场经济的一般规律,也是市场经济的本质。理论与实践证明,市场配置资源是最有效率的形式。目前在我国既有建筑节能改造市场,政府本着"全能者"的角色,代替市场进行资源配置,是政府难以摆脱角色困局的主要原因。所以,从根本上厘清政府与市场的角色问题,明确市场对资源配置的核心地位,减少政府对资源的直接配置和对微观经济活动的直接干预,为市场创造良好的外部运行环境,把政府不该管的事情交给市场,让市场在所有能够发挥作用的领域都充分发挥作用,推动资源配置实现效益效率最大化,是推动建筑节能改造事业市场化发展的关键。

(4) 构建社会运行平台,发挥社会驱动市场的作用。

既有建筑节能改造涉及多方主体利益,搭建有效的社会型政策运行平台,不仅能够弥补政府管制成本过高、灵活性不足的弊端,而且更能提高社会群体责任意识,发挥社会参与和监督的作用。鉴于当前社会型政策工具应用情形,可搭建社会型政策运行平台。首先，应丰富社会型政策的可应用工具，拓展社会群体参与既有建筑节能改造市场建设的途径；其次，要提高社会型政策工具的可操作性，避免模棱两可或过于笼统而导致政策执行主体无所适从。此外，由于执行社会型政策需要支付一定的成本，可根据社会型政策给执行群体带来效益的大小，有针对性地采取相关激励措施。

3. 政府市场治理能力提升实施对策

（1）形塑政府治理元组织角色，优化治理主体结构。

树立政府在治理主体结构中元组织角色（治理体系结构中的核心），是避免"治理"理论下治理体系去中心化的核心。"治理"理论背景下，治理机制最终走向治理失灵的根本原因在于原治理主体结构中元组织缺失，无法有效协调各主体间利益矛盾和避免不同治理模式间的对立冲突。在当前既有建筑节能改造市场发展的初级阶段，我国政府扮演的是超元组织角色，即"科层治理"模式下的"全能政府"，不仅未能有效发挥政府的市场导向作用，而且更造成了治理主体结构去权威化，无法有效协调各治理模式之间的对立冲突问题。

因此，树立政府治理元组织角色，在治理主体结构中塑造治理权威中心，是避免治理体系权责边界模糊和不同治理模式间对立冲突的重要路径。需要指出的是，"元治理"理论下政府的元组织角色，并不是治理主体结构中的主宰，既不凌驾于市场和社会之上，也非科层治理下的全能政府，仅因其职能不同，是治理体系的权威代言人，具有引导、约束和协调市场等职能作用。

（2）界定各级部门权责边界，强化内部治理能力。

"元治理"在政府、市场和社会构成的三方协同共治体系中强调了政府的核心价值，而政府能否有效发挥元组织作用取决于其内部治理能力。确保既有建筑节能改造市场健康运行，有效协同政府与ESCO、业主等市场和社会治理主体是必然要求，但保证三方协同共治体系发挥作用，不仅需要加强政府与市场、社会之间的外部元治理，还要求有效协同各级政府部门，构建科学的内部治理体系。目前，各级政府部门间权责边界模糊所造成的政府缺位、错位等问题，是造成内部治理体系混乱的关键所在，也是影响政府有效发挥市场作用力的重要原因。

因此，界定各级部门权责边界，明确各部门的职责范围，不仅是避免各级部门利益博弈与责任推诿的前提保证，而且更是强化内部治理能力，发挥部门职能优势和提升既有建筑节能改造市场发展中政府作用力的内在需要。

(3)构建治理主体互动平台,提升协同治理能力。

既有建筑节能改造服务涉及多方主体,根据各方主体合理现实需求,构建治理主体互动平台,是有效提升三元协同共治能力的重要途径。从治理模式来看,我国虽一直致力于多元共治体系建设,但就事实而言,当下我国仍以政府单中心治理模式为主,而市场治理和社会治理力量尚未有根本性成长[10]。政府单中心治理模式的弊端在于,政府过度强调权威与等级控制,极易导致主体地位不平等、制度设计不合理以及社会监督缺失等问题,从而造成治理失序。

因此,为了使治理主体各司其职,发挥政府核心引领作用,加强市场和社会治理能力,构建治理主体互动平台至关重要。通过治理主体互动平台,治理主体间可以就相关问题适时进行交流,强化各主体自主沟通意识,不仅能为治理主体间搭建信任桥梁,而且更有利于保证制度设计迎合各方主体需求,从而为多主体协同治理奠定合作基础。

(4)平衡各方主体利益需求,有效应对治理失灵。

多元共治在本质上就是各治理主体相互博弈的过程,元治理能否取得成效取决于各主体能否得到预期利益。丁冬汉曾指出,当今我国已进入一个利益博弈的时代,任何社会经济问题归根结底可视为利益的问题,既有建筑节能改造市场同样如此,是一个利益结构多元的市场,各主体基于自身利益诉求参与建筑节能服务[110]。

因此,在利益结构多元的情况下,要实现既有建筑节能改造市场健康运行,政府需要平衡各方主体利益需求,在多元利益间建立有效的利益博弈"平衡器",以避免各主体非合作博弈下导致元治理失灵。需要注意的是,政府作为元治理体系的利益平衡器,在平衡各方主体利益时,其既不是社会利益"全能代表者",也并非完全中立和超然,而是应在坚持基本原则的基础上,有倾向性地保障弱势主体利益,避免被强势群体所俘获而成为强势群体的利益代言人[111]。

第 10 章　结论与展望

10.1　研究结论

10.1.1　ESCO 驱动力作用机理研究结论

促进既有建筑节能改造市场发展是实现可持续发展战略目标，推进"两型"社会发展的必然要求。我国既有建筑节能改造市场运行乏力，究其原因，主要在于市场主体动力不足，从既有建筑节能改造市场核心供给主体 ESCO 视角出发，探索 ESCO 对市场发展的驱动力运行机理，引导 ESCO 积极参与节能改造，增强 ESCO 对市场发展的动力，有利于推动既有建筑节能改造市场高效运行。从市场治理视角出发，以主体动力激发为目标导向，从既有建筑节能改造市场发展中 ESCO 需求与行为演变规律分析入手，解析了既有建筑节能改造市场发展中 ESCO 行为驱动过程，探讨了 ESCO 驱动力作用影响因素，借助社会网络分析方法探究了因素间的关联关系及作用路径；考虑主体价值取向差异性，构建既有建筑节能改造市场发展中 ESCO 驱动过程中 ESCO 与政府、ESCO 与业主之间的博弈模型，架构了既有建筑节能改造市场发展中 ESCO 驱动策略，构建了既有建筑节能改造市场发展中 ESCO 驱动力作用效益评价体系，运用 AHP 法与模糊综合评价法进行既有建筑节能改造市场发展中 ESCO 驱动力作用效益评价；在总结发达国家既有建筑节能改造市场发展中 ESCO 驱动力运行实践特征及启示的基础上，剖析我国 ESCO 驱动力作用实践问题，提出了既有建筑节能改造市场运行 ESCO 驱动力作用优化策略与实施对策，初步形成既有建筑节能改造市场发展中 ESCO 驱动力作用机理的理论体系。ESCO 驱动力作用机理研究结论主要体现在以下 5 个方面。

既有建筑节能改造市场动力机制

1. 既有建筑节能改造市场特性与 ESCO 需求及行为演变规律

从既有建筑节能改造市场发展历程及市场内在特性分析入手，探讨市场主体构成及主体动力定位，以既有建筑节能改造市场核心供给主体 ESCO 为核心，基于马斯洛需求层次及行为动机理论，探索 ESCO 在不同发展阶段的需求及行为演变规律。在此基础上，探讨 ESCO 驱动力内涵及既有建筑节能改造市场发展中 ESCO 行为驱动过程，从 ESCO、政府、业主三个方面总结出包括 ESCO 核心竞争力缺失、市场显性需求不足、机理政策与主体需求不匹配、ESCO 市场准入机制尚未形成、节能意识薄弱、信誉监督机制欠完善等 ESCO 行为驱动乏力制因。

2. 既有建筑节能改造市场发展中 ESCO 驱动力作用影响机理

基于扎根理论，从政策环境、产业环境、ESCO 内部环境等方面对既有建筑节能改造市场发展中 ESCO 驱动力作用影响因素进行质性分析，并构建了既有建筑节能改造市场发展中 ESCO 驱动力作用影响因素概念模型，据此设计调查问卷邀请相关领域专家对问卷内容进行打分，运用社会网络分析方法对影响因素进行分析，得到了既有建筑节能改造市场发展中 ESCO 驱动力作用关键影响因素及其影响路径，为既有建筑节能改造市场发展中 ESCO 驱动力作用优化研究奠定基础。

3. 基于博弈分析的既有建筑节能改造市场发展中 ESCO 驱动策略

考虑既有建筑节能改造市场发展中 ESCO 驱动力作用过程中市场主体价值诉求差异性，从 ESCO 驱动力作用过程主体策略动态演化视角切入，构建既有建筑节能改造市场发展中 ESCO 驱动过程主体行为博弈模型，包括 ESCO 与政府、ESCO 与业主两两间的演化博弈模型，揭示 ESCO 驱动过程中主体之间的行为演化策略，探究既有建筑节能改造市场发展中 ESCO 驱动力作用的最优稳定策略的形成过程。

4. 既有建筑节能改造市场发展中 ESCO 驱动力作用效益评价

在阐释既有建筑节能改造市场发展中 ESCO 驱动力作用效益评价意义及原则的基础上，从经济效益、社会效益、环境效益三个维度建立了多层次既有建筑节能改造市场发展中 ESCO 驱动力作用效益评价指标体系。运用 AHP 法确定评价指标权重，基于模糊综合评价法构建了既有建筑节能改造市场发展中 ESCO 驱动力作用效益评价量化模型，进行了既有建筑节能改造市场发展中 ESCO 驱动力作用效益评价，最终提出 ESCO 驱动力作用效益提升路径。

5. 既有建筑节能改造市场发展中 ESCO 驱动力作用优化与实施策略

总结发达国家既有建筑节能改造市场发展中 ESCO 驱动力运行实践特征，基于既有建筑节能改造市场发展中 ESCO 驱动力作用效益评价结果，剖析我国既有建筑节能改造市场发展中 ESCO 驱动力作用问题，从 ESCO 内部环境与外部环境优化等视角探索既有建筑节能改造市场发展中 ESCO 驱动力作用优化策略，提出基于政策环境改善、产业环境支撑、ESCO 内部环境提升、市场主体互动协调、模式改进及信息平台拓展的既有建筑节能改造市场发展中 ESCO 驱动力作用优化实施具体对策。

10.1.2　政府作用力实施机理研究结论

推进既有建筑节能改造市场发展是降低建筑能耗、实现节能减排战略目标的必然要求，更是创建绿色协调的生态文明社会，实现国民经济与生态环境可持续化发展的内在需要。我国自实施既有建筑节能改造实践以来，既有建筑节能改造市场取得较快的发展，但从市场发展的整体情况来看，目前我国既有建筑节能改造市场尚处于初级发展阶段，市场机制运行乏力、主体积极性不足及市场运行秩序混乱等问题尤为突出，探索既有建筑节能改造市场政府作用力，有效激发市场蕴藏活力，协同多方主体共同驱动市场发展，是政府在未来既有建筑节能改造市场实践中面临的主要问题。以推进既有建筑节能改造市场健康可持续发展为导向，围绕如何提升政府在既有建筑节能改造市场的作用力为主线，梳理了国内外既有建筑节能改造市场发展中政府治理的理论研究成果与实践特征，通过从既有建筑节能改造市场与政府特性及发展规律分析入手，在剖析既有建筑节能改造市场发展中政府作用力实现过程的基础上，利用结构方程模型探究了既有建筑节能改造市场发展中政府作用力影响机理；基于多方博弈视角，根据市场主体行为动机及其需求演变规律，利用演化博弈理论构建了既有建筑节能改造市场发展中政府作用过程的三方博弈模型，探析了既有建筑节能改造市场动态发展过程中政府、ESCO 和业主行为策略的抉择及其演变趋势；在此基础上，探究了既有建筑节能改造市场发展中政府作用力实施运行机理，识别并构建了既有建筑节能改造市场发展中政府作用有效性评价的指标体系，运用 ANP-Fuzzy 方法进行了既有建筑节能改造市场发展中政府作用有效性评价；在总结发达国家既有建筑节能改造市场发展中政府实践经验与启示的基础上，剖析了我国既有建筑节能改造市场发展中政府实践的现状与困境，架构了既有建筑节能改造市场发展中政府作用力提升的实施框架，并提出了未来既有建筑节能改造市场发展中政府作用力提升的实施路径选择与实施对策，初步形成了既有建筑节能改造市场发展中政府作用力实施机理与提升策略研究的理论体系。概括而言，政府作用力实施机理研究结论主要包括以下6个方面：

1. 既有建筑节能改造市场与政府特性及发展规律分析

从既有建筑节能改造市场的主体构成与运行特性分析着手，基于市场供需结构，分析了既有建筑节能改造市场的主要主体及各主体的关联关系，并从市场主体动力视角出发，分析了各主体在既有建筑节能改造市场运行过程中所发挥的作用力；根据市场发展的动态特性，将既有建筑节能改造市场发展阶段划分为培育期、发展期、成长期以及成熟期4个阶段，在此基础上，结合政府的职责职能，对每一个市场发展阶段进行政府职能定位；根据动机理论、马斯洛层次需求理论及组织行为学等相关理论，分析既有建筑节能改造市场发展中政府行为动机及其需求演变规律。

2. 既有建筑节能改造市场发展中政府作用力实现过程及影响机理

从既有建筑节能改造市场发展中政府作用力内涵解析与基本特征分析入手，通过剖析政府作用力的基本内涵、构成要素及基本特征，探讨了我国既有建筑节能改造市场发展中政府作用力实现形式及实现过程；基于文献梳理与既有建筑节能改造市场特性分析相结合的方法，对既有建筑节能改造市场发展中政府作用力实现的影响因素进行识别，并对其内在逻辑关联关系进行了梳理与假设，构建了既有建筑节能改造市场发展中政府作用力影响机理研究的概念模型，据此设计调查问卷邀请相关领域专家对问卷进行优化处理以及对问卷内容进行打分；在此基础之上，利用结构方程模型进行实证分析，得到了政府作用力实现的关键影响因素及其作用路径，为既有建筑节能改造市场发展中政府作用力提升科学决策奠定基础。

3. 既有建筑节能改造市场发展中政府作用过程行为博弈分析

基于既有建筑节能改造市场相关主体有限理性本质，从既有建筑节能改造市场主体行为动机与策略选择入手，利用演化博弈理论构建了"有限理性人"视角下既有建筑节能改造市场发展中政府作用过程行为策略分析的演化博弈模型，探究了政府、ESCO、业主三大核心主体在各种情形下行为策略选择的演化规律，并基于三方主体行为博弈均衡结果分析，提出了改进政府、ESCO 及业主行为策略抉择的优化建议，为提升政府作用力，促进既有建筑节能改造市场良性竞争提供了决策参考。

4. 既有建筑节能改造市场发展中政府作用力实施运行机理

基于既有建筑节能改造市场的基本特性与政府市场职能，从市场发展模式、政府职能理论、外部性理论以及协同理论等 4 个方面分析了既有建筑节能改造市场发展中政府作用的依据，并分析了既有建筑节能改造市场发展中政府作用的基本逻辑；利用波特钻石模型讨论了市场发展中政府的影响机理，从市场约束机制、市场激励机制、公共服务平台支撑机制及市场治理机制等 4 个方面构建了既有建筑节能改造市场发展中政府作用机制模型。在此基础上，就市场激励机制、市场约束机制、市场治理机制和公共服务平台支撑机制探讨了政府作用实施的内在机理，且剖析了政府作用力实施的基本原则与有效性标准。

5. 既有建筑节能改造市场发展中政府作用有效性评价

在阐述既有建筑节能改造市场发展中政府作用有效评价内涵及意义的基础上，从市场驱动有效性与社会效益贡献有效性两个角度，从市场运行状况、产业发展水平、主体行为特征、社会经济效益贡献等方面构建了既有建筑节能改造市场发展中政府作用有效性评价的多层次指标体系。在此基础上，运用 ANP 法确定各评价指标权重，基于模糊综合评价法构建了既有建筑节能市场发展中政府作用有效性评价的量化模型，对既有建筑节能改造市场发展中政府作用有效性进行评价，并基于政府作用有效性综合评价结果提出了相关改进意见。

6. 既有建筑节能改造市场发展中政府作用力提升实施策略

基于既有建筑节能改造市场发展中政府作用有效性评价结果，分析发达国家既有建筑节能改造市场发展中政府实践特征，通过对发达国家既有建筑节能改造市场发展中政府实践经验的有益启示，梳理我国现行有效的既有建筑节能改造政策文本，采用内容分析法对其进行量化分析，探究政策工具视域下我国既有建筑节能改造市场发展中政府实践现状及其困境。在此基础上，结合已完成的相关理论研究，架构既有建筑节能改造市场发展中政府作用力提升实施框架，并基于实施框架，提出既有建筑节能改造市场发展中政府作用力提升的路径选择及具体实施对策。

10.2 研究展望

10.2.1 ESCO驱动力研究展望

本书基于市场治理理论，从主体动力视角出发，研究了既有建筑节能改造市场发展中ESCO驱动力作用机理，由于研究视角和研究时间上的限制，重点分析既有建筑节能改造市场发展中ESCO驱动力作用影响因素，并且主要从ESCO内部环境及外部环境改善两个维度对既有建筑节能改造市场发展中ESCO驱动力作用优化展开讨论，但涉及ESCO本身差异性、ESCO驱动力运行影响因素的动态反馈仿真模拟和多主体之间的行为演化博弈方面，仍值得深入探索，具体包括以下3个方面：

1. 既有建筑节能改造市场发展多主体动力协同作用机理

本书探讨了既有建筑节能改造市场发展中ESCO驱动力作用机理，提出了ESCO驱动力运行优化策略与实施对策，旨在实现以主体动力促进既有建筑节能改造市场发展。考虑既有建筑节能改造市场主体的多元性，以及主体动力作用的耦合性，从全局出发，剖析市场多主体动力形成与发展规律，探索既有建筑节能改造市场发展多主体动力演化与耦合机理，构建与市场发展环境匹配的动力协同体系。

2. 既有建筑节能改造市场发展中ESCO驱动力作用影响因素动态反馈仿真模拟

在对既有建筑节能改造市场发展中ESCO驱动力作用影响因素的研究中，本书仅运用社会网络分析探究关键影响因素与其相互关系，为更准确地分析与识别既有建筑节能改造市场发展中ESCO驱动力作用影响因素，应进一步搜集实际的数据与资料，在关联关系分析的基础上借助计算机进行仿真模拟，以实践结果修正既有建筑节能改造市场发展中ESCO驱动力作用影响因素社会网络分析模型。

3. 基于三方博弈的既有建筑节能改造市场发展中ESCO驱动力实现策略

在既有建筑节能改造市场发展中ESCO驱动过程博弈策略研究中，本书仅通过对ESCO与政府、ESCO与业主进行的两两博弈探讨ESCO驱动策略，为更准确地分析多主体行为演化过程中ESCO驱动力实现的最优稳定策略及策略演化，有待进一步探讨 ESCO、政府与业主三方博弈关系，构建既有建筑节能改造市场发展中 ESCO 驱动过程中三方博弈模型，明晰 ESCO 驱动力实现最优稳定策略及三大主体行为演化过程。

10.2.2 政府作用力研究展望

鉴于既有建筑节能改造市场发展中政府作用力实施机理与提升策略研究是一项需要持续深入探讨的复杂课题，且由于作者水平的有限性、收集资料的局限性以及调研分析的主观性，既有建筑节能改造市场发展中政府作用力实现影响机理、有效性评价、多主体行为博弈策略分析及提升框架设计等几个方面仍需进一步展开深入的探讨：

1. 政府作用力影响机理与政府作用有效评价的客观性仍有待提升

在对既有建筑节能改造市场发展中政府作用力实现影响机理及政府作用有效性评价两个部分进行研究时，虽尽量采用了较为科学的方法对其进行实证分析，且其分析结果与客观事实比较贴切，但由于其指标体系主要是以文献梳理与调查问卷相结合的方法而得来的，具有较大成分的主观性，而且数据量较少。所以在未来的研究中，提高指标体系内容及其权重的客观性是进一步探究既有建筑节能改造市场发展中政府作用力实施机理与提升策略需要注意的地方。

2. 既有建筑节能改造市场发展中政府作用过程行为博弈分析值得深化探讨

本书对于既有建筑节能改造市场主体行为策略的研究仅从三个核心主体入手，尚未对既有建筑节能改造的相关辅助主体进行分析，且未考虑市场发展水平对于主体行为策略的影响。因此，后续研究中还需针对更多要素进行深入研究，以确保研究结论更加接近现实，进而提出更加具有针对性和建设性意义的对策建议。

3. 既有建筑节能改造市场发展中政府作用力提升框架设计内容有待进一步细化

对于既有建筑节能改造市场发展中政府作用力提升框架的设计，在已完成相关理论的基础上，结合国内外既有建筑节能改造市场发展中政府实践特征，考虑既有建筑节能改造市场发展中政府作用力实现的现实过程，为政府作用力提升架构了一个可供实施的基本框架，但是政策作用力提升框架的具体内容尚比较粗略，仍有待进一步细化研究。

附　录

附录 A　既有建筑节能改造市场发展中 ESCO 驱动力作用效益评价调查问卷

尊敬的女士/先生：

您好！非常感谢您接受我们的邀请，对既有建筑节能改造市场发展中 ESCO 驱动力作用效益进行评价，您的评价对于既有建筑节能改造市场发展中 ESCO 驱动力作用的提升具有重要意义。请您根据所在建筑节能市场领域的专业认知与宝贵经验进行填写。

我们承诺本次调查的成果只用于科学研究，绝对不会透漏您的个人信息，请您填写问卷并返回至邮箱：guohanding@126com，再次感谢您的支持！

既有建筑节能改造市场发展中 ESCO 驱动力作用效益：请您基于您的实际经验对下列选项的有效性程度进行选择（其中：1 表示很好；2 表示较好；3 表示一般；4 表示较差；5 表示很差）。					
既有建筑节能改造市场发展中 ESCO 驱动力作用效益评价指标	效益水平				
	1	2	3	4	5
一、既有建筑节能改造市场发展中 ESCO 驱动经济效益					
1. 绿色改造经济效率	□	□	□	□	□
2. 节能服务产业产值年均增速	□	□	□	□	□
3. 产业结构升级	□	□	□	□	□
4. 节能改造经济贡献率	□	□	□	□	□
5. ESCO 年平均增量	□	□	□	□	□
6. 业主改造需求增速	□	□	□	□	□
7. 单位 GDP 能耗	□	□	□	□	□
二、既有建筑节能改造市场发展中 ESCO 驱动环境效益					
1. 年改造面积增速	□	□	□	□	□
2. 改造后节能率	□	□	□	□	□
3. CO_2 减排量	□	□	□	□	□
三、既有建筑节能改造市场发展中 ESCO 驱动社会效益					
1. 业主满意度	□	□	□	□	□
2. 社会就业增量	□	□	□	□	□
3. 工资增收均值	□	□	□	□	□
4. 技术改进数量	□	□	□	□	□
5. 专利申请数量	□	□	□	□	□

附录 B　既有建筑节能改造市场发展中政府作用力实现影响机理研究调查问卷

尊敬的女士/先生：

您好！

首先在此对您在百忙之中参与本次问卷调查表示衷心的感谢。此次调查问卷围绕既有建筑节能改造市场发展中政府作用力提升策略研究这一课题，展开其中有关既有建筑节能改造市场发展中政府作用力实现的影响因素及其作用机理部分的理论研究。您的信息反馈对探究既有建筑节能改造市场发展中政府作用力实现影响机理，发觉其潜在的根本性问题，帮助政府采取科学合理的实施策略，提升我国既有建筑节能改造市场发展中政府作用力，促进既有建筑节能改造市场健康发展具有重要意义。请根据您个人对工程项目管理领域和建筑节能市场领域的专业认知和宝贵经验进行填写。

本团队在此承诺，本次问卷调查仅用于科学课题研究，绝不透露您个人的相关信息，请您填写问卷内容，并返回至邮箱：guohanding@126.com，再次对您的支持表示由衷的谢意。

一、背景资料

1. 您的工作单位属性：
   □工程施工单位　□科研院校　□工程监理单位　□建筑设计单位
   □政府部门　□房地产开发公司　□其他

2. 您的受教育程度是：
   □专科及以下　□本科　□硕士　□博士或以上

3. 您的工作年限为：
   □2年或以下　□3~5年　□6~10年　□11年或以上

4. 您接触建筑节能改造的年限为：
   □2年或以下　□3~5年　□6~10年　□11年或以上

二、既有建筑节能改造市场发展中政府作用力实现的影响因素

请根据您个人的现实经验对下列各因素对政府作用力实现的影响程度进行

既有建筑节能改造市场动力机制

选择。其中影响程度分为5个等级，分别为：1 表示影响程度很低；2 表示影响程度较低；3 表示影响程度一般；4 表示影响程度较高；5 表示影响程度很高。

政府作用力实现的影响因素	影响程度				
	1	2	3	4	5
一、政策法规体系					
1. 法律法规完善性					
2. 财税政策完善性					
3. 金融政策完善性					
4. 激励政策完善性					
二、政策管制方式					
1. 行政管制					
2. 经济管制					
3. 社会管制					
三、政策执行力					
1. 执行刚度					
2. 执行力度					
3. 执行速度					
4. 执行效度					
四、ESCO 行为特征					
1. 改造行为规范性					
2. 改造积极性					
3. 信息互通意愿					
4. 利益共享意愿					
五、业主行为特征					
1. 用能行为规范性					
2. 监督改造意愿					
3. 共担改造风险意愿					
4. 承担改造资金意愿					
六、政府作用力					
1. 政府管理成本					
2. 市场透明度					
3. 市场机制运行动力					
4. 市场交易成本					

附录 B　既有建筑节能改造市场发展中政府作用力实现影响机理研究调查问卷

非常感谢您的真诚合作！

如若您对本问卷或者该研究领域提出宝贵意见，本团队将不胜感激！

如果您对本团队研究成果感兴趣，我们将在研究结果出来后尽快反馈于您，请您在此填写真实姓名及有效 E-mail 地址，以便将研究结果反馈于您。（不需要者可不填）

姓　名：　　　　　　　E-mail：

附录 C　既有建筑节能改造市场发展中政府作用力实施有效性评价调查问卷

尊敬的女士/先生：

您好！

首先在此对您在百忙之中参与本次问卷调查表示衷心的感谢。此次调查问卷围绕既有建筑节能改造市场发展中政府作用力提升策略研究这一课题，展开关于既有建筑节能改造市场发展中政府作用有效性评价部分的理论探究。您的信息反馈对了解当前我国既有建筑节能改造市场发展中政府作用有效性程度，在市场治理视域下发现潜在问题，帮助政府采取有效性措施，提升我国既有建筑节能改造市场发展中政府作用力，促进既有建筑节能改造市场健康发展具有重要意义。请根据您个人对工程项目管理领域和建筑节能市场领域的专业认知和现实经验进行填写。

本团队在此承诺，本次问卷调查仅用于科学课题研究，绝不透露您个人的相关信息，请您填写问卷内容，并返回至邮箱：guohanding@126.com，再次对您的支持表示由衷的谢意。

一．背景资料

1. 您的工作单位属性：
   □工程施工单位　□科研院校　□工程监理单位　□建筑设计单位
   □政府部门　□房地产开发公司　□其他

2. 您的受教育程度是：
   □专科及以下　□本科硕士　□博士或以上

3. 您的工作年限为：
   □2 年或以下　□3~5 年　□6~10 年　□11 年或以上

4. 您接触建筑节能改造的年限为：
   □2 年或以下　□3~5 年　□6~10 年　□11 年或以上

二．既有建筑节能改造市场发展中政府作用有效评价

请根据您个人的现实经验对下列各指标对政府作用有效性程度进行选择。

附录 C 既有建筑节能改造市场发展中政府作用力实施有效评价调查问卷

其中有效性程度分为 5 个等级，其分别为：1 表示有效性程度很低；2 表示有效性程度较低；3 表示有效性程度一般；4 表示有效性程度较高；5 表示有效性程度很高。

政府作用有效性评价指标		有效性程度				
		1	2	3	4	5
一、市场驱动有效性						
市场运行状况	1. 市场透明程度					
	2. 市场融资水平					
	3. 市场运行成本					
产业发展水平	4. 市场集中程度					
	5. 服务差异化程度					
	6. 节能改造水平					
主体行为特征	7. 主体行为规范性					
	8. 主体改造积极性					
	9. 主体风险共担意愿					
	10. 节能收益分配比例					
	11. 主体信息共享意愿					
二、社会效益贡献						
社会经济效益	12. 社会就业效益					
	13. 人均收益增长贡献					
	14. 周边经济增长功效					
	15. 劳动生产率贡献					
	16. 节能产业结构优化					
社会环境效益	17. 建筑居住舒适度					
	18. 生态环境效益					
	19. 资源可持续利用					
社会政治效益	20. 社会公众满意度					
	21. 行政机关工作效率					
	22. 政府管理决策水平					
社会文化效益	23. 可持续文化效应					
	24. 社会责任共担意愿					
	25. 社会节能改造意识					

非常感谢您的真诚合作！

既有建筑节能改造市场动力机制

如若您对本问卷或者该研究领域提出宝贵意见,本团队将不胜感激!

如果您对本团队研究成果感兴趣,我们将在研究结果出来后尽快反馈于您,请您在此填写真实姓名及有效 E-mail 地址,以便将研究结果反馈于您。(不需要者可不填)

姓 名: E-mail:

参考文献

[1] 吴思材,郭汉丁,郑悦红,等.既有建筑节能改造项目收益分配优化机理研究架构[J].城市,2017(3):15-22.

[2] 刘继仁,郭汉丁,崔斯文,等.既有建筑节能改造市场发展机理研究综述[J].建筑经济,2014(9):81-85.

[3] 住房和城乡建设部科技发展促进中心.中国建筑节能发展报告(2014):既有建筑节能改造[M].北京:中国建筑工业出版社,2014.

[4] GLASER B G, STRAUSS A L. The discovery of grounded gheory: strategies for qualitative research[J]. Psychosomatics, 1968, 9(3): 188.

[5] SORRELLS. The economics of energy service contracts[J]. Energy Policy, 2007, 35(1): 507-521.

[6] NOLDEN C, SORRELL S, POLZIN F. Catalysing the energy service market: the role of intermediaries[J]. Energy Policy, 2016, 98: 420-430.

[7] 王星,郭汉丁,陶凯,等.中国节能服务产业发展协同激励路径优化对策[J].科技进步与对策,2016,33(16):129-134.

[8] 谭娟,谷红,谭琼.大数据时代政府环境治理路径创新[J].中国环境管理,2018,10(1):60-64.

[9] 魏兴,郭汉丁.国内外既有建筑节能改造政策法规体系构建实践分析[J].建筑经济,2014(6):68-72.

[10] 王莹,窦蕾,刘思彤.基于改进FMEA的既有建筑绿色改造风险评价[J].生态经济,2018(1):89-93.

[11] 闫一莹,郭全,李程萌,等.北方既有公共建筑节能改造实践与分析[J].暖通空调,2017(12):65-69.

[12] 郑悦红,吴思材.既有建筑节能改造融资平台优化策略研究[J].科技进步与对策,2017,34(9):141-145.

[13] 刘玉明,刘长滨.既有建筑节能改造的经济激励政策分析[J].北京交通大学学报(社会科学版),2010,9(2):52-57.

[14] 石锋,王要武,王一越.政府动态培育政策对建筑节能服务市场的影响研究[J].土木工程学报,2014(7):136-144.

[15] 魏兴,郭汉丁.既有建筑节能改造市场发育成熟度评价探讨[J].建筑节能,2015(1):106-110,119.

［16］张振东. 市场经济与政府职能定位［J］. 北京交通大学学报（社会科学版），2009，8（1）：79-83.

［17］曹冬英，王少泉. 当代中国政府与市场关系的演变及优化途径［J］. 江淮论坛，2018（1）：31-35.

［18］杨春学. 政府与市场关系的中国视野［J］. 经济纵横，2018（1）：19-21.

［19］吕炜，周佳音. 新时代政府与市场关系的再诠释：基于经济风险化解与政府职能转变的分析［J］. 财经问题研究，2017（12）：3-10.

［20］都本伟. 理解政府与市场关系的本质：优势互补与协同发力［J］. 财经问题研究，2017（10）：19-25.

［21］曹芳. 中国建筑业节能政策措施研究：国际比较及启示［J］. 重庆工商大学学报（社会科学版），2012，29（4）：14-21.

［22］张琦. 国外建筑节能政策比较分析及启示［J］. 国际经济合作，2012（5）：48-53.

［23］VRINGER K, MIDDELKOOP V M, HOOGERVORST N. Saving energy is not easy: an impact assessment of Dutch policy to reduce the energy requirements of buildings［J］. Energy Policy, 2016, 93: 23-32.

［24］KIRSTEN G H. Existing buildings-Users, renovations and energy policy［J］. Renewable Energy, 2014, 61: 136-140.

［25］ROY A M, SERASPE R L, DESAI T. Using building size to optimize electric utility energy efficiency incentives［J］. Strategic Planning for Energy and the Environment, 2016, 36（1）: 18-31.

［26］VISSCHER H, MEIJER F, MAJCEN D. Improved governance for energy efficiency in housing［J］. Building Research & Information, 2016, 44（5/6）: 552-561.

［27］MURESAN A A, ATTIA S. Energy efficiency in the Romanian residential building stock: a literature review［J］. Renewable and Sustainable Energy Reviews, 2017, 74: 349-363.

［28］HÅRSMAN B, DAGHBASHYAN Z, CHAUDHARY P. On the quality and impact of residential energy performance certificates［J］. Energy and Buildings, 2016, 133: 711-723.

［29］OLAUSSEN J O, OUST A, SOLSTAD J T. Energy performance certificates: informing the informed or the indifferent?［J］. Energy Policy, 2017, 111: 246-254.

［30］PRINCIPI P, ROBERTO F, CARBONARI A, et al. Evaluation of energy conservation opportunities through energy performance contracting: a case study in Italy［J］. Energy and Buildings, 2016, 128: 886-899.

［31］POLZIN F, FLOTOW V P, NOLDEN C. What encourages local authorities to engage with energy performance contracting for retrofitting? Evidence from German municipalities［J］. Energy Policy, 2016, 94: 317-330.

[32] CARBONARI A, FIORETTI R, LEMMA M, et al. Managing energy retrofit of acute hospitals and community clinics through EPC contracting: the MARTE project [J]. Energy Procedia, 2015, 78: 1033-1038.

[33] GARBUZOVA-SCHLIFTER M, MADLENER R. AHP-based risk analysis of energy performance contracting projects in Russia [J]. Energy Policy, 2016, 97: 559-581.

[34] KHAZAENI G, KHANZADI M, AFSHAR A. Fuzzy adaptive decision making model for selection balanced risk allocation [J]. International Journal of Project Management, 2012, 30 (4): 511-522.

[35] HUFEN H, BRUJN H D. Getting the incentives right. Energy performance contracts as a tool for property management by local government [J]. Journal of Cleaner Production, 2016, 112 (4): 2717-2729.

[36] 张严柱. 我国公共建筑节能政策设计原则与建议 [J]. 建筑经济, 2012 (4): 5-7.

[37] 符冠云, 裴庆冰, 郁聪. 新常态下提高重点用能企业节能内生动力的机制探索 [J]. 中国能源, 2016, 38 (10): 12-16.

[38] 李新英. 节能减排: 基于市场与政府的双重作用 [J]. 生态经济, 2010 (1): 50-53.

[39] 赵盈盈, 申玲. 既有建筑节能改造进程中群体间的演化博弈分析 [J]. 四川建筑科学研究, 2012, 38 (3): 323-326.

[40] 丁友卫. 合同能源管理融资模式探讨 [J]. 价格月刊, 2012 (6): 76-79.

[41] 商惠敏, 李朝庭. 美国合同能源管理融资模式及经验探析与启示 [J]. 科技管理研究, 2013, 33 (13): 48-51.

[42] 段小萍. 低碳经济情境的合同能源管理与融资偏好 [J]. 改革, 2013 (5): 120-126.

[43] 郭本海, 黄良义, 刘思峰. 基于"政府-企业"间委托代理关系的节能激励机制 [J]. 中国人口·资源与环境, 2013, 23 (8): 160-164.

[44] 魏兴, 郭汉丁, 杨彩霞. 既有建筑节能改造激励政策下政府与ESCO的博弈 [J]. 建筑, 2015 (8): 23-25.

[45] 王星, 郭汉丁, 陶凯, 等. 既有建筑节能改造市场发展协同激励路径优化研究综述 [J]. 建筑经济, 2016, 37 (7): 100-104.

[46] 邓建英, 兰秋军. 建筑节能监管体系中消费者与房地产开发商之间诚信博弈模型 [J]. 湖南大学学报 (社会科学版), 2014, 28 (3): 66-69.

[47] 刘晓君, 张晨曦. 既有居住建筑节能改造中业主与ESCO进化博弈分析: 基于合同能源管理模式 (EMC) [J]. 建筑经济, 2015, 36 (9): 100-103.

[48] 朱茹琳. 基于博弈分析的既有建筑节能改造经济激励政策研究 [D]. 徐州: 中国矿业大学, 2014.

[49] 侯静, 武涌, 刘伊生. 既有公共建筑节能改造市场化途径研究 [J]. 城市发展研究,

2014, 21 (6): 1-5.

[50] 郭汉丁, 马兴能, 尚伶, 等. 既有建筑节能改造市场培育实践与理论研究综述 [J]. 科技进步与对策, 2012, 29 (18): 151-156.

[51] 马兴能, 尚伶. 国内外既有建筑节能改造市场培育实践研究分析 [J]. 建筑节能, 2012, 40 (2): 71-75.

[52] 张印贤, 王星, 陶凯, 等. 既有建筑节能改造市场发展协同激励有效性评价 [J]. 科技进步与对策, 2017, 34 (9): 69-76.

[53] 王能发. 有限理性下不确定性博弈均衡的稳定性 [J]. 应用数学学报, 2017, 40 (4): 562-572.

[54] 徐臻. 地方政府公共政策执行力实现机制研究 [D]. 湘潭: 湘潭大学, 2008.

[55] 李创. 环境管制政策的影响机制研究: 兼论环境管制政策的演化及其特征 [J]. 价格理论与实践, 2016 (12): 175-179.

[56] 李东红, 仇保兴, 吴志强. 中美绿色建筑发展模式及其演进特征的比较研究 [J]. 城市发展研究, 2017, 24 (8): 115-124.

[57] 向静林. 市场治理的制度逻辑: 基于风险转化的理论视角 [J]. 社会学评论, 2017, 5 (3): 3-18.

[58] 陶凯, 郭汉丁, 王毅林, 等. 基于 SEM 的建筑节能改造项目风险共担影响因素研究 [J]. 资源开发与市场, 2016, 32 (6): 652-657.

[59] 陈茂国, 李沫. 我国政府管制方式的发展与创新 [J]. 社会主义研究, 2013 (4): 105-110.

[60] 戴雪芝, 武涌. 市场经济中大型公共建筑节能监管体系的政府规制及其创新 [J]. 暖通空调, 2007, 37 (8): 1-7.

[61] 刘小康. 论公共政策执行力及其影响因素 [J]. 新视野, 2013 (5): 60-63.

[62] 吴明隆. 结构方程模型: AMOS 的操作与应用 [M]. 2 版. 重庆: 重庆大学出版社, 2010.

[63] 孙慧, 申宽宽, 范志清. 基于 SEM 方法的 PPP 项目绩效影响因素分析 [J]. 天津大学学报 (社会科学版), 2012, 14 (6): 513-519.

[64] 蒋正峰, 贺寿南. 博弈论中的理性问题分析 [J]. 华南师范大学学报 (社会科学版), 2009 (1): 49-52, 68.

[65] 张维迎. 博弈论: 经济学家看文化、法律、历史 [J]. 宁波经济: 财经视点, 2002 (5): 20-21.

[66] 文魁, 赵侠. 博弈论: 经济学研究的新视野 [J]. 前线, 2004 (2): 63.

[67] 王先甲, 刘伟兵. 有限理性下的进化博弈与合作机制 [J]. 上海理工大学学报, 2011, 33 (6): 679-686.

[68] 马兴能. 既有建筑节能改造市场主体行为策略与保障体系研究 [D]. 天津: 天津城市建设学院, 2012.

[69] 谢识予. 有限理性条件下的进化博弈理论 [J]. 上海财经大学学报, 2001, 3 (5): 3-9.

[70] 赫伯特·金迪斯. 演化博弈论 [M]. 2版. 北京: 中国人民大学出版社, 2016.

[71] 蒋致远, 李畅帆. 三方博弈模型下零售商主导型供应链演化研究 [J]. 商业经济研究, 2015 (29): 4-6.

[72] SELTEN R. A note on evolutionarily stable strategies in asymmetric animal conflicts [J]. Journal of Theoretical Biology, 1980, 84 (1): 93-101.

[73] 胡宪君, 游静. 区域战略性新兴产业发展的政府作用机制研究 [J]. 国际商务研究, 2013, 34 (4): 49-59.

[74] 冯新舟, 何自力. 中国模式中的市场与政府关系: 政府主导下的社会主义市场经济 [J]. 马克思主义研究, 2015 (11): 50-58.

[75] 胡学勤. 从市场与政府的关系看我国经济改革的导向 [J]. 经济纵横, 2014 (12): 29-32.

[76] 征汉文. 深化我国市场与政府关系改革的新启示: 由"使市场在资源配置中起决定性作用"引发的思考 [J]. 现代经济探讨, 2016 (1): 31-35.

[77] 杨钧岚. 西部地区低碳经济发展的政府作用研究 [D]. 成都: 电子科技大学, 2012.

[78] 顾锋娟, 胡楠. 基于外部性理论探索城市社区治理改革创新思路: 以环境治理为例 [J]. 中共宁波市委党校学报, 2016, 38 (4): 124-128.

[79] 沈能, 赵增耀. 集聚动态外部性与企业创新能力 [J]. 科研管理, 2014, 35 (4): 1-9.

[80] 孙烨. 协同学方法论在社会科学中的定性研究分析 [J]. 自然辩证法研究, 2013, 29 (9): 118-124.

[81] 姬兆亮, 戴永翔, 胡伟. 政府协同治理: 中国区域协调发展协同治理的实现路径 [J]. 西北大学学报 (哲学社会科学版), 2013, 43 (2): 122-126.

[82] 王霞, 任宏, 蔡伟光, 等. 中国建筑能耗时间序列变化趋势及其影响因素 [J]. 暖通空调, 2017 (11): 21-26.

[83] 武涌, 王野, 吴景山, 等. 美国好建筑启示: 中国建筑能效提升行动设想 [J]. 建设科技, 2017 (9): 22-24.

[84] 武涌, 侯静, 徐可西, 等. 中国建筑能效提升体系的研究 [J]. 建设科学, 2015, 31 (4): 1-14.

[85] 徐可西, 武涌, 李轶楠, 等. 既有居住建筑能效提升若干关键问题研究 [J]. 建设科学, 2015, 31 (4): 26-31.

[86] 刘玉明. 北京市发展绿色建筑的激励政策研究 [J]. 北京交通大学学报（社会科学版），2012，11（2）：46-51.

[87] 刘玉明. 北京市发展绿色建筑的保障体系建设研究 [J]. 建筑经济，2013（5）：20-23.

[88] 姜波，刘长滨. 我国建筑节能管理制度策略研究 [J]. 中国流通经济，2011，25（3）：59-63.

[89] 吴思材，郭汉丁，郑悦红，等. 基于 SEM 的既有建筑节能改造项目收益分配影响因素 [J]. 土木工程与管理学报，2018，35（1）：130-137.

[90] 陶凯，郭汉丁，王毅林，等. 建筑节能改造项目风险共担协同优化机理研究 [J]. 科技管理研究，2017，37（23）：240-245.

[91] 刘思峰，郭本海，方志耕，等. 系统评价：方法、模型、应用 [M]. 北京：科学出版社，2015.

[92] TANAKA K. Review of policies and measures for energy efficiency in industry sector [J]. Energy Policy，2011，39（10）：6532-6550.

[93] GROOT H L F D，VERHOEF E T，NIJKAMP P. Energy saving by Firms：decision-making，barriers and Policies [J]. Energy Economics，2001，23（6）：717-740.

[94] FRIEDLAND A J，GERNGROSS T U，HOWARTH R B. Personal decisions and their impacts on energy use and the environment [J]. Environmental Science & Policy，2003，6（2）：175-179.

[95] MURPHY L. The policy instruments of European front-runners：effective for saving energy in existing dwellings? [J]. Energy Efficiency，2014，7（2）：285-301.

[96] 何维达，王清勤，于一. 既有居住建筑节能改造市场化推广模式比较研究 [J]. 城市发展研究，2010，17（7）：52-56.

[97] 杜栋，庞庆华，吴炎. 现代综合评价方法与案例精选 [M]. 北京：清华大学出版社，2008.

[98] 叶凌，王清勤，程志军. 英国既有建筑绿色改造主要政策制度介绍及与我国的对比分析 [J]. 施工技术，2014，43（10）：18-22.

[99] 周查理，庾莉萍. 我国建筑节能立法成就及国外立法经验借鉴 [J]. 建材发展导向，2009，7（5）：10-13.

[100] 武涌，孙金颖，吕石磊. 欧盟及法国建筑节能政策与融资机制借鉴与启示 [J]. 建筑科学，2010，26（2）：1-12.

[101] 王娜，李露，冯威. 美国建筑节能标准制修订体系研究 [J]. 建筑热能通风空调，2016（5）：39-45，84.

[102] 张海文. 德国既有建筑节能改造研究：经济学视角的分析 [D]. 长春：吉林大

学，2014.

[103] 汪涛，谢宁宁. 基于内容分析法的科技创新政策协同研究［J］. 技术经济，2013，32（9）：22-28.

[104] 杨志军，耿旭，王若雪. 环境治理政策的工具偏好与路径优化：基于43个政策文本的内容分析［J］. 东北大学学报（社会科学版），2017，19（3）：276-283.

[105] 李健，高杨，李祥飞. 政策工具视域下中国低碳政策分析框架研究［J］. 科技进步与对策，2013，30（21）：112-117.

[106] 罗敏，朱雪忠. 基于政策工具的中国低碳政策文本量化研究［J］. 情报杂志，2014（4）：12-16.

[107] 张连英. 地方政府公共服务能力建设研究［D］. 长沙：湖南师范大学，2007.

[108] 顾昕. 治理嵌入性与创新政策的多样性：国家-市场-社会关系的再认识［J］. 公共行政评论，2017（6）：6-32.

[109] 刘娜. 我国机制存在的问题及其社会政策运行对策［J］. 理论学刊，2012（2）：78-82.

[110] 丁冬汉. 从"元治理"理论视角构建服务型政府［J］. 海南大学学报（人文社会科学版），2010，28（5）：18-24.

[111] 陈亮. 走向网络化治理：转型时期中国社会治理的复合困境及破解之道——基于"理念—主体—客体—介体"的系统分析视角［J］. 内蒙古社会科学，2017，38（3）：21-28.

后 记

正值我从事研究生教育12周年之际,《既有建筑节能改造市场动力机制》出版发行,这是我带领我的研究生组成的生态宜居城市与可持续建设管理研究团队12年共同努力、创新探索的结果,一定程度上,她标志着我们研究生教育的显著业绩与成就。同时她也是继《既有建筑节能改造EPC模式及驱动要素研究》(天津市哲学社会科学规划后期资助项目,编号:TJGLHQ14)、《既有建筑节能改造市场发展机理与政策体系优化研究——基于主体行为策略视角》(教育部哲学社会科学研究后期资助项目,编号:16JHQ031)、《建筑节能工程质量治理与监管》和《建筑可持续发展视角下供应链协调与社会责任共担机理研究》之后,我的又一成果。本书是国家自然科学基金项目"市场治理视角下既有建筑绿色改造多主体动力演化与耦合机理研究(71872122)"的阶段性成果,是在2篇硕士学位论文(李柏桐的《既有建筑节能改造市场发展中ESCO驱动力作用机理研究》、伍红民的《既有建筑节能改造市场发展中政府作用力实施机理与提升策略研究》)的基础上,经过整体系统架构和多次充实后修改形成的。全书包括了总括、既有建筑节能改造市场发展中ESCO驱动力作用机理、既有建筑节能改造市场发展中政府作用力实施机理、总结等四大模块,聚焦了"既有建筑节能改造市场发展中ESCO驱动力作用机理、既有建筑节能改造市场发展中政府作用力实施机理"两大篇,以既有建筑节能改造市场运行为主线,以市场治理的动力作用为视角,形成了既有建筑节能改造市场动力机制的理论体系。

本书作为我们研究生教育的业绩成果,首先,得益于既有建筑节能研究方向的确立。2003—2005年在天津大学管理与经济学部从事博士后研究工作期间,按照合作导师刘应宗教授当时主导项目的研究要求,我作为核心成员参与完成了"废旧电器回收再生利用产业发展管理研究"和"天津市中长期节能规划研究"两个项目,这两个项目的研究,奠定了我开展管理研究的循环经济理念。基于此,自2007年天津城建大学设立管理科学与工程硕士研究生教育开始,我选择了"既有建筑节能改造管理"作为研究生培养的主导研究方向,取

后 记

得了丰硕的研究成果。在本书出版之际，衷心感谢我的导师刘应宗教授，是他开阔了我的研究视野，使我顺利步入生态宜居城市与可持续建设管理研究领域。

本书成果的取得还得益于天津大学管理与经济学部主任张维教授和天津理工大学管理学院院长尹贻林教授的启发，他们在我申报国家自然科学基金项目几经失败之时，给予了点拨启迪与方法论指导，使我敲开了国家自然科学基金项目申报的大门，先后于2011年获批国家自然科学基金项目"工程质量政府监督多层次激励协同机理研究（71171141）"、2015年获批国家自然基金项目"废旧电器再生利用生态产业链完整社会契约集成优化机理研究（71573188）"、2018年获批国家自然基金项目"市场治理视角下既有建筑绿色改造多主体动力演化与耦合机理研究（71872122）"，进一步坚定了生态宜居城市与可持续建设管理的理论研究方向，在更高平台上开启了既有建筑绿色改造管理的研究新征程。

研究成果的取得依赖于稳定的研究方向和积极向上的生态宜居城市与可持续建设管理研究团队。我们以生态宜居城市与可持续建设管理研究中心为平台，按照稳定研究方向、整体规划、分步实施的思路开展研究生教育与培养，把科学研究探索与学生兴趣和基础相结合，研究方向引导与学生自主选择相结合，针对既有建筑节能改造管理，规划并逐步完善形成了既有建筑节能改造市场管理、交易关系、投融资管理、绿色建造、绿色产业链管理等五大方向的50余个子课题，供我指导的历届研究生学位论文选题。自2007年起，持续开展了12年的研究历程，构建与持续提升了以研究生为主体的动态研究团队。至今，已有23位硕士研究生（续振艳、任邵明、葛继红、窦媛、师旭燕、韩新娜、焦江辉、马兴能、尚伶、魏兴、刘继仁、崔斯文、张宝震、赵倩倩、张海芸、陶凯、王星、王毅林、郑悦红、吴思材、陈思敏、伍红民、李柏桐）完成相关硕士学位论文毕业（其中，葛继红和马兴能分别于2013年和2015年获得天津市优秀硕士学位论文），尚有7位在读研究生（李玮、秦广蕾、乔婉贞、王文强、魏永成、刘美辰、祁刚）以相关专题作为硕士学位论文研究方向，他们静心探索、勇于创新、团结奋进、积极向上，在既有建筑节能改造管理研究方面不断推陈出新、创新探索、积累成果、追踪前沿，为既有建筑节能改造动态研究团队建设和研究发展做出了积极贡献，我以他们为荣。

研究生教育成果实现了圆满收官。今年恰逢我从事研究生教育的第12年，培养全日制研究生23位，以23位硕士研究生学位论文为核心，我集成整合形成了 5 部学术著作：《既有建筑节能改造 EPC 模式及驱动要素研究》（续振艳、任邵明、葛继红的 3 篇学位论文整合，科学出版社，2016.5）、《既有建筑节能改造市场发展机理与政策体系优化研究——基于主体行为策略视角》（马兴能、魏兴、刘继仁的 3 篇学位论文整合，科学出版社，2019.2）、《建筑节能工程质量治理与监管》（窦媛、焦江辉、韩新娜的 3 篇学位论文整合，机械工业出版社，2019.4）、《建筑可持续发展视角下供应链协调与社会责任共担机理研究》（张海芸、陈思敏、王毅林的 3 篇学位论文整合，中国财政经济出版社，2019.6）、《既有建筑节能改造市场动力机制》（伍红民、李柏桐的 2 篇学位论文整合，机械工业出版社）。同时还形成以下 3 个学术研究成果：《市场治理视角下既有建筑节能改造风险共担与激励协同机理研究》（陶凯、王星、赵倩倩的 3 篇学位论文整合）、《既有建筑节能改造项目投资管理：效益评价、收益分配与风险治理》（催斯文、吴思材、尚伶的 3 篇学位论文整合）和《既有建筑节能改造项目融资管理：平台运行、模式选择与结构优化》（郑悦红、师旭燕、张宝震的 3 篇学位论文整合）。科学规划实施研究生教育，实现研究生教育学位论文整合学术著作全覆盖，取得一定成就。

社会各界的支持与帮助是我们开展既有建筑节能改造管理研究的坚强后盾。段炼、郭俊克、潘鹏程、郭汉刚、丰红彦、马辉、张宇、刘炳胜、杜亚玲、赖迪辉、王磊、何继新、黄凌翔、张琦、潘辉、姜琳、张睿、王玉堃、王春梅、陈杨杨、李芬芳、李姝静、吕晨、徐灵、踪程、刘红宇、李文倩、李美岩、谢爱国、李健、王凯、李德华、陈静、王英、王艳娜、侯新华、李雪梅、罗新坡、范晓莉、李文忠等老师、朋友与同事提供了研究便利与研究资料，程贵堂、尹波、仙燕明、刘国发、丘佳梅、阎利、周海珠、杨彩霞等各位领导朋友，为研究生提供了实习与工作，负责项目立项与结项的评定推荐的王明浩正高工、仙燕明正高工、刘应宗教授、李健教授、孙钰教授、尹贻林教授、陈立文教授、陈敬武教授、尚天成教授、李书全教授、郝海教授、杜子平教授、王雪青教授、张连营教授、孙慧教授、易展能总经理、齐晓辉副总经理、刘祖玲正高工、蔡贵生正高工、刘向东正高工、田雨辰高工、曹红梅高工、郭邦军高工、郭振国高工等专家提供了指导与支持；负责研究生学位论文开题与答辩委员王明浩正高工、仙燕明正高工、罗永泰教授、王建廷教授、符啟勋教授、董肇君教授、陈敬武教授、尚天成教授、郭伟教授、李锦华教授、任志涛教授、刘戈教授、曹琳剑教授、张宇副教授、马辉副教授、刘国发高工等专家提供了指导与指正；

后　记

张印贤、郝海、魏兴、张宝震、郭伟、马辉、王磊、张宇、张琦等其他项目组成员及历届研究生共同开展了理论研究，伍红民、李柏桐、吴思材、郑悦红、陈思敏、李玮、秦广蕾、乔婉贞、刘美辰、王文强、魏永成、祁刚等研究生广泛收集资料、细心整理文献、精心排版校对、积极参与研究。成果形成的过程中，还得到了《中国管理科学》《科技进步与对策》《科技管理研究》《资源开发与市场》《建筑经济》《建筑科学》《土木工程与管理学报》《生态经济》《建筑》《工程管理学报》《建筑节能》《项目管理技术》《西安建筑科技大学学报》《华侨大学学报》《广西大学学报》《科技和产业》《工程经济》《城市》等期刊专家的指正与支持，借鉴与参考了包括参考文献在内的国内外专家、学者的观点与见解。本书出版得到了天津市高等学校创新团队"建筑工业化与绿色发展"（TD13-5006）、工程建设管理市级实验教学示范中心（天津城建大学）的资助。机械工业出版社对本书进行了精心策划与编辑加工。

在本书出版之际，对所有给予我们研究热忱指导与帮助者，一并表示诚挚的敬意和衷心的感谢！